El susurro del lenguaje

Paidós Comunicación/28

Roland Barthes

El susurro del lenguaje
Más allá de la palabra
y de la escritura

Ediciones Paidós
Barcelona - Buenos Aires - México

Título original: *Le bruissement de la langue*
Publicado en francés por Editions du Seuil, París

Traducción de C. Fernández Medrano

Cubierta de Mario Eskenazi

1.ª edición, 1987

© 1984 Editions du Seuil, París
© de todas las ediciones en castellano,
Ediciones Paidós Ibérica, S.A.;
Mariano Cubí, 92; 08021 Barcelona;
y Editorial Paidós, SAICF;
Defensa, 599; Buenos Aires.

ISBN: 84-7509-451-1
Depósito legal: B-33.970/1987

Impreso en Limpergraf, S.A.;
c/ del Río, 17; Ripollet (Barcelona)

Impreso en España - Printed in Spain

Indice

III. LENGUAJES Y ESTILO

IV. DE LA HISTORIA A LA REALIDAD

V. EL AFICIONADO A LOS SIGNOS

VI. LECTURAS

I

DE LA CIENCIA A LA LITERATURA

De la ciencia a la literatura

«El hombre no puede decir su pensamiento sin pensar su decir.»

BONALD

Las facultades francesas tienen en su poder una lista oficial
de las ciencias, tanto sociales como humanas, que son objeto de
enseñanza reconocida y, de esa manera, obligan a delimitar la
especialidad de los diplomas que confieren: se puede ser doctor
en estética, en psicología, en sociología, pero no en heráldica, en
semántica o en victimología. Así pues, la institución determina
de manera directa la naturaleza del saber humano, al imponer
sus procedimientos de división y de clasificación, exactamente
igual que una lengua obliga a pensar de una determinada manera, por medio de sus «rúbricas obligatorias» (y no meramente a
causa de sus exclusiones). En otras palabras, lo que define a la
ciencia (a partir de ahora, en este texto llamaremos ciencia al
conjunto de las ciencias sociales y humanas) no es ya su contenido (a menudo mal delimitado y lábil), ni su método (el método
varía de una ciencia a otra: ¿qué pueden tener en común la ciencia histórica y la psicología experimental?), ni su moralidad (ni
la seriedad ni el rigor son propiedad exclusiva de la ciencia), ni
su método de comunicación (la ciencia está impresa en los libros,
como todo lo demás), sino únicamente su «estatuto», es decir,
su determinación social: cualquier materia que la sociedad considere digna de transmisión será objeto de una ciencia. Dicho en
una palabra: la ciencia es lo que se enseña.

La literatura posee todas las características secundarias de la ciencia, es decir, todos los atributos que no la definen. Tiene los mismos contenidos que la ciencia: efectivamente, no hay una sola materia científica que, en un momento dado, no haya sido tratada por la literatura universal: el mundo de la obra literaria es un mundo total en el que todo el saber (social, psicológico, histórico) ocupa un lugar, de manera que la literatura presenta ante nuestros ojos la misma gran unidad cosmogónica de que gozaron los griegos antiguos, y que nos está negando el estado parcelario de las ciencias de hoy. La literatura, como la ciencia, es metódica: tiene sus propios programas de investigación, que varían de acuerdo con las escuelas y las épocas (como varían, por su parte, los de la ciencia), tiene sus reglas de investigación, y, a veces, hasta sus pretensiones experimentales. Al igual que la ciencia, la literatura tiene una moral, tiene una determinada manera de extraer de la imagen que de sí misma se forma las reglas de su actividad, y de someter, por tanto, sus proyectos a una determinada vocación de absoluto.

Queda un último rasgo que ciencia y literatura poseen en común, pero este rasgo es, a la vez, el que las separa con más nitidez que ninguna otra diferencia: ambas son discursos (la idea del *logos* en la antigüedad expresaba esto perfectamente), pero el lenguaje que constituye a la una y a la otra no está asumido por la ciencia y la literatura de la misma manera, o, si se prefiere, ciencia y literatura no lo profesan de la misma manera. El lenguaje, para la ciencia, no es más que un instrumento que interesa que se vuelva lo más transparente, lo más neutro posible, al servicio de la materia científica (operaciones, hipótesis, resultados) que se supone que existe fuera de él y que le precede: por una parte, y *en principio*, están los contenidos del mensaje científico, que lo son todo, y, por otra parte, *a continuación* está la forma verbal que se encarga de expresar tales contenidos, y que no es nada. No es ninguna casualidad que, a partir del siglo XVI, el desarrollo conjugado del empirismo, el racionalismo y la evidencia religiosa (con la Reforma), es decir, el desarrollo del espíritu científico (en el más amplio sentido del término) haya ido acompañado de una regresión de la autonomía del lenguaje, que desde ese momento quedará relegado al rango de instrumento o de «buen estilo», mientras que durante la Edad Media la cultura humana, bajo la especie del *Septenium*, compartía casi a partes iguales los secretos de la palabra y los de la naturaleza.

Muy por el contrario, en la literatura, al menos en la derivada del clasicismo y del humanismo, el lenguaje no pudo ya seguir siendo el cómodo instrumento o el lujoso decorado de una «realidad» social, pasional o poética, preexistente, que él estaría encargado de expresar de manera subsidiaria, mediante la sumisión a algunas reglas de estilo: el lenguaje es el ser de la literatura, su propio mundo: la literatura entera está contenida en el acto de escribir, no ya en el de «pensar», «pintar», «contar», «sentir». Desde el punto de vista técnico, y de acuerdo con la definición de Roman Jakobson, lo «poético» (es decir, lo literario) designa el tipo de mensaje que tiene como objeto su propia forma y no sus contenidos. Desde el punto de vista ético, es simplemente a través del lenguaje como la literatura pretende el desmoronamiento de los conceptos esenciales de nuestra cultura, a la cabeza de los cuales está el de lo «real». Desde el punto de vista político, por medio de la profesión y la ilustración de que ningún lenguaje es inocente, y de la práctica de lo que podríamos llamar el «lenguaje integral», la literatura se vuelve revolucionaria. Así pues, en nuestros días resulta ser la literatura la única que soporta la responsabilidad total del lenguaje; pues si bien es verdad que la ciencia necesita del lenguaje, no está *dentro* del lenguaje, como la literatura; la primera se enseña, o sea, se enuncia y expone, la segunda se realiza, más que se transmite (tan sólo su historia se enseña). La ciencia se dice, la literatura se escribe; la una va guiada por la voz, la otra sigue a la mano; no es el mismo cuerpo, y por tanto no es el mismo deseo, el que está detrás de la una y el que está detrás de la otra.

Al basarse fundamentalmente en una determinada manera de usar el lenguaje, escamoteándolo en un caso y asumiéndolo en otro, la oposición entre ciencia y literatura tiene una importancia muy particular para el estructuralismo. Bien es verdad que esta palabra, casi siempre impuesta desde fuera, recubre actualmente muy diversas empresas, a veces hasta divergentes, incluso enemigas, y nadie puede atribuirse el derecho de hablar en su nombre; el autor de estas líneas no pretende tal cosa; se limita a retener del «estructuralismo» actual la versión más especial y en consecuencia más pertinente, la que bajo este nombre se refiere a un determinado tipo de análisis de las obras culturales, en la medida en que este tipo de análisis se inspira en los métodos de la lingüística actual. Es decir que, al proceder él mismo de un modelo lingüístico, el estructuralismo encuentra en la literatura, obra del lenguaje, un objeto más que afín: homogéneo respecto a él mismo. Esta coincidencia no excluye una cierta incomodidad, es más, una cierta discordia, que depende de si el estructuralismo pretende guardar la distancia de una ciencia respecto a su objeto o si, por el contrario, acepta comprometer y hasta perder el análisis del que es vehículo en esa infinitud del lenguaje cuyo camino hoy pasa por la literatura; en una palabra, depende de si lo que pretende es ser ciencia o escritura.

En cuanto ciencia, el estructuralismo «se encuentra» a sí mismo, por así decirlo, en todos los niveles de la obra literaria. En primer lugar al nivel de los contenidos, o, más exactamente, de la forma de los contenidos, ya que su objetivo es establecer la «lengua» de las historias relatadas, sus articulaciones, sus unidades, la lógica que las encadena unas con otras, en una palabra, la mitología general de la que cada obra literaria participa. A continuación, al nivel de las formas del discurso; el estructuralismo, en virtud de su método, concede una especial atención a las clasificaciones, las ordenaciones, las organizaciones; su objeto general es la taxonomía, ese modelo distributivo que toda obra humana, institución o libro, establece, ya que no hay cultura si no hay clasificación; ahora bien, el discurso, o conjunto de palabras superior a la frase, tiene sus propias formas de organización: también se trata de una clasificación, y de una clasificación significante; en este aspecto, el estructuralismo literario tiene un prestigioso antecesor, cuyo papel histórico suele, en general, subestimarse o desacreditarse por razones ideológicas: la Retórica, imponente esfuerzo de toda una cultura para analizar y clasificar las formas de la palabra, para tornar inteligible el mundo del lenguaje. Por último, al nivel de las palabras: la frase no tiene tan sólo un sentido literal o denotado; está además atiborrada de significados suplementarios: al ser, simultáneamente, referencia cultural, modelo retórico, ambigüedad voluntaria de enunciación y simple unidad de denotación, la palabra «literaria» es tan profunda como un espacio, y este espacio es justamente el campo del análisis estructural, cuyo proyecto es mucho más amplio que el de la antigua estilística, fundamentada por completo sobre una idea errónea de la «expresividad». A todos los niveles, argumento, discurso, palabras, la obra literaria ofrece, pues, al estructuralismo, la imagen de una estructura perfectamente homológica (eso pretenden probar las actuales investigaciones) respecto a la propia estructura del lenguaje. Es fácil entender así que el estructuralismo quiera fundar una ciencia de la literatura, o, más exactamente, una lingüística del discurso, cuyo objeto es la «lengua» de las formas literarias, tomadas a múltiples niveles: proyecto bastante nuevo, ya que hasta el momento la literatura nunca había sido abordada «científicamente» sino de una manera muy marginal, a partir de la historia de las obras, de los autores, de las escuelas, o de los textos (filología).

Sin embargo, por más nuevo que sea, tal proyecto no resulta satisfactorio, o al menos no lo bastante. Deja sin solución el dilema del que hablábamos al comienzo, dilema alegóricamente sugerido por la oposición entre ciencia y literatura, en cuanto que ésta asume su propio lenguaje y aquélla lo elude, fingiendo que lo considera puramente instrumental. En una palabra, el estructuralismo nunca será más que una «ciencia» más (nacen unas cuantas cada siglo, y algunas de ellas pasajeras), si no consigue colocar en el centro de su empresa la misma subversión del lenguaje científico, es decir, en pocas palabras, si no consigue «escribirse a sí mismo»: ¿cómo podría dejar de poner en cuestión al mismo lenguaje que le sirve para conocer el lenguaje? La prolongación lógica del estructuralismo no puede ser otra que ir hacia la literatura, pero no ya como «objeto» de análisis sino como actividad de escritura, abolir la distinción, que procede de la lógica, que convierte a la obra en un lenguaje-objeto y a la ciencia en un metalenguaje, y poner de esa manera en peligro el ilusorio privilegio que la ciencia atribuye a la propiedad de un lenguaje esclavo.

Así que el estructuralista aún tiene que transformarse en «escritor», y no por cierto para profesar o para practicar el «buen estilo», sino para volverse a topar con los candentes problemas que toda enunciación presenta en cuanto deja de envolverse en los benéficos cendales de las ilusiones propiamente *realistas*, que hacen del lenguaje un simple médium del pensamiento. Semejante transformación —pasablemente teórica aún, hay que reconocerlo— exige cierto número de aclaraciones (o de reconocimientos). En primer lugar, las relaciones entre la subjetividad y la objetividad —o, si así se prefiere, el lugar que ocupa el sujeto en su trabajo— ya no pueden seguir pensándose como en los buenos tiempos de la ciencia positivista. La objetividad y el rigor, atributos del sabio, que todavía nos dan quebraderos de cabeza, son cualidades esencialmente preparatorias, necesarias durante el trabajo, y, a ese título, no deben ponerse en entredicho o abandonarse por ningún motivo; pero esas cualidades no pueden transferirse al discurso más que gracias a una especie de juego de manos, procedimiento puramente metonímico, que confunde la *precaución* con su efecto discursivo. Toda enunciación supone su propio sujeto, ya se exprese el tal sujeto de manera aparentemente directa, diciendo *yo*, o indirecta, designándose como *él*, o de ninguna manera, recurriendo a giros impersonales; todas ellas son trucos puramente gramaticales, en las que tan sólo varía la manera como el sujeto se constituye en el interior del discurso, es decir, la manera como se entrega, teatral o fantasmáticamente, a los otros; así pues, todas ellas designan formas del imaginario. Entre todas esas formas, la más capciosa es la forma privativa, que es precisamente la que ordinariamente se practica en el discurso científico, del que el sabio se excluye por necesidades de objetividad; pero lo excluido, no obstante, es tan sólo la «persona» (psicológica, pasional, biográfica), siempre, de ninguna manera el sujeto; es más, este sujeto se rellena, por así decirlo, de toda la exclusión que impone de manera espectacular a su persona, de manera que la objetividad, al nivel del discurso —nivel fatal, no hay que olvidarlo—, es un imaginario como otro cualquiera. A decir verdad, tan sólo una formalización integral del discurso científico (me refiero a las ciencias humanas, pues, por lo que respecta a las otras ciencias, ya lo han conseguido ampliamente) podría evitar a la ciencia los riesgos del imaginario, a menos, por supuesto, que ésta acepte la práctica del imaginario *con total conocimiento de causa*, conocimiento que no puede alcanzarse más que a través de la escritura: tan sólo la escritura tiene la posibilidad de eliminar la mala fe que conlleva todo lenguaje que se ignora a sí mismo.

La escritura, además —y esto es una primera aproximación a su definición—, realiza el lenguaje en su totalidad. Recurrir al discurso científico como instrumento del pensamiento es postular que existe un estado neutro del lenguaje, del que derivarían, como otros tantos adornos o desviaciones, un determinado número de lenguas especiales, tales como la lengua literaria o la lengua poética; se supone que este estado neutro sería el código de referencia de todos los lenguajes «excéntricos», que no serían más que subcódigos suyos; al identificarse con este código referencial, fundamento de toda normalidad, el discurso científico se arroga una autoridad que precisamente es la escritura la que debe poner en cuestión; la noción de «escritura» implica efectivamente la idea de que el lenguaje es un vasto sistema dentro del cual ningún código está privilegiado, o, quizá mejor, un sistema en el que ningún código es central, y cuyos departamentos están en una relación de «jerarquía fluctuante». El discurso científico cree ser un código superior; la escritura quiere ser un código total, que conlleva sus propias fuerzas de destrucción. De ahí se sigue que tan sólo la escritura es capaz de romper la imagen teológica impuesta por la ciencia, de rehusar el terror paterno extendido por la abusiva «verdad» de los contenidos y los razonamientos, de abrir a la investigación las puertas del espacio completo del lenguaje, con sus subversiones lógicas, la mezcla de sus códigos, sus corrimientos, sus diálogos, sus parodias; tan sólo la escritura es capaz de oponer a la seguridad del sabio —en la medida en que está «expresando» su ciencia— lo que Lautréamont llamaba la «modestia» del escritor.

Por último, entre la ciencia y la escritura existe una tercera frontera que la ciencia tiene que reconquistar: la del placer. En una civilización que el monoteísmo ha dirigido por completo hacia la idea de la Culpa, en la que todo valor es el producto de un esfuerzo, esta palabra suena mal: hay en ella algo de liviano, trivial, parcial. Decía Coleridge: «*A poem is that species of composition which is opposed to works of science, by purposing, for its immediate object, pleasure, not truth*», declaración que es ambigua, pues, si bien asume la naturaleza, hasta cierto punto erótica, del poema (de la literatura), continúa asignándole un cantón reservado y casi vigilado, distinto del más importante territorio de la verdad. El «placer», sin embargo —hoy nos cuesta menos admitirlo—, implica una experiencia de muy distinta amplitud y significado que la simple satisfacción del «gusto». Ahora bien, jamás se ha apreciado seriamente el placer del lenguaje; la antigua Retórica, a su manera, ya tuvo alguna idea, cuando fundó un género especial de discurso, el epidíctico, abocado al espectáculo y la admiración; pero el arte clásico tomó el *gustar*, que era su ley, según propias declaraciones (Racine: «La primera regla es gustar...»), y lo envolvió en las restricciones que imponía lo «natural». Tan sólo el barroco, experiencia literaria que no ha pasado de tolerable para nuestras sociedades, o al menos para la francesa, se atrevió a efectuar algunas exploraciones de lo que podría llamarse el Eros del lenguaje. El discurso científico está bien lejos de ello; pues si llegara a aceptar la idea tendría que renunciar a todos los privilegios con que le rodea la institución social y aceptar la entrada en esa «vida literaria» de la que Baudelaire, a propósito de Edgar Poe, nos dice que es «el único elemento en el que algunos ciertos seres desclasados pueden respirar».

Una mutación de la conciencia, de la estructura y de los fines del discurso científico: eso es lo que quizás habría que exigir hoy en día, cuando, en cambio, las ciencias humanas, constituidas, florecientes, parecen estar dejando un lugar cada vez más exiguo a una literatura a la que comúnmente se acusa de irrealismo y de deshumanización. Precisamente por eso, ya que el papel de la literatura es el de *representar* activamente ante la institución científica lo que ésta rechaza, a saber, la soberanía del lenguaje. Y es el estructuralismo el que debería estar en la mejor situación para suscitar este escándalo; pues al ser consciente en un grado muy agudo de la naturaleza lingüística de las obras humanas, es el único que hoy día puede replantear el problema del estatuto lingüístico de la ciencia; al tener por objeto el lenguaje —todos los lenguajes—, rápidamente ha llegado a definirse como el metalenguaje de nuestra cultura. No obstante, es necesario que supere esta etapa, ya que la oposición entre los lenguajes-objeto y sus metalenguajes sigue en definitiva estando sometida al modelo paterno de una ciencia sin lenguaje. La tarea a la que se enfrenta el discurso estructural consiste en volverse completamente homogéneo respecto a su objeto; sólo hay dos caminos para llevar a cabo esta tarea, tan radicales el uno como el otro: o bien el que pasa por una formalización exhaustiva, o bien el que pasa por la escritura integral. Según esta segunda hipótesis (que es la que aquí se está defendiendo), la ciencia se convertiría en literatura, en la medida en que la literatura —sometida, por otra parte, o una creciente transformación de los géneros tradicionales (poema, relato, crítica, ensayo)— ya es, lo ha sido siempre, la ciencia; puesto que todo lo que las ciencias humanas están descubriendo hoy en día, en cualquier orden de cosas, ya sea en el orden sociológico, psicológico, psiquiátrico, lingüístico, etc., la literatura lo ha sabido desde siempre; la única diferencia está en que no lo ha *dicho*, sino que lo ha *escrito*. Frente a la verdad entera de la escritura, las «ciencias humanas», constituidas de manera tardía sobre el barbecho del positivismo burgués, aparecen como las coartadas técnicas que nuestra sociedad se permite a sí misma para mantener en su seno la ficción de una verdad teológica, soberbiamente —y de una manera abusiva— separada del lenguaje.

1967, *Times Litterary Supplement.*

Escribir, ¿un verbo intransitivo?

1. Literatura y lingüística

A lo largo de siglos, la cultura occidental ha concebido la literatura, no a través de una práctica de las obras, los autores y las escuelas —como hoy en día se hace— sino a través de una auténtica teoría del lenguaje. Teoría que tenía un nombre: la *Retórica*, y que ha reinado en Occidente desde Gorgias hasta el Renacimiento, o sea, durante dos milenios aproximadamente. La retórica, amenazada desde el siglo XVI por el advenimiento del racionalismo moderno, acabó de arruinarse por completo al transformarse el racionalismo en positivismo, a finales del siglo XIX. En esos momentos puede decirse que entre la literatura y el lenguaje no queda ya ninguna zona común de reflexión: la literatura ya no se siente lenguaje, excepto por lo que respecta a algunos escritores precursores, como Mallarmé, y la lingüística reconoce no tener sobre la literatura más que algunos derechos, muy limitados, encerrados en una disciplina filológica secundaria, la estilística, cuyo estatuto, por otra parte, resulta incierto.

Es cosa sabida que esta situación está cambiando, y en parte me parece que nos hemos reunido aquí algo así como para levantar acta de ello: la literatura y el lenguaje están en camino de volverse a encontrar. Diversos y complejos son los factores de este acercamiento; citaré los más manifiestos: por una parte, la acción de algunos escritores que, después de Mallarmé, han emprendido una exploración radical de la escritura y han convertido su obra en la misma investigación del Libro total, como Proust y Joyce; por otra parte, el desarrollo de la propia lingüística, que a partir de este momento incluye en su dominio a lo *poético*, o sea, el orden de los efectos relacionados con el mensaje y no con su referente. Así pues, hoy existe una nueva perspectiva de reflexión, que, insisto, es común a la literatura y a la lingüística, al creador y a la crítica, cuyas tareas hasta ahora absolutamente estancas, comienzan a comunicarse, quizás incluso hasta a confundirse, al menos al nivel del escritor, cuya actividad puede ser definida cada vez más como una crítica del lenguaje. Esta es la perspectiva en la que yo querría situarme, para indicar con unas cuantas observaciones breves, prospectivas y en absoluto conclusivas, de qué manera la actividad de la escritura puede hoy en día enunciarse con la ayuda de ciertas categorías lingüísticas.

2. El lenguaje

A esta nueva conjunción de la literatura y la lingüística a la que acabo de referirme se la podría llamar, provisionalmente, *semiocrítica*, desde el momento en que implica que la escritura es un sistema de signos. Pero no hay que confundir la semiocrítica con la estilística, ni siquiera con su renovación, o al menos la estilística está lejos de agotarla. Se trata de una perspectiva de muy distinto alcance, cuyo objeto no puede estar constituido por simples accidentes de forma, sino por las propias relaciones entre el escritor y la lengua. Lo que implica que si uno se coloca en semejante perspectiva no se desinteresa de lo que es el lenguaje, sino que, por el contrario, no para de volverse hacia las «verdades», por provisionales que sean, de la antropología lingüística. Algunas de estas verdades aún tienen la fuerza de una provocación frente a una determinada idea habitual de lo que son la literatura y el lenguaje, y, por esta razón, no hay que dejar de repetirlas.

1. Una de las enseñanzas que nos ha proporcionado la lingüística actual es que no existen lenguas arcaicas, o al menos que no hay relación entre la simplicidad y la antigüedad de una

lengua: las lenguas antiguas pueden ser tan completas y tan complejas como las lenguas recientes; no hay una historia progresista del lenguaje. Así que, cuando intentamos hallar en la escritura moderna ciertas categorías fundamentales del lenguaje, no estamos pretendiendo sacar a la luz un cierto arcaísmo de la «psiqué»; no decimos que el escritor retorna al origen del lenguaje, sino que el lenguaje es el origen para él.

2. Un segundo principio, que es particularmente importante en lo que concierne a la literatura, es que el lenguaje no puede ser considerado como un simple instrumento, utilitario o decorativo, del pensamiento. El hombre no preexiste al lenguaje, ni filogenéticamente ni ontogenéticamente. Nunca topamos con ese estado en que el hombre estaría separado del lenguaje, y elaboraría este último para «expresar» lo que pasa en su interior: es el lenguaje el que enseña cómo definir al hombre, y no al contrario.

3. Además, desde un punto de vista metodológico, la lingüística nos está acostumbrando a un nuevo tipo de objetividad. La objetividad que hasta el momento se requería en las ciencias humanas era la objetividad de lo dado, que había que aceptar íntegramente. La lingüística, por una parte, nos sugiere que distingamos niveles de análisis y describamos los elementos distintivos de cada uno de esos niveles; en resumen, que establezcamos la distinción del hecho y no el hecho en sí mismo; por otra parte, nos invita a reconocer que, al contrario que los hechos físicos y biológicos, los hechos de la cultura son dobles, que siempre remiten a algo más: como ha hecho notar Benveniste, el descubrimiento de la «duplicidad» del lenguaje es lo más valioso en la reflexión de Saussure.

4. Estos problemas previos se encuentran contenidos en una última proposición que justifica toda investigación semiocrítica. La cultura se nos aparece cada vez más como un sistema general de símbolos, regido por las mismas operaciones: hay una unidad del campo simbólico, y la cultura, bajo todos sus aspectos, es una lengua. Hoy día es posible prever la constitución de una ciencia única de la cultura que, claro está, se apoyaría sobre diversas disciplinas, pero todas ellas estarían dedicadas a analizar, a diferentes niveles de descripción, a la cultura en cuanto lengua. La semiocrítica, evidentemente, no sería más que una parte de esta ciencia, que, por otra parte, seguiría siendo siempre a todos

los efectos un discurso sobre la cultura. En cuanto a nosotros, tal unidad del campo simbólico humano nos autoriza a trabajar sobre un postulado, que yo llamaría el postulado homológico: la estructura de la frase, objeto de la lingüística, vuelve a aparecer homológicamente en la estructura de las obras: el discurso no es tan sólo una adición de frases, sino que en sí mismo constituye, por así decirlo, una gran frase. Me gustaría, a partir de esta hipótesis de trabajo, confrontar ciertas categorías de la lengua con la situación del escritor en relación con su escritura. No pienso ocultar que tal confrontación no tiene fuerza demostrativa y su valor, de momento, sigue siendo esencialmente metafórico: pero quizá también, en el orden de los objetos que nos ocupan, la propia metáfora tiene una existencia metodológica y una fuerza heurística mayor de lo que pensamos.

3. La temporalidad

Sabemos que hay un tiempo específico de la lengua, que difiere por igual del tiempo físico y de lo que Benveniste llama el tiempo «crónico», o tiempo de los cómputos y de los calendarios. Este tiempo lingüístico experimenta un diferente recorte y recibe expresiones muy variadas según las lenguas (no hay que olvidar que, por ejemplo, ciertos idiomas, como el chinook, suponen varios pasados, uno de los cuales es el pasado mítico), pero hay algo que parece indudable: el tiempo lingüístico tiene siempre como centro generador el presente de la enunciación. Lo cual nos invita a preguntarnos si, de manera homológica a ese tiempo lingüístico, no habría también un tiempo específico del discurso. Benveniste nos ofrece las primeras aclaraciones sobre este punto: en muchas lenguas, en especial en las indoeuropeas, el sistema es doble: 1) hay un primer sistema, o sistema del discurso propiamente dicho, adaptado a la temporalidad de la enunciación, cuya enunciación sigue siendo explícitamente el momento generador; 2) hay un segundo sistema, o sistema de la historia, del relato, apropiado a la relación de los acontecimientos pasados, sin intervención del locutor, desprovisto, en consecuencia, de presente y de futuro (salvo el perifrástico), y cuyo tiempo específico es el aoristo (o sus equivalentes, como el pretérito francés), tiempo que es precisamente el que falta en el sistema del discurso. La

existencia de ese sistema a-personal no entra en contradicción
con la naturaleza esencialmente logocéntrica del tiempo lingüístico, que acabamos de afirmar: el segundo sistema está tan sólo
privado de los caracteres del primero; el uno está relacionado con
el otro por la simple oposición *marcado/no marcado*: por lo
tanto, forman parte de la misma pertinencia.

La distinción entre estos dos sistemas no recubre en absoluto la que tradicionalmente se hace entre discurso objetivo y discurso subjetivo, pues no debería confundirse la relación entre
enunciador y referente con la relación entre ese mismo enunciador y la enunciación, y es únicamente esta última relación la que
determina el sistema temporal del discurso. Estos fenómenos del
lenguaje han sido poco perceptibles mientras la literatura ha
sido considerada la expresión dócil y casi transparente, ya sea
del tiempo llamado objetivo (o tiempo crónico), ya sea de la
subjetividad psicológica, es decir, mientras ha estado sometida
a una ideología totalitaria del referente. Hoy en día, no obstante,
la literatura descubre, en el despliegue del discurso, lo que yo
llamaría sutilezas fundamentales: por ejemplo, lo que se narra
de manera aorística nunca aparece inmerso en el pasado, en «lo
que ha tenido lugar», sino tan sólo en la no-persona, que no es
ni la historia, ni la ciencia, ni mucho menos el *se* de las escrituras
llamadas anónimas, pues lo que lo traslada al *se* es la indefini-
ción, y eso no es la ausencia de persona: *se* está marcado, *él* no
lo está. En el otro extremo de la experiencia del discurso, el escritor actual, a mi parecer, no puede contentarse con expresar su
propio presente según un proyecto lírico: hay que enseñarle a
distinguir el presente del locutor, que sigue estando establecido
sobre una plenitud psicológica, del presente de la locución, tan
móvil como ella misma, y en el cual está instaurada una coincidencia absoluta entre el acontecimiento y la escritura. De esta
manera, la literatura, al menos en lo que es investigación, sigue
el mismo camino que la lingüística cuando Guillaume la hace interrogarse sobre el tiempo operativo, o tiempo de la enunciación
en sí.

4. La persona

Todo esto conduce a una segunda categoría gramatical, tan importante en lingüística como en literatura: la *persona*. Para empezar, hay que recordar, con los lingüistas, que la persona (en el sentido gramatical del término) parece seguro que es universal, asociada a la propia antropología del lenguaje. Todo lenguaje, como Benveniste ha señalado, organiza la persona en dos oposiciones: una correlación de personalidad, que opone la persona (*yo* o *tú*) a la no-persona (*él*), signo del que está ausente, signo de la ausencia; y, en el interior de esta primera gran oposición, una correlación de subjetividad opone dos personas, el *yo* y el *no-yo* (es decir, el *tú*). Para nuestro gobierno nos es necesario hacer, como Benveniste, tres observaciones. En primer lugar ésta: la polaridad de las personas, condición fundamental del lenguaje, es, sin embargo, muy particular, ya que esta polaridad no conlleva ni igualdad ni simetría: *ego* tiene siempre una posición de trascendencia con respecto a *tú*, al ser el *yo* interior al enunciado y permanecer el *tú* en el exterior; y, no obstante, *yo* y *tú* son susceptibles de inversión, pues *yo* siempre puede convertirse en *tú*, y a la recíproca. Además —y ésta es la segunda observación—, el *yo* lingüístico puede y debe definirse de una manera a-psicológica: ya que *yo* no es sino «*la persona que enuncia la presente instancia de discurso que contiene la instancia lingüística yo*» (Benveniste). Por último, y ésta es la última observación, *él*, o la no-persona, nunca refleja la instancia del discurso, sino que se sitúa fuera de ella; hay que darle su verdadera importancia a la recomendación de Benveniste de no representarse el *él* como una persona más o menos disminuida o alejada: *él* es absolutamente la no-persona, marcada por la ausencia de lo que hacen específicamente (es decir, lingüísticamente) *yo* y *tú*.

De estas aclaraciones lingüísticas podemos sacar algunas consecuencias para un análisis del discurso literario. En primer lugar, pensamos que cualesquiera que sean las variadas y a menudo astutas marcas que la persona adquiera al pasar de la lengua al discurso, del mismo modo que en el caso de la temporalidad, el discurso de la obra está sometido a un doble sistema, el de la persona y el de la no-persona. Lo que produce la ilusión es que el discurso clásico (en sentido amplio), al que estamos acostumbrados, es un discurso mixto, que hace alternar, y a menudo con rápida cadencia (por ejemplo, en el interior de una misma frase), la enunciación personal y la enunciación a-personal, gracias a un juego complejo a base de pronombres y verbos descriptivos. Este régimen mixto de persona y no-persona produce una conciencia ambigua, que consigue conservar la propiedad personal de lo que enuncia, a pesar de romper periódicamente la participación del enunciador en el enunciado.

A continuación, si volvemos sobre la definición lingüística de la primera persona (*yo* es el que dice *yo* en la presente instancia del discurso), quizá comprendamos mejor el esfuerzo de algunos escritores de la actualidad (estoy pensando en *Drame*, de Sollers) cuando tratan de distinguir, en el mismo nivel del relato, la persona psicológica del autor de la escritura: de manera opuesta a la ilusión común en las autobiografías y las novelas tradicionales, el sujeto de la enunciación no puede nunca ser el mismo que ayer actuaba: el *yo* del discurso no puede ser el punto en el que se restituye inocentemente una persona previamente almacenada. El recurso absoluto a la instancia del discurso para determinar la persona, que siguiendo a Damourette y Pichon podríamos llamar «*nynégocentrisme*» (recordemos el inicio ejemplar de la novela de Robbe-Grillet, *Dans le labyrinthe*: «Yo estoy solo aquí ahora»), ese recurso, por imperfecto que nos pueda parecer aún su ejercicio, aparece así como un arma contra la mala fe general de un discurso que no hace, o que no haría, de la forma literaria más que la expresión de una interioridad constituida hacia atrás y desde fuera del lenguaje.

Por último, recordemos esta precisión del análisis lingüístico: en el proceso de la comunicación el trayecto del *yo* no es homogéneo: cuando suelto el signo *yo* me estoy refiriendo a mí mismo en cuanto hablante, y entonces se trata de un acto siempre nuevo, aunque se repita, cuyo «sentido» siempre está inédito; pero, al llegar a su destino, ese signo se recibe por parte de mi interlocutor como un signo estable, surgido de un código pleno, cuyos contenidos son recurrentes. En otras palabras, el *yo* del que escribe *yo* no es el mismo *yo* que está leyendo el *tú*. Esta disimetría fundamental de la lengua, que explican Jespersen y Jakobson bajo la noción de *shifter* o encabalgamiento entre mensaje y código, comienza al fin a producir cierta inquietud a la literatura al representar ante sus ojos que la intersubjetividad, o, quizá más acertadamente mencionada, la interlocución, no puede llevarse a cabo por el simple efecto de un deseo piadoso relativo a los méritos del «diálogo», sino a través de un descenso profundo, paciente y a veces intrincado en el interior del laberinto del sentido.

5. La diátesis

Nos queda aún por mencionar una última noción gramatical que puede, a nuestro parecer, dar luz sobre el mismo centro de la actividad de la escritura, ya que concierne al propio verbo *escribir*. Sería interesante saber en qué momento comenzó a usarse el verbo *escribir* de una manera intransitiva, pasando así el escritor de ser el que escribe algo a ser el que escribe, de manera absoluta: este paso constituye ciertamente el signo de un cambio importante de mentalidad. Pero, ¿se trata verdaderamente de una intransitividad? Ningún escritor, sea de la época que sea, puede ignorar que siempre está escribiendo algo; incluso podría llegar a decirse que, paradójicamente, en el momento en que *escribir* parece volverse intransitivo es cuando su objeto, bajo el nombre de *libro*, o de *texto*, toma una particular importancia. Así pues, no es por el lado de la intransitividad, al menos en un primer momento, por donde hay que buscar la definición del moderno *escribir*. Es otra noción lingüística la que quizá nos dará la clave: la noción de diátesis, o, como dicen las gramáticas, de «voz» (activa, pasiva, media). La diátesis designa la manera en que el sujeto del verbo resulta afectado por el proceso; esto resulta muy evidente en la pasiva; sin embargo, los lingüistas nos hacen saber que, al menos en indoeuropeo, lo que la diátesis opone verdaderamente no es lo activo y lo pasivo, sino lo pasivo y lo medio. Siguiendo el ejemplo clásico de Meillet y Benveniste, el verbo *sacrificar* (ritualmente) es activo si el sacerdote es el que sacrifica a la víctima en mi lugar y por mí, y es medio si, arrebatándole de las manos el cuchillo al sacerdote, soy yo mismo quien efectúa el sacrificio por mi cuenta; en el caso del activo, el proceso tiene lugar fuera del sujeto, pues si bien es el sacerdote quien realiza el sacrificio, no resulta afectado por ello; en el caso del medio, por el contrario, el sujeto, al actuar, se afecta a sí mismo, permanece siempre en el interior del proceso, incluso cuando ese proceso conlleva un objeto, de

manera que la voz media no excluye la transitividad. Una vez así
definida, la voz media se corresponde por completo con el estado
del moderno *escribir*: escribir, hoy en día, es constituirse en el
centro del proceso de la palabra, es efectuar la escritura afectándose a sí mismo, es hacer coincidir acción y afección, es dejar
al que escribe dentro de la escritura, no a título de sujeto psicológico (el sacerdote indoeuropeo bien podría rebosar subjetividad mientras sacrificaba activamente en lugar de su cliente),
sino a título de agente de la acción. Incluso se puede llevar más
lejos el análisis diatético del verbo *escribir*. Sabemos que, en
francés, algunos verbos tienen sentido activo en la forma simple
(*aller, arriver, rentrer, sortir*), pero toman el auxiliar pasivo (*être*)
en las formas del *passé composé* (*je suis allé, je suis arrivé*);
para explicar esta bifurcación propiamente media, Guillaume distingue precisamente entre un *passé composé dirimente* (con el
auxiliar *avoir*), que supone una interrupción del proceso, debida
a la iniciativa del locutor (*je marche, je m'arrête de marcher, j'ai
marché*), y un *passé composé integrante* (con el auxiliar *être*),
propio de los verbos que designan un entero semántico, que no
puede atribuirse a la simple iniciativa del sujeto (*je suis sorti, il
est mort* no remiten a una interrupción dirimente de la salida o
de la muerte). *Écrire*, tradicionalmente, es un verbo activo, cuyo
pasado es dirimente: yo escribo un libro, lo termino, lo he escrito; pero, en nuestra literatura, el verbo cambia de estatuto (ya
que no de forma): *escribir* se convierte en un verbo medio, cuyo
pasado es integrante, en la misma medida en que el *escribir* se
convierte en un entero semántico indivisible; de manera que el
auténtico pasado, el pasado correcto de este nuevo verbo, no es
ya *j'ai écrit*, sino más bien *je suis écrit*, de la misma manera que
se dice *je suis né, il est mort, elle est éclose*, etc., expresiones en
las que, por supuesto, a pesar del verbo *être* no hay ninguna idea
de lo pasivo, ya que no sería posible transformar, sin forzar
las cosas, *je suis écrit* en *on m'a écrit*.

Así pues, en este *écrire* medio, la distancia entre el que escribe
y el lenguaje disminuye asintóticamente. Incluso se podría llegar
a decir que las escrituras de la subjetividad, como la escritura
romántica, son las que son activas, puesto que en ellas el agente
no es interior, sino anterior al proceso de la escritura: el que escribe no escribe por sí mismo, sino que, como término de una
procuración indebida, escribe por una persona exterior y antece-

dente (incluso cuando ambos llevan el mismo nombre), mientras que, en el *escribir* medio de la modernidad, el sujeto se constituye como inmediatamente contemporáneo de la escritura, efectuándose y afectándose por medio de ella: un caso ejemplar es el del narrador proustiano, que tan sólo existe en cuanto está escribiendo, a pesar de la referencia a un seudorrecuerdo.

6. La instancia del discurso

Queda claro que estas pocas observaciones tienden a sugerir que el problema central de la escritura moderna coincide exactamente con lo que podría llamarse la problemática del verbo en lingüística: de la misma manera que la temporalidad, la persona y la diátesis delimitan el campo posicional del sujeto, asimismo la literatura moderna busca la institución, a través de experiencias diversas, de una posición nueva del agente de la escritura dentro de la misma escritura. El sentido, o, si se prefiere, la finalidad, de esta investigación es la sustitución de la instancia de la realidad (o instancia del referente), mítica excusa que ha dominado y aún domina la idea de literatura, por la instancia del mismo discurso: el dominio del escritor no es sino la escritura en sí, no como «forma» pura, como la ha podido concebir una estética del arte por el arte, sino de una manera mucho más radical, como el único espacio posible del que escribe. En efecto, hay que recordárselo a los que acusan a este tipo de investigación de solipsismo, de formalismo o de cientifismo; al volvernos hacia las categorías fundamentales de la lengua, como son la persona, la voz, el tiempo, nos situamos en el centro de una problemática de la interlocución, pues es en estas categorías en las que se traban las relaciones entre el *yo* y lo que está privado de la marca del *yo*. En la medida misma en que la persona, el tiempo y la voz (¡de nombre tan acertado!) implican a esos notables seres lingüísticos que son los *shifters*, nos obligan a pensar la lengua y el discurso, ya no en los términos de una terminología instrumental, y cosificada, por tanto, sino como ejercicio de la palabra: el pronombre, por ejemplo, que sin duda es el más vertiginoso de los *shifters*, pertenece *estructuralmente* (insisto en ello) a la palabra; en ello reside, quizá, su escándalo, y es sobre ese escándalo donde hoy debemos trabajar, lingüística y literariamente: pretendemos profundizar en el «pacto de palabra» que une al escritor con el otro, de modo que cada momento del discurso sea a la vez absolutamente nuevo y absolutamente comprendido. Incluso podemos, con cierta temeridad, darle una dimensión histórica a esta investigación. Es sabido que el *Septenium* medieval, en la grandiosa clasificación del universo que instituía, imponía al hombre-aprendiz dos grandes zonas de exploración: por una parte, los secretos de la naturaleza (*quadrivium*), por otra parte, los secretos de la palabra (*trivium: grammatica, rhetorica, dialectica*); esta oposición se perdió desde fines de la Edad Media hasta nuestros días, al pasar el lenguaje a no ser considerado más que como un instrumento al servicio de la razón o el corazón. No obstante, hoy en día, está empezando a revivir algo de la antigua oposición: a la exploración del cosmos le corresponde de nuevo la exploración del lenguaje llevada a cabo por la lingüística, el psicoanálisis y la literatura. Pues la misma literatura, por decirlo así, ya no es la ciencia del «corazón humano» sino de la palabra humana; sin embargo, su investigación ya no se orienta hacia las formas y figuras secundarias que constituían el objeto de la retórica, sino hacia las categorías fundamentales de la lengua: de la misma manera que, en nuestra cultura occidental, la gramática no empezó a nacer sino mucho más tarde que la retórica, igualmente, la literatura no ha podido plantearse los problemas fundamentales del lenguaje, sin el cual no existiría, sino después de haber caminado a lo largo de siglos a través de la belleza literaria.

1966, Coloquio Johns Hopkins.
Publicado en inglés en *The Languages of Criticism and the Sciences of Man: the Structuralist Controversy.*
© The Johns Hopkins Press, London and Baltimore, 1970, págs. 134-145.

Escribir la lectura

¿Nunca os ha sucedido, leyendo un libro, que os habéis ido parando continuamente a lo largo de la lectura, y no por desinterés, sino al contrario, a causa de una gran afluencia de ideas, de excitaciones, de asociaciones? En una palabra, ¿no os ha pasado nunca eso de *leer levantando la cabeza*?

Es sobre esa lectura, irrespetuosa, porque interrumpe el texto, y a la vez prendada de él, al que retorna para nutrirse, sobre lo que intento escribir. Para escribir esa lectura, para que mi lectura se convierta, a su vez, en objeto de una nueva lectura (la de los lectores de *S/Z*), me ha sido necesario, evidentemente, sistematizar todos esos momentos en que uno «levanta la cabeza». En otras palabras, interrogar a mi propia lectura ha sido una manera de intentar captar la *forma* de todas las lecturas (la forma: el único territorio de la ciencia), o, aún más, de reclamar una teoría de la lectura.

Así que he tomado un texto corto (cosa necesaria, dado el carácter minucioso de la empresa), *Sarrasine*, de Balzac, una novela poco conocida (¿acaso no es Balzac, por definición, «el Inagotable», aquel del que nunca lo ha leído uno todo, salvo en el caso de una vocación exegética?), y me he dedicado a *detenerme* constantemente durante la lectura de ese texto. Generalmente, la crítica funciona (no se trata de un reproche) o bien a base de microscopio (iluminando pacientemente el detalle filológico, autobiográfico o psicológico de la obra), o bien a base de telescopio (escrutando el enorme espacio histórico que rodea al autor). Yo me he privado de ambos instrumentos: no he hablado ni de Balzac ni de su tiempo, ni me he dedicado a la psicología de los personajes, la temática del texto ni la sociología de la anécdota. Tomando como referencia las primeras proezas de la cámara, capaz de descomponer el trote de un caballo, en cierta manera, lo que he intentado es filmar la lectura de *Sarrasine* en cámara lenta: el resultado, según creo, no es exactamente un análisis (yo no he intentado captar el *secreto* de este extraño texto) ni exactamente una imagen (creo que no me he proyectado en mi lectura; o, si ha sido así, lo ha sido a partir de un punto inconsciente situado mucho más acá de «mí mismo»). Entonces, ¿qué es S/Z? Un texto simplemente, el texto ese que escribimos en nuestra cabeza cada vez que la levantamos.

Ese texto, que convendría denominar con una sola palabra: un *texto-lectura*, es poco conocido porque desde hace siglos nos hemos estado interesando desmesuradamente por el autor y nada en absoluto por el lector; la mayor parte de las teorías críticas tratan de explicar por qué el escritor ha escrito su obra, cuáles han sido sus pulsiones, sus constricciones, sus límites. Este exorbitante privilegio concedido al punto de partida de la obra (persona o Historia), esta censura ejercida sobre el punto al que va a parar y donde se dispersa (la lectura), determinan una economía muy particular (aunque anticuada ya): el autor está considerado como eterno propietario de su obra, y nosotros, los lectores, como simples usufructuadores: esta economía implica evidentemente un tema de autoridad: el autor, según se piensa, tiene derechos sobre el lector, lo obliga a captar un determinado *sentido* de la obra, y este sentido, naturalmente, es el bueno, el verdadero: de ahí procede una moral crítica del recto sentido (y de su correspondiente pecado, el «contrasentido»): lo que se trata de establecer es siempre *lo que el autor ha querido decir*, y en ningún caso *lo que el lector entiende*.

A pesar de que algunos autores nos han advertido por sí mismos de que podemos leer su texto a nuestra guisa y de que en definitiva se desinteresan de nuestra opción (Valéry), todavía nos apercibimos con dificultad de hasta qué punto la lógica de la lectura es diferente de las reglas de la composición. Estas últimas, heredadas de la retórica, siempre pasan por la referencia a un

modelo deductivo, es decir, racional: como en el silogismo, se
trata de forzar al lector a un sentido o a una conclusión:
la composición canaliza; por el contrario, la lectura (ese texto
que escribimos en nuestro propio interior cuando leemos) dispersa, disemina; o, al menos, ante una historia (como la del escultor Sarrasine), vemos perfectamente que una determinada
obligación de seguir un camino (el «suspenso») lucha sin tregua
dentro de nosotros contra la fuerza explosiva del texto, su energía digresiva: con la lógica de la razón (que hace legible la historia) se entremezcla una lógica del símbolo. Esta lógica no es de-
ductiva, sino asociativa: asocia al texto material (a cada una de
sus frases) *otras* ideas, *otras* imágenes, *otras* significaciones. «El
texto, el texto solo», nos dicen, pero el texto solo es algo que no
existe: en esa novela, en ese relato, en ese poema que estoy leyendo hay, *de manera inmediata*, un suplemento de sentido del que
ni el diccionario ni la gramática pueden dar cuenta. Lo que he
tratado de dibujar, al escribir mi lectura de *Sarrasine*, de Balzac,
es justamente el espacio de este suplemento.

No es un lector lo que he reconstituido (ni vosotros ni yo),
sino la lectura. Quiero decir que toda lectura deriva de formas
transindividuales: las asociaciones engendradas por la literalidad
del texto (por cierto, ¿dónde está esa literalidad?) nunca son,
por más que uno se empeñe, anárquicas; siempre proceden (en-
tresacadas y luego insertadas) de determinados códigos, determinadas lenguas, determinadas listas de estereotipos. La más subjetiva de las lecturas que podamos imaginar nunca es otra cosa
sino un juego realizado a partir de ciertas reglas. ¿Y de dónde
proceden estas reglas? No del autor, por cierto, que lo único que
hace es aplicarlas a su manera (que puede ser genial, como en
Balzac); esas reglas que son visibles muy por delante de él, proceden de una lógica milenaria de la narración, de una forma simbólica que nos constituye antes aún de nuestro nacimiento, en
una palabra, de ese inmenso espacio cultural del que nuestra persona (lector o autor) no es más que un episodio. Abrir el texto,
exponer el sistema de su lectura, no solamente es pedir que se
lo interprete libremente y mostrar que es posible; antes que
nada, y de manera mucho más radical, es conducir al reconocimiento de que no hay verdad objetiva o subjetiva de la lectura, sino tan sólo una verdad lúdica; y además, en este caso, el
juego no debe considerarse como distracción, sino como trabajo,

un trabajo del que, sin embargo, se ha evaporado todo esfuerzo: leer es hacer trabajar a nuestro cuerpo (desde el psicoanálisis sabemos que ese cuerpo sobrepasa ampliamente a nuestra memoria y nuestra conciencia) siguiendo la llamada de los signos del texto, de todos esos lenguajes que lo atraviesan y que forman una especie de irisada profundidad en cada frase.

Me imagino muy bien el relato legible (aquel que podemos leer sin declararlo «ilegible»: ¿quién no comprende a Balzac?) bajo la forma de una de esas figurillas sutil y elegantemente articuladas que los pintores utilizan (o utilizaban) para aprender a hacer croquis de las diferentes posturas del cuerpo humano; al leer imprimimos también una determinada postura al texto, y es por eso por lo que está vivo; pero esta postura, que es invención nuestra, sólo es posible porque entre los elementos del texto hay una relación sujeta a reglas, es decir, una *proporción*: lo que yo he intentado es analizar esta proporción, describir la disposición topológica que proporciona a la lectura del texto clásico su trazado y su libertad, al mismo tiempo.

1970, *Le Figaro littéraire*.

Sobre la lectura

En primer lugar, querría darles las gracias por haberme acogido entre ustedes. Muchas son las cosas que nos unen, empezando por esa pregunta común que cada uno de nosotros por su cuenta está planteando: *¿Qué es leer? ¿Cómo leer? ¿Para qué leer?* Sin embargo hay algo que nos separa, y que no tengo intención de ocultar: hace mucho tiempo que he dejado toda práctica pedagógica: la escuela, el instituto, el colegio actual me son totalmente desconocidos; y mi propia práctica como enseñante —que ha significado mucho en mi vida— en la *École des Hautes Études* es muy marginal, muy anómica, incluso dentro de la enseñanza posescolar. Ahora bien, ya que se trata de un congreso, me parece preferible que cada cual deje oír su propia voz, la voz de su práctica; así pues, no pienso esforzarme en alcanzar una competencia pedagógica que no es la mía, o en fingirla: permaneceré en los límites de una lectura particular (¿como toda lectura?), la lectura del individuo que soy, que creo ser.

Respecto a la lectura me encuentro en un gran desconcierto doctrinal: no tengo una doctrina sobre la lectura: mientras que, ante mis ojos, se está esbozando poco a poco una doctrina de la escritura. Este desconcierto a veces llega hasta la duda: ni siquiera sé si es necesario tener una *doctrina* sobre la lectura; no sé si la lectura no será, constitutivamente, un campo plural de prácticas dispersas, de efectos irreductibles, y si, en consecuencia, la lectura de la lectura, la metalectura, no sería en sí misma más que un destello de ideas, de temores, de deseos, de goces, de opresiones, de las que convendría hablar, sobre la marcha, a imagen de la pluralidad de talleres que constituye este congreso.

No tengo la intención de reducir mi desconcierto (aparte de que tampoco tengo los medios para ello), sino tan sólo de situarlo, de comprender el desbordamiento cuyo objeto es claramente la noción de lectura, para mí. ¿Por dónde empezar? Bueno, quizá por lo que ha permitido ponerse en marcha a la lingüística moderna: por la noción de pertinencia.

1. Pertinencia

La *pertinencia*, en lingüística, es —o al menos ha sido— el punto de vista elegido para observar, interrogar, analizar un conjunto tan heteróclito, tan disparatado como el lenguaje: hasta que no se decidió a observar el lenguaje desde el punto de vista del sentido, y sólo desde él, no dejó Saussure de tantear, atolondrado, y no pudo fundar una nueva lingüística; la decisión de no considerar los sonidos más que desde la pertinencia del sentido es lo que permitió a Troubetzkoy y a Jakobson desarrollar la fonología; la aceptación, despreciando otras muchas consideraciones posibles, de que no se debían ver en centenares de cuentos populares otra cosa que situaciones y papeles estables, recurrentes, o sea, formas, es lo que permitió a Propp fundar el Análisis estructural del relato.

De la misma manera, si pudiéramos decidir una *pertinencia* desde la que interrogar a la lectura, podríamos esperar desarrollar poco a poco una lingüística o una semiología, o sencillamente (para no cargarnos de deudas) un Análisis de la lectura, de *anagnosis*: una Anagnosología: ¿por qué no?

Desdichadamente, la lectura aún no ha encontrado su Propp o su Saussure; esa deseada pertinencia, imagen del alivio del sabio, no ha sido hallada, al menos de momento: o las viejas pertinencias no le sirven a la lectura, o, por lo menos, ésta las desborda.

1. En el dominio de la lectura, no hay pertinencia de objetos: el verbo *leer*, que aparentemente es mucho más transitivo que el verbo *hablar*, puede saturarse, catalizarse, con millares de com-

plementos de objeto: se leen textos, imágenes, ciudades, rostros, gestos, escenas, etc. Son tan variados estos objetos que no me es posible unificarlos bajo ninguna categoría sustancial, ni siquiera formal; lo único que se puede encontrar en ellos es una unidad intencional: el objeto que uno lee se fundamenta tan sólo en la intención de leer: simplemente es algo *para leer*, un *legendum*, que proviene de una fenomenología, y no de una semiología.

2. En el dominio de la lectura —y esto es más grave— no se da tampoco la pertinencia de los *niveles*, no hay la posibilidad de describir *niveles* de lectura, ya que no es posible cerrar la lista de estos niveles. Sí es verdad que hay un *origen* en la lectura gráfica: el aprendizaje de las letras, de las palabras escritas; pero, por una parte, hay lecturas sin aprendizaje (las imágenes) —al menos sin aprendizaje técnico, ya que no cultural— y, por otra parte, una vez adquirida esta *techné*, ya no sabemos dónde detener la profundidad y la dispersión de la lectura: ¿en la captación de un sentido?, ¿de qué clase, ese sentido?, ¿denotado?, ¿connotado? Estos son artefactos que yo llamaría *éticos*, ya que el sentido denotado pasa por ser el sentido verdadero, y a fundar una ley (¿cuántos hombres habrán muerto por *un* sentido?), mientras que la connotación (ésta es su ventaja moral) permite instaurar un derecho al sentido múltiple y liberar así la lectura: pero, ¿hasta dónde? Hasta el infinito: no hay límite *estructural* que pueda cancelar la lectura: se pueden hacer retroceder hasta el infinito los límites de lo legible, decidir que *todo* es, en definitiva, legible (por ilegible que parezca), pero también en sentido inverso, se puede decidir que en el fondo de todo texto, por legible que haya sido en su concepción, hay, queda todavía, un resto de ilegibilidad. El *saber-leer* puede controlarse, verificarse, en su estadio inaugural, pero muy pronto se convierte en algo sin fondo, sin reglas, sin grados y sin término.

Podemos pensar que la responsabilidad por no encontrar una *pertinencia* en la que fundamentar un Análisis coherente de la lectura es nuestra, que se debe a nuestra carencia de genialidad. Pero también podemos pensar que la *in-pertinencia* es, en cierto modo, algo congénito a la lectura: como si algo, por derecho propio, enturbiara el análisis de los objetos y los niveles de lectura, y condujera así al fracaso, no tan sólo a toda búsqueda de una pertinencia para el Análisis de la lectura, sino también, quizás, al mismísimo concepto de pertinencia (ya que la misma aventura parece estar a punto de sucederle a la lingüística y a la narratología). Me parece que puedo darle a ese algo un nombre (de una manera trivial, por lo demás): el Deseo. Es precisamente porque toda lectura está penetrada de Deseo (o de Asco) por lo que la Anagnosología es tan difícil, quizás hasta imposible; en todo caso, es por ello por lo que tiene la oportunidad de realizarse donde menos la esperamos, o al menos, nunca *exactamente* allí donde la esperábamos: en virtud de una tradición —reciente— la esperamos por el lado de la estructura; e indudablemente tenemos razón, en parte: toda lectura se da en el interior de una estructura (por múltiple y abierta que ésta sea) y no en el espacio presuntamente libre de una presunta espontaneidad: no hay lectura «natural», «salvaje»: la lectura no *desborda* la estructura; está sometida a ella: tiene necesidad de ella, la respeta; pero también la pervierte. La lectura sería el gesto del cuerpo (pues, por supuesto, se lee con el cuerpo) que, con un solo movimiento, establece su orden y también lo pervierte: sería un suplemento interior de perversión.

2. Rechazo

Hablando con propiedad, no puede decirse que yo me esté interrogando sobre los avatares del deseo de lectura; en especial, no puedo contestar a esta irritante pregunta: ¿por qué los franceses de hoy en día no tienen deseo de leer? ¿Por qué el cincuenta por ciento de ellos, según parece, no leen nada? Lo que sí puede entretenernos por un momento es la huella de deseo —o de nodeseo— que queda en el interior de una lectura, suponiendo que ya haya sido asumida la voluntad de leer. Y antes que nada, los *rechazos* de la lectura. Se me ocurren dos de ellos.

El primero es el resultado de todos los constreñimientos, sociales o interiorizados gracias a mil intermediarios, que convierten a la lectura en un *deber*, en el que el mismo acto de leer está determinado por una ley: el acto de leer, o, si se puede llamar así, el acto de *haber leído*, la marca casi ritual de una iniciación. No estoy por tanto hablando de las lecturas «instrumentales», las que son necesarias para la adquisición de un saber, de una técnica, y en las que el gesto de leer desaparece bajo el acto de aprender: hablo de las lecturas «libres», que, sin embargo, es necesario haber hecho: *hay que haber leído (La Princesa de Clèves*, el *Anti-Edipo)*. ¿De dónde procede esa ley? De diversas autoridades, cada una de las cuales está basada en valores, ideologías: para el militante de vanguardia *hay que haber leído* a Bataille, a Artaud. Durante largo tiempo, cuando la lectura era estrictamente elitista, había deberes universales de lectura; supongo que el derrumbamiento de los valores humanistas ha puesto fin a tales deberes de lectura: han sido sustituidos por deberes particulares, ligados al «papel» que el individuo se reconozca en la sociedad actual; la ley de la lectura ya no proviene de toda una eternidad de cultura, sino de una autoridad, rara, o al menos enigmática, que se sitúa en la frontera entre la Historia y la Moda. Lo que quiero decir es que hay leyes de grupo, microleyes, de las que debemos tener el derecho de liberarnos. Es más: la libertad de lectura, por alto que sea el precio que se deba pagar por ella, es *también* la libertad de no leer. ¿Quién sabe si ciertas cosas no se transforman, quién sabe si algunas cosas importantes no llegan a suceder (en el trabajo, en la historia del sujeto histórico) no solamente como resultado de las lecturas, sino también como resultado de los olvidos de lectura: como resultado de las que podrían llamarse las *despreocupaciones* de la lectura? Es más: en la lectura, el Deseo no puede apartarse, mal que les pese a las instituciones, de su propia negatividad pulsional.

Un segundo rechazo podría ser el de la Biblioteca. Por supuesto que no trato de contestar la institución bibliotecaria ni de desinteresarme de su necesario desarrollo; sólo trato, sencillamente, de reconocer la marca de rechazo que hay en ese rasgo fundamental e inevitable de la Biblioteca pública (o simplemente colectiva): su *facticidad*. La facticidad no es en sí misma una vía para el rechazo (no hay nada particularmente liberador en la Naturaleza); si la facticidad de la Biblioteca hace fracasar al Deseo de leer es por dos razones.

1. La Biblioteca, por su propio estatuto, y sea cual fuere su dimensión, es infinita, en la medida en que (por bien concebida que esté) siempre se sitúa más acá o más allá de nuestra demanda: el libro deseado tiene tendencia a no estar nunca en ella, y, sin embargo, se nos propone otro en su lugar: la Biblioteca es el espacio de los sustitutos del deseo; frente a la aventura de leer, ella representa lo real, en la medida en que llama al orden al Deseo: demasiado grande y demasiado pequeña siempre, es fun-

damentalmente inadecuada al Deseo: para extraer placer, satisfacción, goce, de una Biblioteca, el individuo tiene que renunciar
a la efusión de su Imaginario; tiene que pasar por su Edipo, por
ese Edipo por el que no solamente hay que pasar a los cuatro
años, sino en cada momento de la vida en que se experimenta el
deseo. En este caso, la ley, la castración, es la misma profusión
de libros que hay en ella.

2. La Biblioteca es un espacio que se visita pero no se habita. En nuestra lengua, de la que, no obstante, se afirma que está
bien hecha, debería haber dos palabras diferentes: una para el
libro de Biblioteca, otra para el *libro-de-casa* (pongámosle guio-
nes: se trata de un sintagma autónomo que tiene como referente un objeto específico); una palabra para el libro «prestado»
—a menudo a través de un mediador burocrático o magistral—,
la otra para el libro agarrado, atrapado, atraído, elegido, como si
se tratara de un fetiche; una palabra para el libro-objeto de una
duda (hay que devolverlo), otra para el libro-objeto de un deseo
o de una necesidad inmediata (sin mediación). El espacio doméstico (y no público) retira del libro toda su función de «aparen-
tar» social, cultural, institucional (salvo en el caso de los *cosy-
corners* cargados de libros-desperdicio). Bien es verdad que el
libro-de-casa no es un fragmento de deseo totalmente puro: en
general, ha pasado por una mediación que no se distingue por
particularmente limpia: el dinero; ha habido que comprarlo, y
por tanto no comprar los demás; pero las cosas son como son,
el mismo dinero en sí mismo es un desahogo, cosa que no es la
Institución: *comprar* puede ser liberador, *tomar prestado* seguro
que no lo es: en la utopía de Fourier, los libros no valen casi
nada, pero, sin embargo, han de pasar por la mediación de algunos céntimos: están envueltos en un cierto *Dispendio*, y es por
eso por lo que el Deseo funciona:. porque hay algo que se des-
bloquea.

3. Deseo

¿Qué es lo que hay de Deseo en la lectura? El Deseo no puede
nombrarse, ni siquiera (al revés que la Necesidad) puede decirse.
No obstante, es indudable que hay un erotismo de la lectura (en
la lectura, el deseo se encuentra junto a su objeto, lo cual es

una definición del erotismo). Sobre este erotismo de la lectura
quizá no hay un apólogo más puro que aquel episodio de *En busca del tiempo perdido*, en que Proust nos muestra al joven Narrador encerrándose en los retretes de Combray para leer (para no
ver sufrir a su abuela, a quien, en broma, le han contado que su
marido va a beber coñac...): «Me subía a llorar a lo más alto de
la casa, junto al tejado, a una habitacioncita que estaba al lado
de la sala de estudio, que olía a lirio, y que estaba aromada, además, por el perfume de un grosellero que crecía afuera, entre
las piedras del muro, y que introducía una rama de flores por la
entreabierta ventana. Este cuarto, que estaba destinado a un uso
más especial y vulgar, y desde el cual se dominaba durante el día
claro hasta el torreón de Roussainville-le-Pin, me sirvió de refugio
mucho tiempo, sin duda por ser el único donde podía encerrarme
con llave para aquellas de mis ocupaciones que exigían una soledad inviolable: la lectura, el ensueño, el llanto y la voluptuosidad».[1]

Así pues, la lectura deseante aparece marcada por dos rasgos
que la fundamentan. Al encerrarse para leer, al hacer de la lectura un estado absolutamente apartado, clandestino, en el que
resulta abolido el mundo entero, el lector —el leyente— se identifica con otros dos seres humanos —muy próximos entre sí, a
decir verdad— cuyo estado requiere igualmente una violenta separación: el enamorado y el místico; de Teresa de Avila se sabe
que hacía de la lectura un sustituto de la oración mental; y el
enamorado, como sabemos, lleva la marca de un apartamiento de
la realidad, se desinteresa del mundo exterior. Todo esto acaba
de confirmar que el sujeto-lector es un sujeto enteramente exilia-
do bajo el registro del Imaginario; toda su economía del placer
consiste en cuidar su relación dual con el libro (es decir, con la
Imagen), encerrándose solo con él, pegado a él, *con la nariz me-
tida dentro del libro*, me atrevería a decir, como el niño se pega
a la madre y el Enamorado se queda suspendido del rostro amado. El retrete perfumado de lirios es la clausura misma del Espejo, el lugar en que se produce la coalescencia paradisíaca del
sujeto y la Imagen (el libro).

El segundo rasgo que entra en la constitución de la lectura
deseante —y eso es lo que nos dice de manera explícita el episo-

1. París. Gallimard, «Bibl. de la Pléiade», I, 12.

dio del retrete— es éste: en la lectura, todas las conmociones del cuerpo están presentes, mezcladas, enredadas: la fascinación, la vacación, el dolor, la voluptuosidad; la lectura produce un cuerpo alterado, pero *no troceado* (si no fuera así la lectura no dependería del Imaginario). No obstante, hay algo más enigmático que se trasluce en la lectura, en la interpretación del episodio proustiano: la lectura —la voluptuosidad de leer— parece tener alguna relación con la analidad; una misma metonimia parece encadenar la lectura, el excremento y —como ya vimos— el dinero.

Y ahora —sin salir del gabinete* de lectura—, la siguiente pregunta: ¿es que existen, acaso, diferentes placeres de la lectura?, ¿es posible una tipología de estos placeres? Me parece a mí que, en todo caso y por lo menos, hay tres tipos de placer de la lectura o, para ser más preciso, tres vías por las que la Imagen de lectura puede aprisionar al sujeto leyente. En el primer tipo, el lector tiene una relación fetichista con el texto leído: extrae placer de las palabras, de ciertas combinaciones de palabras; en el texto se dibujan playas e islas en cuya fascinación se abisma, se pierde, el sujeto-lector: éste sería un tipo de lectura metafórica o poética; para degustar este placer, ¿es necesario un largo cultivo de la lengua? No está tan claro: hasta el niño pequeño, durante la etapa del balbuceo, conoce el erotismo del lenguaje, práctica oral y sonora que se presenta a la pulsión. En el segundo tipo, que se sitúa en el extremo opuesto, el lector se siente como arrastrado hacia adelante a lo largo del libro por una fuerza que, de manera más o menos disfrazada, pertenece siempre al orden del suspenso: el libro se va anulando poco a poco, y es en este desgaste impaciente y apresurado en donde reside el placer; por supuesto, se trata principalmente del placer metonímico de toda narración, y no olvidemos que el propio saber o la idea pueden estar narrados, sometidos a un movimiento con suspenso; y como este placer está visiblemente ligado a la vigilancia de lo que ocurre y al desvelamiento de lo que se esconde, podemos suponer que tiene alguna relación con el acto de escuchar la escena originaria; queremos *sorprender*, desfallecemos en la espera: pura imagen del goce, en la medida en que éste no es del orden de la satisfacción. En sentido contrario, habría que hacerse

* Hay un juego de palabras con *cabinet*, que antes ha significado «retrete». [T.]

preguntas también sobre los bloqueos, los ascos de lectura: ¿por qué no continuamos con un determinado libro?, ¿por qué Bouvard, cuando decide interesarse por la Filosofía de la Historia no es capaz de «acabar el célebre *Discours* de Bossuet»?[2] ¿De quién es la culpa?, ¿de Bouvard o de Bossuet? ¿Existen unos mecanismos de atracción universales?, ¿existe una lógica erótica de la Narración? El Análisis estructural del relato tendría que plantearse el problema del Placer: me parece que hoy día tiene los medios para ello. Por último, hay una tercera aventura de la lectura (llamo aventura a la manera en que el placer se acerca al lector): ésta es, si así puede llamársela, la de la Escritura; la lectura es buena conductora del Deseo de escribir (hoy ya tenemos la seguridad de que existe un placer de la escritura, aunque aún nos resulte muy enigmático); no es en absoluto que queramos escribir forzosamente *como* el autor cuya lectura nos complace; lo que deseamos es tan sólo el deseo de escribir que el escritor ha tenido, es más: deseamos el deseo que el autor ha tenido del lector, mientras escribía, deseamos ese *ámame* que reside en toda escritura. Esto es lo que tan claramente ha expresado el escritor Roger Laporte: «Una lectura pura que no esté llamando a otra escritura tiene para mí algo de incomprensible... La lectura de Proust, de Blanchot, de Kafka, de Artaud no me ha dado ganas de escribir sobre esos autores (ni siquiera, añado yo, *como ellos*), sino de *escribir*.» Desde esta perspectiva, la lectura resulta ser verdaderamente una producción: ya no de imágenes interiores, de proyecciones, de fantasmas, sino, literalmente, de *trabajo*: el producto (consumido) se convierte en producción, en promesa, en deseo de producción, y la cadena de los deseos comienza a desencadenarse, hasta que cada lectura vale por la escritura que engendra, y así hasta el infinito. Este placer de la producción ¿es elitista, está reservado tan sólo para los escritores virtuales? Todo, en nuestra sociedad, sociedad de consumo, y no de producción, sociedad del leer, del ver y del oír, y no sociedad del escribir, del mirar y del escuchar, todo está preparado para bloquear la respuesta: los aficionados a la escritura son seres dispersos, clandestinos, aplastados por mil presiones.

Se plantea ahí un problema de civilización: pero, por lo que a mí respecta, mi convicción profunda y constante es que ja-

---

2. París. Gallimard, «Bibl. de la Pléiade», pág. 819.

más será posible liberar la lectura si, de un solo golpe, no liberamos también la escritura.

4. Sujeto

Mucho, y mucho antes de la aparición del Análisis estructural, se ha discutido acerca de los diferentes puntos de vista que puede tomar un autor para relatar una historia (o, simplemente, para enunciar un texto). Una manera de incorporar al lector a una teoría del Análisis de la Narración, o, en un sentido más amplio, a una Poética, sería considerar que él también ocupa un punto de vista (o varios sucesivamente): dicho en otras palabras, tratar al lector *como a un personaje*, hacer de él uno de los personajes (ni siquiera forzosamente uno de los privilegiados) de la ficción y/o del Texto. La tragedia griega ya hizo una demostración: el lector es ese personaje que está en la escena (aunque sea de manera clandestina) y que es el único en oír lo que no oyen todos y cada uno de los interlocutores del diálogo; su escucha es doble (y por tanto virtualmente múltiple). Dicho en otras palabras, el lugar específico del lector es el *paragrama*, tal y como se convirtió en la obsesión de Saussure (¿acaso no sentía cómo se estaba volviendo loco, él, el sabio, por ser, él sólo, el único y pleno lector?): una «auténtica» lectura, una lectura que asumiera su afirmación, sería una lectura loca, y no por inventariar sentidos improbables («contrasentidos»), no por ser «delirante», sino por preservar la multiplicidad simultánea de los sentidos, de los puntos de vista, de las estructuras, como un amplio espacio que se extendiera fuera de las leyes que proscriben la contradicción (el «Texto» sería la propia postulación de este espacio).

Imaginarnos un lector total —es decir, totalmente múltiple, paragramático— tiene quizá la utilidad de permitirnos entrever lo que se podría llamar la Paradoja del lector: comúnmente se admite que leer es decodificar: letras, palabras, sentidos, estructuras, y eso es incontestable; pero acumulando decodificaciones, ya que la lectura es, por derecho, infinita, retirando el freno que es el sentido, poniendo la lectura en rueda libre (que es su vocación estructural), el lector resulta atrapado en una inversión dialéctica: finalmente, ya no decodifica, sino que *sobre-codifica*;

ya no descifra, sino que produce, amontona lenguajes, se deja
atravesar por ellos infinita e incansablemente: él es esa travesía.

Ahora bien, ésa es exactamente la situación del individuo humano, al menos tal como la epistemología psicoanalítica intenta
comprenderla: un individuo que ya no es el sujeto pensante de la
filosofía idealista, sino más bien alguien privado de toda unidad,
perdido en el doble desconocimiento de su inconsciente y de su
ideología, y sosteniéndose tan sólo gracias a una gran parada de
lenguajes. Con esto quiero decir que el lector es el individuo en
su totalidad, que el campo de lectura es el de la absoluta subjetividad (en el sentido materialista que esta vieja palabra idealista puede tomar de ahora en adelante): toda lectura procede de
un sujeto, y no está separada de ese sujeto más que por mediaciones escasas y tenues, el aprendizaje de las letras, unos cuantos
protocolos retóricos, más allá de los cuales, de inmediato, el sujeto se vuelve a encontrar consigo mismo en su estructura propia,
individual: ya sea deseante, ya perversa, o paranoica, o imaginaria, o neurótica; y, por supuesto, también en su estructura
histórica: alienado por la ideología, por las rutinas de los
códigos.

Sirva esto para indicar que no es razonable esperar una Ciencia de la lectura, una Semiología de la lectura, a menos que podamos concebir que llegue un día en que sea posible —contradicción en los términos— una Ciencia de la Inagotabilidad, del Desplazamiento infinito: la lectura es *precisamente* esa energía, esa
acción que capturará en *ese* texto, en *ese* libro, exactamente aquello «que no se deja abarcar por las categorías de la Poética»;[3] la
lectura, en suma, sería la *hemorragia* permanente por la que la
estructura —paciente y útilmente descrita por el Análisis estructural— se escurriría, se abriría, se perdería, conforme en este aspecto a todo sistema lógico, que nada puede, *en definitiva*, cerrar;
y dejaría intacto lo que es necesario llamar el movimiento del
individuo y la historia: la lectura sería precisamente el lugar
en el que la estructura se trastorna.

Escrito para la *Writing Conference* de
Luchon, 1975. Publicado en *Le Français
aujourd'hui*, 1976.

3. Oswald Ducrot y Tzvetan Todorov, *Dictionnaire encyclopédique des
sciences du langage*, París, Éd. du Seuil, col. «Points», 1972, pág. 107.

Reflexiones sobre un manual

Me gustaría presentar algunas observaciones improvisadas, simples y hasta simplistas, que me ha sugerido la lectura o la relectura reciente de un manual de historia de la literatura francesa. Al releer o leer ese manual, que se parecía mucho a los que conocí en mis años de estudiante de secundaria, se me ha ocurrido la siguiente pregunta: ¿puede la literatura ser para nosotros algo más que un recuerdo de la infancia? Quiero decir: ¿quién continúa, quién persiste, quién sigue hablando de literatura después del instituto?

Si nos atuviéramos a un inventario objetivo, la respuesta sería que lo que resta de literatura en la vida corriente es: una pizca de crucigrama, juegos televisados, rótulos de centenarios de nacimientos o muertes de escritores, algunos títulos de libros de bolsillo, ciertas alusiones críticas en el periódico que leemos para algo muy distinto, para encontrar en él cosas muy distintas a alusiones a la literatura. Esto creo que se basa ante todo en que nosotros, los franceses, hemos estado siempre acostumbrados a asimilar la literatura a la historia de la literatura. La historia de la literatura es un objeto esencialmente escolar, que no existe justamente sino en cuanto constituye una enseñanza; de manera que el título de estos diez días de coloquio, *La Enseñanza de la literatura*, a mí me resulta casi una tautología. La literatura es eso que se enseña, y ya está. Es un objeto de enseñanza. Estaréis de acuerdo conmigo si afirmo que, al menos en Francia, no hemos llegado a producir ninguna gran síntesis, de tipo hegeliano, quiero decir, sobre la historia de nuestra literatura. Si esta literatura francesa es un recuerdo de infancia —y es así como yo la estoy considerando— me gustaría ver —se tratará de un inventario muy reducido y trivial— de qué componentes está hecho este recuerdo.

En primer lugar, este recuerdo está hecho de ciertos objetos que se repiten, que retornan constantemente, que casi podríamos llamar monemas de la lengua metaliteraria o de la lengua de la historia de la literatura; estos objetos, por supuesto, son los autores, las escuelas, los movimientos, géneros y siglos. Y luego, sobre esos nombres, un número determinado, que por otra parte en realidad es muy reducido, de rasgos o de predicados vienen a situarse y, evidentemente, a combinarse. Si nos leyéramos los manuales de historia de la literatura, no nos costaría el menor esfuerzo establecer el paradigma, la lista de oposiciones, la estructura elemental, ya que esos rasgos son poco numerosos y parecen obedecer perfectamente a una especie de estructura de parejas en oposición, con un término mixto de vez en cuando; una estructura extremadamente sencilla. Está, por ejemplo, el paradigma arquetípico de toda nuestra literatura, que es *romanticismo-clasicismo* (a pesar de que, en el plano internacional, el romanticismo francés resulta relativamente pobre), a veces ligeramente complicado para dar *romanticismo-realismo-simbolismo*, en el siglo XIX. Ya se sabe que las leyes combinatorias permiten producir, con muy pocos elementos, una inmediata proliferación aparente: aplicando algunos de estos rasgos a determinados objetos que ya he citado, se producen determinadas individualidades, o determinados individuos literarios. De esa manera, en los manuales, los propios siglos aparecen siempre presentados de una manera finalmente paradigmática. Ya es una cosa bastante rara, a decir verdad, que un siglo pueda tener una especie de existencia individual, pero precisamente gracias a nuestros recuerdos infantiles estamos acostumbrados a ver en los siglos una especie de individuos. Los cuatro siglos de nuestra literatura están fuertemente individualizados por toda nuestra historia literaria: el XVI es la vida que desborda; el XVII es la unidad; el XVIII es el movimiento, y el XIX, la complejidad.

Hay algunos rasgos más que también podemos oponer, paradigmatizar. Lanzo a voleo algunas de estas oposiciones, de estos predicados que se pegan a los objetos literarios: ahí están «desbordante» en oposición a «contenido»; el «arte altivo», la «oscuridad voluntaria», oponiéndose a la «abundancia»; la «frialdad retórica» oponiéndose a la «sensibilidad» —recubierto también por el paradigma romántico, tan conocido, de lo *frío* y lo *cálido*—, o también la oposición entre las «fuentes» y la «originalidad», entre el «trabajo» y la «inspiración»; esto no es más que la muestra de un pequeño programa de exploración de esta mitología de nuestra historia de la literatura, y esta exploración debería comenzar por establecer esa especie de paradigmas míticos de los que, en efecto, los libros escolares han sido siempre muy golosos, porque eran un procedimiento de memorización o, quizás al contrario, porque la estructura mental que funciona a base de contrarios tiene una gran rentabilidad ideológica (haría falta un análisis ideológico antes de poder afirmarlo); ésa es la misma oposición que se encuentra, por ejemplo, entre el *Condé* y la *Turenne*, que serían las grandes figuras arquetípicas de dos temperamentos franceses: si se atribuyen juntas a un solo escritor (desde Jakobson sabemos que el acto poético consiste en extender un paradigma en forma de sintagma), se producen autores que concilian, a la vez, «el arte formal y la sensibilidad extrema», por ejemplo, o que manifiestan «el gusto por lo burlesco para disimular una profunda desdicha» (como Villon). Lo que estoy diciendo no es sino la muestra de lo que podríamos imaginar como una especie de pequeña *gramática* de nuestra literatura, una gramática que produciría una especie de individuaciones estereotipadas: autores, movimientos, escuelas.

Este sería el segundo componente de ese recuerdo: la historia literaria francesa está hecha de censuras que habría que inventariar. Existe —es cosa sabida, ya se ha dicho— toda otra historia de nuestra literatura, aún por escribir, una contrahistoria, un revés de esta historia, que sería precisamente la historia de las censuras. ¿Y qué son las censuras? En primer lugar, las clases sociales; la estructura social que subyace a esa literatura rara vez se encuentra en los manuales de historia literaria; hay que pasar a libros de crítica más emancipados, más evolucionados, para encontrarla; cuando se leen los manuales, las referencias a ciertas disposiciones en clases aparecen a veces, pero cuando se dan lo hacen sólo de paso, y a título de oposiciones estéticas. En el

fondo, lo que opone el manual son atmósferas de clases, no realidades: cuando el espíritu aristocrático se opone al espíritu burgués y popular, al menos en cuanto a los siglos pasados, aparece
la distinción del refinamiento oponiéndose al buen humor y al
realismo. Todavía pueden encontrarse, incluso en manuales recientes, frases de este estilo: «Diderot, como plebeyo que es,
carece de tacto y delicadeza; comete faltas de gusto que traducen cierta vulgaridad en los mismos sentimientos...» Así que la
clase existe, pero a título de atmósfera estética o ética; al nivel
de los instrumentos del saber, en esos manuales se da la más
flagrante ausencia de una economía o una sociología de nuestra
literatura. La segunda censura sería la de la sexualidad, evidentemente, pero no hablaré de ella, ya que forma parte de toda una
censura, mucho más general, que toda la sociedad hace recaer
sobre el sexo. La tercera censura sería —al menos a mí me parece
una censura— la del propio concepto de literatura, que jamás está definido en cuanto concepto, ya que la literatura en esas historias es en el fondo un objeto que se da por supuesto y jamás se
pone en cuestión hasta el punto de tener que definirla, ya que
no en su ser, al menos en sus funciones sociales, simbólicas o
antropológicas; mientras que, de hecho, se le podría dar la vuelta a esa ausencia y decir que la historia de la literatura debería
concebirse como una historia de la idea de la literatura, y me
parece que esta historia, de momento, no existe. Por último, una
cuarta censura, no por ello menos importante, recae sobre los
lenguajes, como siempre. El lenguaje es un objeto de censura
quizá mucho más importante que todo el resto. Me refiero a una
censura manifiesta que los manuales hacen sufrir a los estados de
la lengua alejados de la norma clásica. Es cosa sabida que existe
una inmensa censura sobre la «preciosité». Esa «preciosité», sobre todo en el XVII, aparece descrita como una especie de infier-
no de lo clásico: todos los franceses, gracias a su instrucción
escolar, tienen el mismo juicio sobre la «preciosité» que Boileau,
Molière o La Bruyère, y la ven con los mismos ojos; es un proceso en sentido único, que se ha repetido durante siglos, y eso quizás a pesar de algo que una auténtica historia de la literatura
sacaría a la luz con facilidad, a saber, el enorme éxito persistente
de la «preciosité» durante todo el siglo XVII, ya que, incluso en
1663, una recopilación de poesías galantes de la condesa de Suze
fue objeto de quince reimpresiones en múltiples tomos. Así que

queda un punto por aclarar, un punto de censura. También está
el caso del francés del XVI, lo que se llama el francés «moyen»,
que resulta arrojado fuera de nuestra lengua, bajo pretexto de
que está formado por novedades caducas, italianismos, jergas,
audacias barrocas, etc., sin que jamás nos planteemos el problema de averiguar qué es lo que hemos perdido nosotros, en cuanto
franceses actuales, con el gran traumatismo de la pureza clásica.
No solamente hemos perdido medios de expresión, según suele
decirse, sino también, con certeza, una estructura mental, pues
la lengua es una estructura mental; a título de ejemplo significativo recordaré que, según Lacan, una expresión como «ce suis-je»
corresponde a una estructura de tipo psicoanalítico, más verdadera, así pues, en algún sentido, y se trata de una estructura que era
posible en la lengua del XVI. También en este asunto queda un
proceso por iniciar. Este proceso debería partir evidentemente
de una condena de lo que deberíamos llamar clásico-centrismo,
fenómeno que, según mi parecer, aún hoy sigue marcando toda
nuestra literatura, y de manera notable en lo que concierne a la
lengua. Una vez más tenemos que incluir problemas de lengua en
los problemas de la literatura; hay que plantearse las grandes
preguntas: ¿cuándo empieza una lengua?, ¿qué quiere decir *empezar* tratándose de una lengua?, ¿cuándo comienza un género?,
¿qué se quiere decir cuando se habla, por ejemplo, de la primera
novela francesa? Realmente está bien claro que siempre, tras la
idea del ideal clásico de lengua, hay una idea política: el ser de la
lengua, es decir, su perfección y hasta su nombre, están ligados a
la culminación de un poder: el latín clásico es el poder latino o
romano; el francés clásico, el poder monárquico. Por esta razón
es por lo que es necesario afirmar que en nuestra enseñanza se
cultiva, o se promueve, lo que yo llamaría la lengua paterna, y no
la lengua materna, aparte de que, dicho sea de paso, nadie sabe lo
que es el francés hablado; se sabe lo que es el francés escrito
porque hay gramáticas del buen uso de la lengua, pero lo que es
el francés hablado, nadie sabe lo que es eso; y, para saberlo, habría que empezar por liberarse del clásico-centrismo.

El tercer elemento de ese recuerdo de infancia es que es un
recuerdo centrado y su centro —acabo de decirlo— es el clasicismo. Este clásico-centrismo nos parece anacrónico; sin embargo, todavía convivimos con él. Todavía hoy se leen las tesis de
doctorado en la sala Louis-Liard, en la Sorbona, y consideremos

el inventario de los retratos que hay en esa sala; son las divinidades que presiden el conjunto del saber francés: Corneille, Molière, Pascal, Bossuet, Descartes, Racine, bajo la protección —lo que constituye una confesión— de Richelieu. Este clásicocentrismo llega lejos, por tanto, ya que siempre, incluso en el modo de exposición de los manuales, identifica la literatura con el rey. La literatura es la monarquía, y, de manera invencible, la imagen escolar de la literatura se construye en torno al nombre de ciertos reyes: Luis XIV, por supuesto, pero también Francisco I, San Luis, de manera que, en el fondo, nos presenta una especie de imagen lisa en la que el rey y la literatura se reflejan mutuamente. En esta estructura centrada de nuestra historia de la literatura, hay una identificación nacional: esos manuales de historia destacan perpetuamente los que se llaman valores típicamente franceses o temperamentos típicamente franceses; por ejemplo, nos dicen que Joinville es típicamente francés; lo francés —según la definición dada por el general De Gaulle— es lo que es «regular, normal, nacional». Este es, evidentemente, el abanico de las normas y los valores de nuestra literatura. Desde el momento en que esta historia de la literatura tiene un centro, es evidente que está construida en relación a ese centro; lo que aparece antes o después en el conjunto se define, por tanto, bajo la forma de anuncio o abandono. Lo que aparece antes del clasicismo anuncia el clasicismo (Montaigne es un precursor de los clásicos); lo que aparece después, o lo recupera, o lo abandona.

Una última observación: el recuerdo de infancia del que estoy hablando toma su estructuración permanente, a lo largo de todos esos siglos, de una pauta que en nuestra enseñanza ya no es la pauta retórica, ya que ésta fue abandonada a mediados del XIX (como muestra Genette en un valioso artículo sobre este problema); actualmente es una pauta psicológica. Todos los juicios escolares descansan en la concepción de la forma como «expresión» del individuo. La personalidad se traduce en un estilo, éste es el postulado que alimenta todos los juicios y todos los análisis que se realizan sobre los autores; de ahí procede el valor básico, el que más a menudo reaparece en los juicios sobre autores, la sinceridad. Por ejemplo, Du Bellay recibe alabanzas por lanzar gritos sinceros y personales; Ronsard tenía una sincera y profunda fe católica; Villon escribe con todo su corazón, etc. Todas estas observaciones son simplistas y me pregunto si

podrán dar pie a una discusión, pero querría concluirlas con una
última observación. A mi entender, existe una antinomia profunda
e irreductible entre la literatura como práctica y la literatura
como enseñanza. Esta antinomia es grave porque tiene mucho
que ver con un problema, más candente quizás hoy en día, que
es el problema de la transmisión del saber; ahí reside, sin duda,
hoy en día, el problema fundamental de la alienación, pues si
bien las grandes estructuras de la alienación económica casi han
sido sacadas a la luz, no lo han sido las estructuras de la alienación del saber; creo que, en este plano, no bastaría con un aparato conceptual político, y que precisamente ahí sería necesario un
aparato de análisis psicoanalítico. Así que esto es lo que hay que
elaborar, y en seguida tendrá repercusiones sobre la literatura
y lo que se pueda hacer en la enseñanza con ella, suponiendo que
la literatura pueda subsistir en una enseñanza, que sea compati-
ble con la enseñanza.

Mientras tanto, lo único que puede hacerse es señalar unas reformas provisionales; en el interior de un sistema de enseñanza
que conserva la literatura en su programa, ¿es posible imaginarse, antes de ponerlo todo en cuestión, unas reformas provisionales? Yo veo tres reformas posibles inmediatas. La primera sería
darle la vuelta al clásico-centrismo y hacer la historia de la literatura de adelante atrás: en lugar de tomar la historia de la literatura desde un punto de vista seudogenético, tendríamos que
convertirnos nosotros mismos en centro de esa historia y remon-
tarnos, si realmente queremos hacer historia de la literatura, a
partir del gran corte que supone lo moderno, y organizar esta
historia a partir de ese corte; de ese modo la literatura pasada se
explicaría a partir de un lenguaje actual, incluso a partir de la
lengua actual: ya no veríamos más desgraciados alumnos obligados a trabajar el siglo XVI en primero, cuando apenas entienden
la lengua de esa época, con el pretexto de que viene *antes* que el
XVII, que por su parte está casi por entero ocupado por quere-
llas religiosas, sin relación con la situación presente. Segundo
principio: sustituir por el texto autores, escuelas y movimientos.
El texto, en nuestras escuelas, se trata como objeto de explicación, pero su explicación siempre está, a su vez, dependiendo de
una historia de la literatura; habría que dejar de tratar el texto
como objeto sagrado (objeto de una filología) y tratarlo esencialmente como un espacio del lenguaje, como el paso a través de

una infinidad de digresiones posibles, y así, a partir de un determinado número de textos, hacer que irradien un determinado número de códigos del saber que están empleados en ellos. Por último, el tercer principio: a toda costa y en todo instante desarrollar una lectura polisémica del texto, reconocer por fin los derechos a la polisemia, edificar prácticamente una especie de crítica polisémica, abrir el texto al simbolismo. Esto supondría, creo yo, una enorme descompresión en la enseñanza de nuestra literatura, no, repito, tal como se practica, lo cual depende de los profesores, sino tal como me parece que aún está codificada.

Conferencia pronunciada en el coloquio *L'Enseignement de la littérature*, celebrado en el Centro cultural internacional de Cerisy-la-Salle en 1969, y extraída de las «Actas» aparecidas bajo el mismo título en las ediciones De Boek-Duculot.

La libertad de trazar

A la última novela de Flaubert le falta un capítulo sobre la ortografía. Hubiéramos visto cómo Bouvard y Pécuchet encargan a Dumouchel toda una pequeña biblioteca de manuales de ortografía, cómo al principio se entusiasman, más tarde se asombran ante el carácter conminatorio y contradictorio de las reglas prescritas, y al final empiezan a excitarse mutuamente y a discutir hasta el infinito: ¿por qué *precisamente* esa grafía? ¿Por qué hay que escribir *Caen, Paon, Lampe, Vent, Rang*, si se trata del mismo sonido? ¿Por qué *Quatre* y *Caille* si esas dos palabras originalmente tienen la misma inicial? Y después de todo eso, Pécuchet no habría podido concluir sino bajando la cabeza y diciendo: «¿Y si la ortografía no fuera más que una broma?»

Pero no es una broma inocente, como bien sabemos. Es verdad que para un historiador de la lengua los accidentes de la ortografía francesa son explicables: cada uno de ellos tiene su razón de ser, analógica, etimológica o funcional; pero el conjunto de tales razones no es razonable, y cuando la sinrazón se impone, por vía educativa, a todo un pueblo, se vuelve culpable. Lo sorprendente no es el carácter arbitrario de nuestra ortografía, sino que esa arbitrariedad sea legal. A partir de 1835, la ortografía oficial de la Academia tiene valor de ley incluso ante los ojos del Estado; la «falta de ortografía» se sanciona desde los primeros estudios del pequeño francés: ¡cuántas vidas truncadas por culpa de unas cuantas faltas de ortografía!

El primer efecto de la ortografía es discriminatorio; pero también tiene efectos secundarios, incluso de orden psicológico. Si la ortografía fuera libre —libre de ser o no simplificada, a gusto del usuario—, podría constituir una práctica muy positiva de expresión; la fisonomía escrita de la palabra podría llegar a adquirir un valor poético en sentido propio, en la medida en que surgiría de la fantasmática del que escribe, y no de una ley uniforme y reduccionista; no hay más que pensar en esa especie de borrachera, de júbilo barroco que revienta a través de las «aberraciones» ortográficas de los manuscritos antiguos, de los textos de niños y de las cartas de extranjeros: ¿no sería justo decir que en esas eflorescencias el individuo está buscando su libertad: libertad de trazar, de soñar, de recordar, de oír? ¿No es cierto que llega a suceder que encontramos algunas faltas de ortografía particularmente «felices», como si el que escribe estuviera escribiendo en ese momento, no bajo el dictado de la ley escolar, sino bajo el de una misteriosa orden que llega hasta él desde su propia historia, quizá desde su mismo cuerpo?

Y, en sentido inverso, en la medida en que la ortografía se encuentra uniformada, legalizada, sancionada por vía estatal, con toda su complicación y su irracionalidad, la neurosis obsesiva se instala: la falta de ortografía se convierte en la Falta. Acaba uno de enviar una carta con la candidatura a un empleo que puede cambiar su vida. Pero, ¿y si no ha puesto una «s» en aquel plural? ¿Y si no ha puesto las dos «p» y la «l» única en *appeler*? Duda, se angustia, como el que se va de vacaciones y ya no se acuerda de si ha cerrado bien el gas y el agua de su domicilio y teme que acaso esto acarree un incendio o una inundación. Y, al igual que semejante duda impide al que se va de vacaciones disfrutar de ellas, la ortografía legalizada impide al que escribe gozar de la escritura, de ese gesto feliz que nos permite poner en el trazado de una letra *un poco más* que la simple intención de comunicar.

¿Y una reforma de la ortografía? Numerosas veces se ha pretendido hacerla, periódicamente. Pero, ¿a santo de qué rehacer un código, aunque mejorado, si de nuevo es para imponerlo, legalizarlo, convertirlo en un instrumento de selección notablemente arbitrario? Lo que debe reformarse no es la ortografía, sino la ley que prescribe sus minucias. Lo que sí podría pedirse no es más que esto: una cierta «laxitud» de la institución. Si me gusta escribir «correctamente», es decir «conformemente», soy bien libre de hacerlo, como lo soy de encontrar placer en leer hoy en día a Racine o a Gide: la ortografía legal no deja de tener su encanto, en la medida en que es perversa; pero que las «ignorancias» o las «distracciones» dejen de castigarse; que dejen de percibirse como aberraciones o debilidades; que la sociedad acepte por fin (o que acepte de nuevo) separar la escritura del aparato de Estado del que forma parte; en resumen, que deje de practicarse la exclusión con motivo de la ortografía.

1976, *Le Monde de l'éducation.*

II

DE LA OBRA AL TEXTO

La muerte del autor

Balzac, en su novela *Sarrasine*, hablando de un castrado disfrazado de mujer, escribe lo siguiente: «Era la mujer, con sus miedos repentinos, sus caprichos irracionales, sus instintivas turbaciones, sus audacias sin causa, sus bravatas y su exquisita delicadeza de sentimientos.» ¿Quién está hablando así? ¿El héroe de la novela, interesado en ignorar al castrado que se esconde bajo la mujer? ¿El individuo Balzac, al que la experiencia personal ha provisto de una filosofía sobre la mujer? ¿El autor Balzac, haciendo profesión de ciertas ideas «literarias» sobre la feminidad? ¿La sabiduría universal? ¿La psicología romántica? Nunca jamás será posible averiguarlo, por la sencilla razón de que la escritura es la destrucción de toda voz, de todo origen. La escritura es ese lugar neutro, compuesto, oblicuo, al que van a parar nuestro sujeto, el blanco-y-negro en donde acaba por perderse toda identidad, comenzando por la propia identidad del cuerpo que escribe.

*

Siempre ha sido así, sin duda: en cuanto un hecho pasa a ser *relatado*, con fines intransitivos y no con la finalidad de actuar directamente sobre lo real, es decir, en definitiva, sin más función que el propio ejercicio del símbolo, se produce esa ruptura,

3

la voz pierde su origen, el autor entra en su propia muerte, comienza la escritura. No obstante, el sentimiento sobre este fenómeno ha sido variable; en las sociedades etnográficas, el relato jamás ha estado a cargo de una persona, sino de un mediador, chamán o recitador, del que se puede, en rigor, admirar la «performance» (es decir, el dominio del código narrativo), pero nunca el «genio». El *autor* es un personaje moderno, producido indudablemente por nuestra sociedad, en la medida en que ésta, al salir de la Edad Media y gracias al empirismo inglés, el racionalismo francés y la fe personal de la Reforma, descubre el prestigio del individuo o, dicho de manera más noble, de la «persona humana». Es lógico, por lo tanto, que en materia de literatura sea el positivismo, resumen y resultado de la ideología capitalista, el que haya concedido la máxima importancia a la «persona» del autor. Aún impera el *autor* en los manuales de historia literaria, las biografías de escritores, las entrevistas de revista, y hasta en la misma conciencia de los literatos, que tienen buen cuidado de reunir su persona con su obra gracias a su diario íntimo; la imagen de la literatura que es posible encontrar en la cultura común tiene su centro, tiránicamente, en el autor, su persona, su historia, sus gustos, sus pasiones; la crítica aún consiste, la mayor parte de las veces, en decir que la obra de Baudelaire es el fracaso de Baudelaire como hombre; la de Van Gogh, su locura; la de Tchaikovsky, su vicio: la *explicación* de la obra se busca siempre en el que la ha producido, como si, a través de la alegoría más o menos transparente de la ficción, fuera, en definitiva, siempre, la voz de una sola y misma persona, el *autor*, la que estaría entregando sus «confidencias».

*

Aunque todavía sea muy poderoso el imperio del Autor (la nueva crítica lo único que ha hecho es consolidarlo), es obvio que algunos escritores hace ya algún tiempo que se han sentido tentados por su derrumbamiento. En Francia ha sido sin duda Mallarmé el primero en ver y prever en toda su amplitud la necesidad de sustituir por el propio lenguaje al que hasta entonces se suponía que era su propietario; para él, igual que para nosotros, es el lenguaje, y no el autor, el que habla; escribir consiste en alcanzar, a través de una previa impersonalidad —que no se

debería confundir en ningún momento con la objetividad castradora del novelista— ese punto en el cual sólo el lenguaje
actúa, «performa»,* y no «yo»: toda la poética de Mallarmé consiste en suprimir al autor en beneficio de la escritura (lo cual,
como se verá, es devolver su sitio al lector). Valéry, completamente enmarañado en una psicología del Yo, edulcoró mucho la
teoría de Mallarmé, pero, al remitir por amor al clasicismo, a las
lecciones de la retórica, no dejó de someter al Autor a la duda
y la irrisión, acentuó la naturaleza lingüística y como «azarosa»
de su actividad, y reivindicó a lo largo de sus libros en prosa la
condición esencialmente verbal de la literatura, frente a la cual
cualquier recurso a la interioridad del escritor le parecía pura
superstición. El mismo Proust, a pesar del carácter aparentemente psicológico de lo que se suele llamar sus *análisis*, se impuso
claramente como tarea el emborronar inexorablemente, gracias
a una extremada sutilización, la relación entre el escritor y sus
personajes: al convertir al narrador no en el que ha visto y sentido, ni siquiera el que está escribiendo, sino en el que *va a escribir* (el joven de la novela —pero, por cierto, ¿qué edad tiene y
quién es ese joven?— quiere escribir, pero no puede, y la novela
acaba cuando por fin se hace posible la escritura), Proust ha hecho entrega de su epopeya a la escritura moderna: realizando
una inversión radical, en lugar de introducir su vida en su novela, como tan a menudo se ha dicho, hizo de su propia vida una
obra cuyo modelo fue su propio libro, de tal modo que nos re-
sultara evidente que no es Charlus el que imita a Montesquiou,
sino que Montesquiou, en su realidad anecdótica, histórica, no
es sino un fragmento secundario, derivado, de Charlus. Por último, el Surrealismo, ya que seguimos con la prehistoria de la modernidad, indudablemente, no podía atribuir al lenguaje una posición soberana, en la medida en que el lenguaje es un sistema,
y en que lo que este movimiento postulaba, románticamente, era
una subversión directa de los códigos —ilusoria, por otra parte,
ya que un código no puede ser destruido, tan sólo es posible
«burlarlo»—; pero al recomendar incesantemente que se frustra-
ran bruscamente los sentidos esperados (el famoso «sobresalto»

---

* Es un anglicismo. Lo conservo como tal, entrecomillado, ya que parece aludir a la «performance» de la gramática chomskyana, que suele traducirse por «actuación». [T.]

surrealista), al confiar a la mano la tarea de escribir lo más aprisa posible lo que la misma mente ignoraba (eso era la famosa escritura automática), al aceptar el principio y la experiencia de una escritura colectiva, el Surrealismo contribuyó a desacralizar la imagen del Autor. Por último, fuera de la literatura en sí (a decir verdad, estas distinciones están quedándose caducas), la lingüística acaba de proporcionar a la destrucción del Autor un instrumento analítico precioso, al mostrar que la enunciación en su totalidad es un proceso vacío que funciona a la perfección sin que sea necesario rellenarlo con las personas de sus interlocutores: lingüísticamente, el autor nunca es nada más que el que escribe, del mismo modo que *yo* no es otra cosa sino el que dice *yo*: el lenguaje conoce un «sujeto», no una «persona», y ese sujeto, vacío excepto en la propia enunciación, que es la que lo define, es suficiente para conseguir que el lenguaje se «mantenga en pie», es decir, para llegar a agotarlo por completo.

*

El alejamiento del Autor (se podría hablar, siguiendo a Brecht, de un auténtico «distanciamiento», en el que el Autor se empequeñece como una estatuilla al fondo de la escena literaria) no es tan sólo un hecho histórico o un acto de escritura: transforma de cabo a rabo el texto moderno (o —lo que viene a ser lo mismo— el texto, a partir de entonces, se produce y se lee de tal manera que el autor se ausenta de él a todos los niveles). Para empezar, el tiempo ya no es el mismo. Cuando se cree en el Autor, éste se concibe siempre como el pasado de su propio libro: el libro y el autor se sitúan por sí mismos en una misma línea, distribuida en un *antes* y un *después*: se supone que el Autor es el que *nutre* al libro, es decir, que existe antes que él, que piensa, sufre y vive para él; mantiene con su obra la misma relación de antecedente que un padre respecto a su hijo. Por el contrario, el escritor moderno nace a la vez que su texto; no está provisto en absoluto de un ser que preceda o exceda su escritura, no es en absoluto el sujeto cuyo predicado sería el libro; no existe otro tiempo que el de la enunciación, y todo texto está escrito eternamente *aquí* y *ahora*. Es que (o se sigue que) *escribir* ya no puede seguir designando una operación de registro, de constatación, de representación, de «pintura» (como decían los Clásicos), sino que más bien es lo que los lingüistas, siguiendo la filosofía oxfordiana, llaman un performativo, forma verbal extraña (que se da exclusivamente en primera persona y en presente) en la que la enunciación no tiene más contenido (más enunciado) que el acto por el cual ella misma se profiere: algo así como el *Yo declaro* de los reyes o el *Yo canto* de los más antiguos poetas; el moderno, después de enterrar al Autor, no puede ya creer, según la patética visión de sus predecesores, que su mano es demasiado lenta para su pensamiento o su pasión, y que, en consecuencia, convirtiendo la necesidad en ley, debe acentuar ese retraso y «trabajar» indefinidamente la forma; para él, por el contrario, la mano, alejada de toda voz, arrastrada por un mero gesto de inscripción (y no de expresión), traza un campo sin origen, o que, al menos, no tiene más origen que el mismo lenguaje, es decir, exactamente eso que no cesa de poner en cuestión todos los orígenes.

*

Hoy en día sabemos que un texto no está constituido por una fila de palabras, de las que se desprende un único sentido, teológico, en cierto modo (pues sería el mensaje del Autor-Dios), sino por un espacio de múltiples dimensiones en el que se concuerdan y se contrastan diversas escrituras, ninguna de las cuales es la original: el texto es un tejido de citas provenientes de los mil focos de la cultura. Semejante a Bouvard y Pécuchet, eternos copistas, sublimes y cómicos a la vez, cuya profunda ridiculez designa *precisamente* la verdad de la escritura, el escritor se limita a imitar un gesto siempre anterior, nunca original; el único poder que tiene es el de mezclar las escrituras, llevar la contraria a unas con otras, de manera que nunca se pueda uno apoyar en una de ellas; aunque quiera *expresarse*, al menos debería saber que la «cosa» interior que tiene la intención de «traducir» no es en sí misma más que un diccionario ya compuesto, en el que las palabras no pueden explicarse sino a través de otras palabras, y así indefinidamente: aventura que le sucedió de manera ejemplar a Thomas de Quincey de joven, que iba tan bien en griego que para traducir a esa lengua ideas e imágenes absolutamente modernas, según nos cuenta Baudelaire, «había creado para sí mismo un diccionario siempre a punto, y de muy distinta complejidad y extensión del que resulta de la vulgar paciencia de

DE LA OBRA AL TEXTO

los temas puramente literarios» (*Los Paraísos Artificiales*); como sucesor del Autor, el escritor ya no tiene pasiones, humores, sentimientos, impresiones, sino ese inmenso diccionario del que extrae una escritura que no puede pararse jamás: la vida nunca hace otra cosa que imitar al libro, y ese libro mismo no es más que un tejido de signos, una imitación perdida, que retrocede infinitamente.

*

Una vez alejado el Autor, se vuelve inútil la pretensión de «descifrar» un texto. Darle a un texto un Autor es imponerle un seguro, proveerlo de un significado último, cerrar la escritura. Esta concepción le viene muy bien a la crítica, que entonces pretende dedicarse a la importante tarea de descubrir al Autor (o a sus hipóstasis: la sociedad, la historia, la psique, la libertad) bajo la obra: una vez hallado el Autor, el texto se «explica», el crítico ha alcanzado la victoria; así pues, no hay nada asombroso en el hecho de que, históricamente, el imperio del Autor haya sido también el del Crítico, ni tampoco en el hecho de que la crítica (por nueva que sea) caiga desmantelada a la vez que el Autor. En la escritura múltiple, efectivamente, todo está por *desenredar*, pero nada por *descifrar*; puede seguirse la estructura, se la puede reseguir (como un punto de media que se corre) en todos sus nudos y todos sus niveles, pero no hay un fondo; el espacio de la escritura ha de recorrerse, no puede atravesarse; la escritura instaura sentido sin cesar, pero siempre acaba por evaporarlo: procede a una exención sistemática del sentido. Por eso mismo, la literatura (sería mejor decir la *escritura*, de ahora en adelante), al rehusar la asignación al texto (y al mundo como texto) de un «secreto», es decir, un sentido último, se entrega a una actividad que se podría llamar contrateológica, revolucionaria en sentido propio, pues rehusar la detención del sentido, es, en definitiva, rechazar a Dios y a sus hipóstasis, la razón, la ciencia, la ley.

*

Volvamos a la frase de Balzac. Nadie (es decir, ninguna «persona») la está diciendo: su fuente, su voz, no es el auténtico lugar de la escritura, sino la lectura. Otro ejemplo, muy preciso, puede ayudar a comprenderlo: recientes investigaciones (J.-P. Vernant) han sacado a la luz la naturaleza constitutivamente ambigua de la tragedia griega; en ésta, el texto está tejido con palabras de doble sentido, que cada individuo comprende de manera unilateral (precisamente este perpetuo malentendido constituye lo «trágico»); no obstante, existe alguien que entiende cada una de las palabras en su duplicidad, y además entiende, por decirlo así, incluso la sordera de los personajes que están hablando ante él: ese alguien es, precisamente, el lector (en este caso el oyente). De esta manera se desvela el sentido total de la escritura: un texto está formado por escrituras múltiples, procedentes de varias culturas y que, unas con otras, establecen un diálogo, una parodia, una contestación; pero existe un lugar en el que se recoge toda esa multiplicidad, y ese lugar no es el autor, como hasta hoy se ha dicho, sino el lector: el lector es el espacio mismo en que se inscriben, sin que se pierda ni una, todas las citas que constituyen una escritura; la unidad del texto no está en su origen, sino en su destino, pero este destino ya no puede seguir siendo personal: el lector es un hombre sin historia, sin biografía, sin psicología; él es tan sólo ese *alguien* que mantiene reunidas en un mismo campo todas las huellas que constituyen el escrito. Y ésta es la razón por la cual nos resulta risible oír cómo se condena la nueva escritura en nombre de un humanismo que se erige, hipócritamente, en campeón de los derechos del lector. La crítica clásica no se ha ocupado nunca del lector; para ella no hay en la literatura otro hombre que el que la escribe. Hoy en día estamos empezando a no caer en la trampa de esa especie de antífrasis gracias a la que la buena sociedad recrimina soberbiamente en favor de lo que precisamente ella misma está apartando, ignorando, sofocando o destruyendo; sabemos que para devolverle su porvenir a la escritura hay que darle la vuelta al mito: el nacimiento del lector se paga con la muerte del Autor.

1968, *Manteia.*

De la obra al texto

Desde hace algunos años es un hecho que se ha operado (o se está operando) un cierto cambio en la idea que nos hacemos del lenguaje y, en consecuencia, en la idea de la obra (literaria), que debe a ese lenguaje su existencia como fenómeno, por lo menos. Este cambio está relacionado evidentemente con el desarrollo actual (entre otras disciplinas) de la lingüística, la antropología, el marxismo, el psicoanálisis (estoy empleando aquí la palabra «relación» de una manera voluntariamente neutra: no se trata de decidir una determinación, por múltiple y dialéctica que ésta sea). La novedad que incide sobre la noción de obra no proviene forzosamente de la renovación interior de cada una de esas disciplinas, sino más bien de su encuentro en un objeto que tradicionalmente no tiene que ver con ninguna de ellas. En efecto, se podría decir que la *interdisciplinariedad*, que se ha convertido hoy en día en un sólido valor en la investigación, no puede llevarse a cabo por la simple confrontación de saberes especiales; la interdisciplinariedad no es una cosa reposada: comienza *efectivamente* (y no solamente como emisión de un piadoso deseo) cuando se deshace la solidaridad de las antiguas disciplinas, quizás hasta violentamente, gracias a los envites de la moda, en provecho de un objeto nuevo, de un lenguaje nuevo, que ni el uno ni el otro pertenecen al dominio de las ciencias que se pretendían confrontar apaciblemente; precisamente ese malestar de la clasi-

ficación es lo que permite diagnosticar una determinada mutación. La mutación que parece estar sufriendo la idea de obra no
debe, sin embargo, sobrevalorarse; participa de un deslizamiento epistemológico, más que de una auténtica ruptura; como a
menudo se ha dicho, esta ruptura habría sobrevenido el siglo
pasado, con la aparición del marxismo y el freudismo; después no se produciría ya ninguna nueva ruptura y se podría
decir que, en cierto modo, hace cien años que vivimos en la repetición. Lo que hoy en día nos permite la Historia, nuestra Historia, son tan sólo deslizamientos, variantes, superaciones y repu-
dios. De la misma manera que la ciencia de Einstein obliga a incluir en el objeto estudiado la *relatividad de los puntos de referencia*, del mismo modo, la acción conjugada del marxismo, el
freudismo y el estructuralismo, obliga, en literatura, a relati-
vizar las relaciones entre el escritor, el lector y el observador (el
crítico). Frente a la *obra* —noción tradicional, concebida durante
largo tiempo, y todavía hoy, de una manera, como si dijéramos,
newtoniana— se produce la exigencia de un objeto nuevo, obte-
nido por deslizamiento o inversión de las categorías anteriores.
Este objeto es el Texto. Ya sé que esta palabra está de moda (yo
mismo estoy acostumbrado a emplearla a menudo), y por tanto,
es sospechosa para algunos; pero precisamente por eso querría
de algún modo recordarme a mí mismo las proposiciones en cuya
encrucijada el Texto se encuentra, según mi punto de vista; la
palabra «proposición» se debe entender en este caso en un sentido más gramatical que lógico: son enunciaciones, no argumenta-
ciones, «toques», si se quiere, acercamientos que aceptan seguir
siendo metafóricos. Ahí van esas proposiciones: se refieren al
método, los géneros, el signo, la pluralidad, la filiación, la lectura,
el placer.

*

1.   El Texto no debe entenderse como un objeto computable.
Sería inútil intentar discernir materialmente las obras de los
textos. En particular, no debe uno permitirse llegar a decir: la
obra es clásica, el texto es de vanguardia; no se trata de establecer, en nombre de la modernidad, una grosera lista de premios
y de declarar *in* ciertas producciones literarias y *out* otras en
base a su situación cronológica: el «Texto» puede hallarse en una

obra muy antigua, y muchos de los productos de la literatura contemporánea no son textos en absoluto. La diferencia es la siguiente: la obra es un fragmento de sustancia, ocupa una porción del
espacio de los libros (en una biblioteca, por ejemplo). El Texto,
por su parte, es un campo metodológico. La oposición podría recordar (pero de ningún modo la reproduciría término a término)
la distinción propuesta por Lacan: la realidad se muestra, lo
«real» se demuestra; del mismo modo, la obra se ve (en las libre-
rías, los ficheros, los programas de examen), el texto se demuestra, es mencionado según determinadas reglas (o en contra de
determinadas reglas); la obra se sostiene en la mano, el texto se
sostiene en el lenguaje; sólo existe extraído de un discurso (o,
mejor dicho, es un Texto precisamente porque sabe que lo es); el
Texto no es la descomposición de la obra, es la obra la que es la
cola imaginaria del Texto. Es más: *el Texto no se experimenta
más que en un trabajo, en una producción.* De lo que se sigue que
el Texto no puede inmovilizarse (por ejemplo, en un estante de
una biblioteca); su movimiento constitutivo es la *travesía* (puede en particular atravesar la obra, atravesar varias obras).

*

2. Del mismo modo, el Texto no se detiene en la (buena) literatura; no puede captarse en una jerarquía ni en base a una simple división en géneros. Por el contrario (o precisamente), lo que
lo constituye es su fuerza de subversión respecto a las viejas clasificaciones. ¿Cómo se podría clasificar a Georges Bataille? Este
escritor ¿qué es?, ¿un novelista, un poeta, un ensayista, un eco-
nomista, un filósofo, un místico? La respuesta es tan incómoda
que por lo general se prefiere olvidar a Bataille en los manuales
de literatura; de hecho, Bataille ha escrito textos, o incluso, quizás, un único y mismo texto, siempre. Si el Texto plantea problemas de clasificación (ésa es una de sus funciones «sociales», por
otra parte), es porque implica siempre una determinada experiencia de los límites (usando una expresión de Philippe Sollers).
Ya Thibaudet hablaba (aunque en un sentido muy restringido)
de obras límite (como la *Vie de Rancé*, de Chateaubriand, que, en
efecto, hoy día se nos aparece como un «texto»): el Texto es lo
que llega hasta los límites de las reglas de la enunciación (la racionalidad, la legibilidad, etc.). No es una idea retórica, no se

recurre a él para resultar «heroico»: el Texto intenta situarse exactamente *detrás* de los límites de la *doxa* (la opinión común, constitutiva de nuestras sociedades democráticas, ayudada poderosamente por las comunicaciones de masas, ¿no se define acaso por sus límites, por su energía de exclusión, por su *censura*?); podríamos decir, tomando la palabra al pie de la letra, que el Texto es siempre *paradójico*.

Canchero.

*

3. Al Texto uno se acerca, lo experimenta, en relación al signo. La obra se cierra sobre un significado. A ese significado se le pueden atribuir dos modos de significación: o bien se le pretende aparente, y entonces la obra es objeto de una ciencia de lo literal, que es la filología; o bien se le considera secreto, último, hay que buscarlo, y entonces la obra exige una hermenéutica, una interpretación (marxista, psicoanalítica, temática, etc.); en resumen, la obra funciona toda ella como un signo general, y es natural que represente una categoría institucional de la civilización del Signo. Por el contrario, el Texto practica un retroceso infinito del significado, el Texto es dilatorio; su campo es el del significante; el significante no debe imaginarse como «la primera parte del sentido», su vestíbulo material, sino, muy al contrario, como su «*después*»; por lo mismo, la *infinitud* del significante no remite a ninguna idea de lo inefable (de significado innombrable), sino a la idea de *juego*; el engendramiento del significante perpetuo (a la manera de un calendario perpetuo) en el campo del Texto (o más bien cuyo campo es el Texto) no se realiza de acuerdo con una vía orgánica de maduración, o de acuerdo con una vía hermenéutica de profundización, sino más bien de acuerdo con un movimiento serial de desligamientos, superposiciones, variaciones; la lógica que regula el Texto no es comprehensiva (definir lo que la obra «quiere decir»), sino metonímica; el trabajo de asociaciones, de contigüidades, de traslados, coincide con una liberación de la energía simbólica (si ésta le fallara, el hombre moriría). La obra (en el mejor de los casos) es simbólica *de una manera mediocre* (su simbólica es de corto alcance, es decir, se detiene); el Texto es simbólico *de una manera radical: una obra en la que se concibe, percibe y recibe la naturaleza íntegramente simbólica es un texto*. El Texto resulta de este modo restituido

al lenguaje; al igual que él, está estructurado, pero descentrado, sin cierre (observaremos, para responder a las sospechas despectivas de «moda» que a veces se aplican al estructuralismo, que el privilegio epistemológico que hoy en día se reconoce al lenguaje se basa precisamente en que en él hemos descubierto una idea paradójica de la estructura: un sistema sin fin ni centro).

*

4. El Texto es plural. Lo cual no se limita a querer decir que tiene varios sentidos, sino que realiza la misma pluralidad del sentido: una pluralidad *irreductible* (y no solamente aceptable). El Texto no es coexistencia de sentidos, sino paso, travesía; no puede por tanto depender de una interpretación, ni siquiera de una interpretación liberal, sino de una explosión, una diseminación. La pluralidad del Texto, en efecto, se basa, no en la ambigüedad de los contenidos, sino en lo que podría llamarse la *pluralidad estereográfica* de los significantes que lo tejen (etimológicamente, el texto es un tejido): el lector del Texto podría compararse a un individuo desocupado (que hubiese distendido todo su imaginario): este individuo discretamente vacío se pasea (esto es lo que le ha pasado al autor de estas líneas, así es como ha adquirido una idea viva del Texto) por la ladera de un valle por cuyo fondo corre un «oued» (hablo de «oued» para dar testimonio de una cierta desambientación); lo que percibe es múltiple, irreductible, proveniente de sustancias y de planos heterogéneos, desligados: luces, colores, vegetaciones, calor, aire, tenues explosiones de ruidos, delicados gritos de pájaros, voces de niños del otro lado del valle, pasos, gestos, ropas de habitantes muy cercanos o muy lejanos; todos esos incidentes sólo son a medias identificables: provienen de códigos conocidos, pero su combinatoria es única, fundamenta el paseo en una diferencia que nunca volverá a repetirse más que como diferencia. Eso mismo es lo que pasa en el Texto: no puede ser él mismo más que en su diferencia (lo cual no quiere decir su individualidad); su lectura es *semelfactiva* (lo cual vuelve ilusoria cualquier ciencia inductivo-deductiva de los textos: no hay una «gramática» del texto), y no obstante está enteramente entretejido de citas, referencias, ecos: lenguajes culturales (¿qué lenguaje puede no serlo?), antecedentes o contemporáneos, que lo atraviesan de

lado a lado en una amplia estereofonía. La intertextualidad en la que está inserto todo texto, ya que él mismo es el entretexto de otro texto, no debe confundirse con ningún origen del texto: buscar las «fuentes», las «influencias» de una obra es satisfacer el mito de la filiación; las citas que forman un texto son anónimas, ilocalizables y, no obstante, *ya leídas antes*: son citas sin entrecomillado. La obra no trastorna ninguna filosofía monista (ya se sabe que hay antagonistas); para esta filosofía, el Mal es la pluralidad. Así, frente a la obra, el Texto bien podría tomar como divisa la frase del hombre endemoniado (Marcos, 5, 9): «Mi nombre es legión, pues somos muchos». La textura plural o demoníaca que opone el Texto a la obra puede llevar consigo retoques profundos de la lectura, precisamente en los casos en que el monologismo parece ser la Ley: ciertos «textos» de las Sagradas Escrituras, recuperados tradicionalmente por el monismo teológico (histórico o anagógico) se ofrecerán quizás a una difracción de sentido (es decir, a una lectura materialista, en definitiva), mientras que la interpretación marxista de la obra, hasta hoy resueltamente monista, podrá materializarse aún más al pluralizarse (siempre que las «instituciones» marxistas lo permitan).

*

5. La obra está inserta en un proceso de filiación. Suele postularse una *determinación* del mundo (de la raza, luego de la Historia) sobre la obra, una *consecución* de las obras entre sí y una *apropiación* de la obra por parte de su autor. Se considera al autor como padre y propietario de su obra; la ciencia literaria aprende, así pues, a *respetar* el manuscrito y las intenciones declaradas por el autor, y la ciencia postula una legalidad de la relación entre el autor y su obra (los «derechos de autor», recientes en realidad, ya que no han sido legalizados hasta la Revolución). El Texto, en cambio, se lee sin la inscripción del Padre. La metáfora del Texto se aparta en esto también de la metáfora de la obra; ésta remite a la imagen de un *organismo* que crece por expansión vital, por «desarrollo» (palabra significativamente ambigua: biológica y retórica); la metáfora del Texto es la de la *red*; si el Texto se extiende es a causa de una combinatoria, de una sistemática (imagen próxima, por otra parte, a la visión de la biología actual sobre el ser vivo); por lo tanto, al Texto no se

le debe ningún «respeto» vital: se lo puede *romper* (por otra
parte, esto es lo que hacía la Edad Media con dos textos que, sin
embargo, eran autoritarios: las Sagradas Escrituras y Aristóteles); el Texto puede leerse sin la garantía del padre: la restitución del entretexto anula la herencia, paradójicamente. No se
trata de que el Autor no pueda «aparecerse» en el Texto, en su
texto: sino que lo hace, entonces, por decirlo así, a título de invitado; si es novelista, se inscribe en la novela como uno de los
personajes, dibujado en el tapiz; su inscripción ya no es privile-
giada, paternal, alética, sino lúdica: se convierte, por decirlo así,
en un autor de papel; su vida ya no está en el origen de sus fá-
bulas, sino que es una fábula concurrente con su obra: hay una
reversión de la obra sobre la vida (y no al contrario); es la obra
de Proust, de Genet, lo que permite leer su vida como un texto:
la palabra «bio-grafía» recupera un sentido fuerte, etimológico;
y, a la vez, la sinceridad de la enunciación, auténtica «cruz» de la
moral literaria, se convierte en un falso problema: el *yo* que escribe el texto nunca es, tampoco, más que un *yo* de papel.

*

6.   Normalmente, la obra es el objeto de un consumo; no estoy
haciendo ninguna demagogia refiriéndome a la cultura llamada
de consumo, pero no se puede dejar de reconocer que hoy en día
es la «calidad» de la obra (lo cual supone finalmente una apreciación del «gusto») y no la operación de lectura en sí lo que puede
marcar las diferencias entre los libros: la lectura «cultivada» no
se diferencia estructuralmente de la lectura de tren (en tren). El
Texto (aunque no fuera más que por su frecuente «ilegibilidad»)
decanta a la obra (cuando ésta lo permite) de su consumo y la recoge como juego, trabajo, producción, práctica. Todo esto quiere
decir que el Texto exige que se intente abolir (o al menos disminuir) la distancia entre la escritura y la lectura, y no por medio
de la intensificación de la proyección del lector sobre la obra,
sino leyendo a las dos dentro de una misma práctica significante.
La distancia que separa la lectura de la escritura es histórica.
En la época de la mayor diferenciación social (antes de la instau-
ración de las culturas democráticas), leer y escribir estaban a
la par entre los privilegios de clase: la Retórica, el gran código
literario de aquellos tiempos, enseñaba a *escribir* (aunque lo que

de ordinario se produjera entonces fueran discursos, y no textos);
es significativo que el advenimiento de la democracia haya invertido las órdenes: la Escuela (secundaria) se enorgullece de enseñar a *leer* (bien) y ya no de enseñar a escribir (el sentimiento de
esta carencia vuelve a ponerse hoy de moda: se exige al maestro
que enseñe al estudiante a «expresarse», lo cual es en cierto
modo reemplazar una censura por un contrasentido). De hecho,
leer, en el sentido de *consumir*, no es *jugar* con el texto. Hay
que tomar la palabra «jugar» en toda su polisemia, en este caso:
el texto en sí mismo «juega» (como una puerta, como cualquier
aparato en el que haya un «juego»); y el lector juega, por su
parte, dos veces: «juega» al Texto (sentido lúdico), busca una
práctica que le re-produzca; pero para que esta práctica no se
reduzca a una *mimesis* pasiva, interior (el Texto es precisamente
lo que se resiste a esta reducción), *ejecuta** el Texto; no hay que
olvidar que «jouer» es también un término musical; la historia
de la música (como práctica, no como «arte») es, por otra parte,
bastante paralela a la del Texto; hubo una época en que los aficionados activos eran numerosos (al menos en una determinada
clase social), «ejecutar» y «escuchar» constituían una actividad
poco diferenciada; después, han aparecido dos papeles sucesivos:
primero el del *intérprete*, en el que el público burgués (aunque
supiera todavía tocar un poco por sí mismo: ésa es la historia del
piano) delegaba su ejecución; después el del aficionado (pasivo),
que escucha la música sin saber tocarla (en efecto, el disco ha
sucedido al piano); es sabido que hoy, la música postserial ha re-
volucionado el papel del «intérprete», al que se le pide de alguna
manera que sea el coautor de la partitura que, más que «expresar», completa. El Texto es más o menos una partitura de ese
nuevo estilo: solicita del lector una colaboración práctica. Gran
innovación, porque ¿quién ejecuta la obra? (Ya se planteó la pregunta Mallarmé, y pretende que el auditorio *produce* el libro.)
Tan sólo el crítico ejecuta hoy en día la obra (admito el juego
de palabras). La reducción de la lectura a un consumo es evidentemente responsable del «aburrimiento» que muchos experimen-
tan ante el texto moderno («ilegible»), la película o el cuadro de
vanguardia: aburrirse, en este caso, quiere decir que no se es

---

* El autor está jugando con el doble sentido de *jouer*: «jugar», y también «ejecutar una pieza, tocar». [T.]

capaz de producir el texto, de ejecutarlo, de deshacerlo, de
ponerlo en marcha.

*

7. Todo esto nos lleva a proponer un último acercamiento
al Texto: el del placer. Yo no sé si alguna vez ha existido una
estética hedonista (incluso los filósofos eudemonistas son bien
escasos). Es cierto que existe un placer de la obra (de ciertas
obras); uno puede quedarse encantado leyendo y releyendo a
Proust, a Flaubert, a Balzac, y, ¿por qué no?, hasta a Alexandre
Dumas; pero este placer, por intenso que sea, y aun en el caso de
que estuviera despojado de todo prejuicio, sigue siendo, en parte
(salvo un esfuerzo crítico excepcional), un placer consumista:
pues si bien uno puede leer a esos autores, sabe también perfectamente que no puede *re-escribirlos* (que no es posible hoy en día
escribir «así»); y esta sabiduría, bastante triste, basta para apar-
tarnos de la producción de esas obras, desde el mismo momento
en que su alejamiento es la base de nuestra modernidad (¿ser
moderno no es acaso reconocer perfectamente lo que no es posible volver a empezar?). El Texto, en cambio, está asociado al
disfrute, es decir, al placer sin separación. Al pertenecer al
orden del significante, el Texto participa a su manera de una
utopía social; antes que la Historia (suponiendo que ésta no
escoja la barbarie), el Texto consigue, si no la transparencia de
las relaciones sociales, al menos la de las relaciones de lenguaje:
es el espacio en el que ningún lenguaje tiene poder sobre otro, es
el espacio en el que los lenguajes circulan (conservan el sentido
circular del término).

*

Unas cuantas proposiciones no constituyen por fuerza las
articulaciones de una Teoría del Texto. Esto no sólo se debe a
las insuficiencias del presentador (que, por otra parte, no ha hecho en muchos puntos más que recopilar lo que se está investi-
gando a su alrededor). Esto se debe a que una Teoría del Texto
no puede satisfacerse con una exposición metalingüística: la
destrucción del metalenguaje, o por lo menos (pues es posible
que haya que recurrir a ello provisionalmente) su puesta en

entredicho, forma parte de la misma teoría: el discurso sobre el
Texto, por su parte, no debería ser otra cosa que texto, investigación, trabajo de texto, ya que el Texto es ese espacio *social* que
no deja bajo protección a ningún lenguaje, exterior a él, ni deja
a ningún sujeto de la enunciación en situación de poder ser juez,
maestro, analista, confesor, descifrador: la teoría del Texto tan
sólo puede coincidir con una práctica de la escritura.

1971, Revue d'esthétique.

La mitología hoy

Hace ya quince años[4] que se propuso una determinada idea del mito contemporáneo. Esa idea, poco elaborada, a decir verdad, en sus comienzos (la palabra conservaba un valor claramente metafórico), conllevaba sin embargo algunas articulaciones teóricas. 1. El mito, próximo a lo que la sociología de Durkheim llama «una representación colectiva», es legible bajo los enunciados anónimos de la prensa, de la publicidad, del objeto de consumo de masas; es una determinación social, un «reflejo». 2. Este reflejo, sin embargo, y conforme a una determinada imagen de Marx, está *invertido*: el mito consiste en hacer de la cultura naturaleza, o al menos en convertir en «natural» lo social, lo cultural, lo ideológico, lo histórico: lo que no es sino un producto de la división de clases y de sus secuelas morales, culturales, estéticas se presenta (se enuncia) como algo que «cae por su propio peso»; los fundamentos totalmente contingentes del enunciado, bajo el efecto de la inversión mítica, se convierten en el Sentido Común, el Derecho Común, la Norma, la Opinión común, en una palabra, la *Endoxa* (figura laica del Origen). 3. El mito contemporáneo es discontinuo: ya no se enuncia en forma de

4. Los textos de las *Mythologies* se escribieron entre 1954 y 1956; el libro, que salió en 1957, acaba de reimprimirse en edición de bolsillo, Éd. du Seuil, col. «Points», 1970.

grandes relatos estructurales, sino tan sólo en forma de «discurso»; todo lo más, consiste en una *fraseología*, en un *corpus* de frases (de estereotipos); el mito desaparece, pero queda, de modo mucho más insidioso, lo *mítico*. 4. En cuanto habla (ése era, al fin y al cabo, el sentido de *mitos*, en griego) el mito contemporáneo depende de una semiología: ésta permite «darle la vuelta» a la inversión mítica, descomponiendo el mensaje en dos sistemas semánticos: un sistema connotado, cuyo significado es ideológico (y en consecuencia «recto», «no invertido», o, para ser más claro, aunque tenga que hablar un lenguaje moral, *cínico*), y un sistema denotado (la aparente literalidad de la imagen, del objeto, de la frase), cuya función es naturalizar la proposición de clase dándole la garantía de la naturaleza más «inocente»: la del lenguaje (milenario, materno, escolar, etc.).

Así aparecía, o al menos se me aparecía a mí, el mito actual. ¿Es que ha cambiado algo? No la sociedad francesa, al menos a este nivel, ya que la historia mítica tiene otra longitud que la historia política; tampoco los mitos, ni siquiera su análisis; sigue abundando lo mítico en nuestra sociedad: igualmente anónimo, retorcido, parlanchín, fragmentado, ofreciéndose a la vez a una crítica ideológica y a una descomposición semiológica. No, lo que ha cambiado en quince años es la *ciencia de la lectura*, bajo cuya mirada, el mito, como un animal capturado y observado hace tiempo, se convierte sin embargo en *otro objeto*.

En efecto, una ciencia del significante (aunque aún esté en sus inicios) ha empezado a abrirse camino en el trabajo de nuestra época; su finalidad es más bien la dislocación del signo que su análisis. En lo que se refiere al mito, y aunque sea un trabajo aún por hacer, la nueva semiología —o la nueva mitología— ya no puede, o ya no podrá, separar con tanta facilidad el significante del significado, lo ideológico de lo fraseológico. Y no porque tal distinción sea falsa o ineficaz, sino porque, en cierto modo, se ha vuelto mítica: ni un solo estudiante deja de denunciar el carácter burgués o pequeñoburgués de una forma (de vida, de pensamiento, de consumo); en otras palabras, se ha creado una *endoxa* mitológica: la denuncia, la desmitificación (o demitificación) se ha convertido en sí misma en discurso, *corpus* de frases, enunciado catequístico; frente a ello, la ciencia del significante no puede hacer otra cosa que desplazarse y detenerse (provisionalmente) más lejos: no en la disociación (analítica) del signo, sino en su propia vacilación: no son ya los mitos lo que hay que desenmascarar (de ello se encarga la *endoxa*), sino el signo en sí lo que hay que hacer tambalear: no revelar el sentido (latente) de un enunciado, un trazo, un relato, sino abrir fisuras en la misma representación del sentido; no cambiar o purificar los símbolos (un diente que se cae es el individuo castrado, etc.); gía (mitológica) le pasa un poco lo que le ha pasado al psicoanálisis: ha comenzado, necesariamente, por establecer listas de símbolos (un diente que se cae es el individuo castrado, etc.); pero, hoy en día, mucho más que ese léxico que, sin ser falso, ya no le interesa (aunque interesa enormemente a los aficionados a la Vulgata psicoanalítica), está interrogando a la propia dialéctica del significante; lo mismo pasa con la semiología: empezó estableciendo un léxico mitológico, pero la tarea que hoy tiene ante sí es más bien de orden sintáctico (¿de qué articulaciones, de qué desplazamientos está hecho el tejido mítico de una sociedad de elevado consumo?); en un primer momento, se propuso la destrucción del significado (ideológico); en un segundo momento, se propone la destrucción del signo: la «mitoclastia» se ve sucedida por una «semioclastia», mucho más amplia y elevada a otro nivel. Por esa misma razón, el campo histórico se ha ampliado: ya no es la (pequeña) sociedad francesa; es, mucho más allá, histórica y geográficamente, toda la civilización occidental (greco-judeo-islámico-cristiana), unificada bajo una misma teología (la esencia, el monoteísmo) e identificada por el régimen de sentido que practica, desde Platón a *France-Dimanche*.

La ciencia del significante aporta a la mitología contemporánea una segunda rectificación (o una segunda ampliación). El mundo al que el lenguaje pega de refilón, está escrito de cabo a rabo; los signos, al hacer retroceder incesantemente sus fundamentos, al transformar sus significados en nuevos significantes, al citarse unos a otros hasta el infinito, no se detienen jamás: la escritura está generalizada. Si bien la alienación de la sociedad sigue obligando a demitificar los lenguajes (y en especial los de los mitos), la vía de combate no es, ya, el desciframiento crítico, sino la *valoración*. Frente a todas las escrituras del mundo, frente a los trazos formados por los diversos discursos (didácticos, estéticos, informativos, políticos, etc.), se trata de apreciar niveles de reificación, grados de densidad fraseológica. ¿Podrá llegarse a precisar una noción que me parece esencial: la de la *compacidad* del lenguaje? Los lenguajes son más o menos *espesos*; algunos, los más sociales, los más míticos, presentan una inconmovible homogeneidad (existe una fuerza de los sentidos, una guerra de los sentidos): tejidos de costumbres, de repeticiones, de estereotipos, de cláusulas obligadas y palabras clave, cada uno de ellos constituye un *idiolecto* (noción que hace veinte años yo designaba con el nombre de escritura); así pues, hoy día, más que los mitos, lo que hay que distinguir y describir son los idiolectos; a las mitologías les sucedería una idiolectología, más formal, y por tanto, creo yo, más penetrante, cuyos conceptos operatorios ya no serían el signo, el significante, el significado y la connotación, sino la cita, la referencia, el estereotipo. De esa manera, los lenguajes espesos (como el discurso mítico) podrían atacarse enfilándolos con una transescritura, cuyo «texto» (al que aún se llama literario), antídoto del mito, ocuparía el polo, o más bien, la región aérea, ligera, espaciosa, abierta, descentrada, noble y libre, ese espacio en que la escritura se despliega contra el idiolecto, es decir, en sus mismos límites y combatiéndolo. En efecto, el mito debe insertarse en una teoría general del lenguaje, de la escritura, del significante, y esta teoría, apoyada en las formulaciones de la etnología, del psicoanálisis, de la semiología y del análisis ideológico, debe ampliar su objeto hasta la *frase*, o mejor dicho, hasta las *frases* (la pluralidad de la frase); con ello entiendo que lo mítico está presente en todas partes en que *se hacen frases*, en que *se cuentan historias* (en cualquier sentido de ambas expresiones): desde el lenguaje interior a la conversación, desde el artículo de prensa al sermón político, desde la novela (si es que aún quedan) a la imagen publicitaria, actos de habla todos ellos que podrían ser recubiertos por el concepto lacaniano del *Imaginario*.

Esto no es más que un programa, quizá solamente un «deseo». No obstante, creo, incluso si la nueva semiología, que se preocupa, sobre todo, recientemente, del texto literario, no se ha aplicado aún a los mitos de nuestro tiempo a partir del último texto de *Mitologías*, en el que yo esbozaba una primera aproximación semiótica a la palabra social, al menos es consciente de su tarea: ya no se trata solamente de *invertir* (o *enderezar*) el mensaje mítico, ponerlo en su sitio, con la denotación para abajo y la connotación para arriba, la naturaleza en la superficie y los intereses de clase en lo más hondo, sino también de cambiar el objeto en sí mismo, de engendrar un nuevo objeto, punto de partida de una nueva ciencia; se trata de pasar, guardando las distancias debidas (nos lo tememos) y retomando la intención de Althusser, de Feuerbach a Marx, del joven Marx al Marx adulto.

1971, *Esprit.*

Digresiones

1. Formalismo

No está tan claro que haya que liquidar inmediatamente la palabra *formalismo*, ya que sus enemigos son los nuestros, a saber: los cientifistas, los causalistas, los espiritualistas, los funcionalistas, los espontaneístas; los ataques contra el formalismo se hacen siempre en nombre del contenido, del tema, de la Causa (palabra irónicamente ambigua, ya que a la vez remite a una fe y a un determinismo, como si fueran lo mismo), es decir, en nombre del significado, en nombre del Nombre. No hemos de mantener distancias con respecto al formalismo, sino que tan sólo hemos de mantener nuestras satisfacciones (la satisfacción, que pertenece al orden del deseo, es más subversiva que la distancia, que pertenece al orden de la censura). El formalismo al que me estoy refiriendo no consiste en «olvidar», «descuidar», «reducir» el contenido («el hombre»), sino solamente en *no detenerse* en el umbral del contenido (conservaremos la palabra provisionalmente); es *precisamente* el contenido lo que interesa al formalismo, pues su incansable tarea es hacerlo retroceder cada vez más (hasta que la noción de origen deje de ser pertinente), desplazarlo de acuerdo con un juego de formas sucesivas. ¿Acaso no es eso mismo lo que le ocurre a la física, que, desde Newton, no ha dejado de hacer retroceder a la materia, no en provecho del «espíritu», sino en provecho de lo aleatorio? (Recordemos a Verne cuando cita a Poe: «Un azar debe ser incesantemente la materia de un cálculo riguroso».) Lo materialista no es la materia, sino el retroceso, la retirada de los cierres de seguridad; lo formalista no es la «forma», sino el *tiempo* relativo, dilatorio, de los contenidos, la precariedad de los puntos de referencia.

Para descondicionarnos de todas las filosofías (o teologías) del significado, es decir, de la Detención, ya que nosotros, los hombres de letras, no disponemos del formalismo soberano, el de las matemáticas, hemos de emplear la mayor cantidad posible de metáforas, ya que la metáfora es una vía de acceso al significante; a falta de algoritmos, la metáfora es lo que puede alejar al significado, sobre todo si se consigue «desoriginarla».[5] Hoy voy a proponer esta metáfora: el escenario del mundo (el mundo como escenario) está ocupado por una serie de «decorados» (textos): si levantamos uno, aparece otro, y así sucesivamente. Para mayor refinamiento, opondremos dos teatros. En *Seis personajes en busca de un autor*, de Pirandello, la obra se representa sobre el fondo «desnudo» del teatro: ni un decorado, tan sólo las paredes, las poleas y las cuerdas de la tramoya; el personaje (el individuo) se constituye poco a poco a partir de un plano «real» que se define por su carácter como: *a*) reducido, *b*) interior, *c*) causal; hay una maquinaria y el individuo es una marioneta; además, a pesar de su modernidad (representación sin decorados, en la propia caja de la escena), ese teatro sigue siendo espiritualista: opone la «realidad» de las causas, de las interioridades, de los fondos, a la «ilusión» de las lonas, de las pinturas, de los efectos. En *Una noche en la Opera*, de los Hermanos Marx, se trata el mismo problema (de manera burlesca, evidentemente: lo cual es un suplemento de verdad): al final (que es asombroso), la vieja hechicera del *Trovero*, parodiándose a sí misma, lanza su canción, imperturbable, de espaldas a todo un tráfago de decorados; unos suben y otros bajan, rápidamente; la vieja resulta sucesivamente adosada a «contextos» diferentes, heteróclitos, no-

---

5. Llamo metáfora inoriginada a una cadena de sustituciones en la cual nos abstenemos de localizar un término inicial, fundador. La propia lengua a veces produce comparaciones, si no inoriginadas, al menos invertidas: el *amadou* es una sustancia que se inflama con facilidad; toma su nombre (provenzal) del enamorado al que el amor inflama: aquí lo «sentimental» permite nombrar a lo «material».

pertinentes (todas las obras del repertorio, almacenadas, le proporcionan unos fugitivos fondos), cuya permutación ella ignora
por completo: cada frase cantada resulta un contrasentido. Ese
galimatías está repleto de emblemas: la ausencia de fondo reem-
plazada por la rodante pluralidad de los decorados, la codificación de los contextos (procedente del repertorio de la ópera) y su
puesta en ridículo, la polisemia delirante, y, por último, la ilusión
del individuo, que sigue cantando su imaginario mientras el otro
(el espectador) lo mira, y que cree hablar adosado a un mundo
(a un decorado único). Toda una escena en que la pluralidad pone
en ridículo al individuo, *disociándolo*.

2. Vacío

La idea de *descentramiento* es en efecto mucho más importante que la de *vacío*. Esta última es ambigua: determinadas experiencias religiosas se las arreglan muy bien con un *centro vacío*
(ya sugerí esta ambigüedad a propósito de Tokyo, al señalar que
el centro vacío de la ciudad estaba ocupado por el palacio del
emperador). También en este punto hemos de rehacer incansablemente nuestras metáforas. En primer lugar, lo que nos horro-
riza de lo *lleno* no es solamente la imagen de una sustancia última, de una compacidad indisociable, sino también, y antes que
nada (al menos para mí), la idea de una *forma mala*: lo lleno,
subjetivamente, es el recuerdo (el pasado, el Padre); neurótica-
mente, la repetición; socialmente, el estereotipo (que florece en
la llamada cultura de masas, en esta civilización endoxal que es
la nuestra). En el extremo opuesto, lo *vacío* no debe concebirse
(figurarse) bajo la forma de una ausencia (de cuerpos, de cosas,
de sentimientos, de palabras, etc.: la *nada*), sino que, en este
caso, somos algo víctimas de la antigua física; tenemos una idea
un tanto química del vacío. El vacío es más bien lo nuevo, el
retorno de lo nuevo (que es lo contrario de la repetición). Recien-
·temente, en una enciclopedia científica (mi saber no llega mucho
más lejos) he leído la explicación de una teoría física (la más
reciente, según creo) que me ha dado cierta idea de ese vacío en
el que pienso (cada vez creo más en el valor metafórico de la
ciencia); se trata de la teoría de CHEW y MANDELSTRAM (1961),
que se conoce como teoría del *bootstrap* (el *bootstrap* es la tirilla

de la bota que sirve para sacársela e, idiomáticamente, la ocasión de un proverbio: levantarse a sí mismo tirando de las propias botas); cito: «Las partículas que existen en un universo no habrían sido engendradas a partir de ciertas partículas más elementales que otras [queda así abolido el espectro ancestral de la filiación, de la determinación], sino que representarían el balance de fuertes interacciones en un momento dado [el mundo: un sistema de diferencias siempre provisional]. Dicho de otra manera, el conjunto de las partículas se engendraría a sí mismo (*self-consistance*).»[6] Ese vacío del que hablamos sería, en suma, la *self-consistance* del mundo.

3. Legible

Una vez abolido el sentido, todo está aún por hacer, ya que el lenguaje continúa (la fórmula «todo está aún por hacer» remite al trabajo, evidentemente). A mi parecer (quizá no lo he repetido lo bastante) el valor del jaiku reside paradójicamente en que es legible. Lo que nos separa mejor del signo —al menos en este mundo *lleno*— no es lo *contrario* del signo, el no-signo, el sinsentido (lo *ilegible*, en el sentido más corriente), ya que ese sinsentido es inmediatamente recuperado por el sentido (como sentido del sin-sentido); es inútil subvertir la lengua destruyendo la sintaxis, por ejemplo: ésta es una subversión muy débil y que, además, dista de ser inocente, pues, como ya he dicho, «los grandes conformismos están hechos de pequeñas subversiones». No se puede atacar frontalmente al sentido, en base a la simple aserción de su contrario; hay que hacer trampas, robar, sutilizar (en las dos acepciones de la palabra: refinar y hacer desaparecer una propiedad), es decir, parodiar, en rigor, pero aún más, simular. El jaiku ha conseguido evaporar el significado gracias a toda una técnica, a saber, un código métrico; tan sólo queda una leve nube de significante; y, al llegar a este punto, parece ser que, gracias a una simple torsión, toma la máscara de lo legible, copia, privándolos de *referencia*, sin embargo, los atributos del «buen mensaje» (literario): claridad, simplicidad, elegancia, delicadeza. El trabajo de escritura en el que pensamos hoy no consiste ni en mejorar ni en destruir la comunicación, sino en *afili-*

6. *Encyclopédie Bordas*, «Les lois de la nature».

granarla: eso es lo que hizo, al por mayor (y con parsimonia), la escritura clásica, que por esta razón, y sea cual fuere, es una escritura; no obstante, ha empezado una nueva etapa, apuntada aquí y allá durante el último siglo, nueva etapa en que ya no es el sentido lo que se ofrece (liberalmente) plural en el interior de un único código (el del «escribir bien»), sino que es el propio conjunto del lenguaje (como «jerarquía fluctuante» de códigos, de lógicas) lo que se enfrenta y se trabaja; todo ello debe hacerse todavía bajo la apariencia de la comunicación, pues las condiciones sociales, históricas, de una liberación del lenguaje (en relación a los significados, a la *propiedad* del discurso) aún no se han dado juntas en ningún sitio. De ahí la importancia actual de los conceptos teóricos (rectores) de paragrama, plagio, intertextualidad y falsa legibilidad.

4. Lengua

Dice usted que *«la lengua no es una superestructura».* Tengo que hacer dos observaciones restrictivas al respecto. En primer lugar, la proposición no puede ser cierta, en la medida en que la noción de superestructura no ha sido clarificada, y actualmente está en pleno proceso de redefinición (o al menos así lo deseo yo). En segundo lugar, la siguiente: si concebimos una historia «monumental» es posible, ciertamente, considerar la lengua, las lenguas, dentro de una totalidad estructural: existe una «estructura» del indoeuropeo (que se opone, por ejemplo, a la de las lenguas orientales) y que está relacionada con las instituciones de esa área de la civilización: todos sabemos que el corte básico pasa *entre* la India y la China, el indoeuropeo y las lenguas asiáticas, la religiosidad budista y el taoísmo o el zen (el zen aparentemente es búdico pero no corresponde a la parte del budismo; la grieta de la que hablo no es la de la historia de las religiones; es precisamente la de las lenguas, la del lenguaje).

Sea como fuere, incluso si la lengua no es una superestructura, la relación con la lengua es política. Esto quizá no es muy sensible en un país tan «atiborrado» histórica y culturalmente como Francia: aquí la lengua no es un tema político; no obstante, bastaría con sacar a la luz el problema (por medio de cualquier forma de investigación: elaboración de una sociolingüística com-

prometida o simplemente número especial de una revista) para
quedarse indudablemente estupefacto ante su evidencia, su vas-
tedad y su acuidad (respecto a su lengua, los franceses están
sencillamente *adormilados*, cloroformizados por siglos de autoridad clásica); en otros países menos afianzados, las relaciones
con la lengua son candentes; en los países árabes colonizados
hasta hace poco, la lengua es un problema de Estado en el que se
introduce todo lo político. Por otra parte, yo no estoy muy
seguro de que se esté bien preparado para resolverlo: hace
falta una teoría política del lenguaje, una metodología que permitiría sacar a la luz los procesos de *apropiación* de la lengua
y estudiar la «propiedad» de los medios de enunciación, algo así
como *El Capital* de la ciencia lingüística (por mi parte, creo que
esa teoría se elaborará poco a poco a partir de los balbuceos actuales de la semiología, cuyo sentido histórico constituirá en
parte); esta teoría (política) se encargará especialmente de decidir
dónde se detiene la lengua y si es que se detiene en algún sitio;
actualmente prevalece en ciertos países aún agobiados por la antigua lengua colonial (el francés) la idea *reaccionaria* de que se
puede separar la lengua de la «literatura», enseñar la una (como
lengua extranjera) y rechazar la otra (reputada como «burguesa»); desgraciadamente, no existe ningún umbral de la lengua,
no se puede detener la lengua; se puede, en rigor, cerrar, aislar
la gramática (y enseñarla entonces canónicamente), pero no el
léxico, y aún menos el campo asociativo, connotativo; un extranjero que aprenda el francés se encontrará en seguida, o al menos
debería encontrarse, si la enseñanza está bien realizada, ante los
mismos problemas ideológicos que un francés frente a su propia lengua; la literatura no es nunca otra cosa que la profundización, la extensión de la lengua, y a ese título constituye por sí
misma el más amplio de los campos ideológicos, aquel en el que
se debate el problema estructural del que al principio hablaba
(hago todas estas afirmaciones en función de mi experiencia
marroquí).

La lengua es infinita (sin fin) y hay que sacar las consecuencias de ello; la lengua comienza antes de la lengua; eso es lo que
he querido afirmar a propósito del Japón, al exaltar la comunicación que he practicado allá, fuera incluso de una lengua hablada
que desconozco, sólo con el susurro, con la respiración emotiva
de esa lengua desconocida. Vivir en un país cuya lengua se des-

conoce, vivir durante un largo tiempo, fuera de los recintos tu-
rísticos, es la aventura más peligrosa (en el ingenuo sentido que
tal expresión pueda tener en las novelas juveniles); es (para el
«individuo») más arriesgado que afrontar la jungla, ya que hay
que *sobrepasar* la lengua, mantenerse en sus márgenes suplementarios, es decir, en su infinitud sin profundidad. Si yo tuviera que
imaginar un nuevo Robinson, no lo colocaría en una isla desierta,
sino en una ciudad de doce millones de habitantes, cuya habla y
escritura no supiera descifrar: creo que ésa sería la forma moderna del mito.

5. Sexualidad

Una idea muy importante y completamente desconocida, a mi
parecer, en Occidente (mayor motivo para interesarse en ello) es
la de la delicadeza del juego sexual. La razón es muy sencilla. En
Occidente la sexualidad, de manera muy pobre, se limita a prestarse a un lenguaje de la transgresión; pero hacer de la sexualidad un terreno de transgresión es seguir teniéndola presa en una
oposición binaria (*pro/contra*), en un paradigma, en un sentido.
Pensar la sexualidad como un continente negro es seguirla sometiendo al sentido (*blanco/negro*). La alienación de la sexualidad está consustancialmente ligada a la alienación del sentido,
a la alienación por el sentido. Lo que es difícil no es liberar la
sexualidad de acuerdo con un proyecto más o menos libertario,
sino separarla del sentido, incluso de la transgresión como sentido. Fijémonos en los países árabes. Se transgreden tranquilamen-
te ciertas reglas de la sexualidad «correcta» practicando con
facilidad la homosexualidad (a condición de no *nombrarla* jamás: pero ése es otro problema, el inmenso problema de la verbalización de la sexualidad, bloqueada en las civilizaciones de la
«vergüenza», mientras que esa verbalización se busca —confesión, representación pornográfica— en las civilizaciones de la
«culpabilidad»); pero esta transgresión sigue implacablemente
sometida a un régimen del sentido estricto: la homosexualidad,
práctica transgresiva, reproduce inmediatamente en su seno (por
una especie de refuerzo defensivo, de reflejo atemorizado) el paradigma más puro que imaginarse pueda, el de lo activo/lo pasi-

vo, el poseedor/el poseído, *niqueur/niqué, tapeur/tapé* * (estas
palabras «pieds-noirs» son oportunas aquí: volvamos al valor
ideológico de la lengua). Ahora bien, el paradigma es el sentido;
en esos países, toda práctica que desborde la alternativa, la con-
funda, o simplemente la retrase (lo que algunos llaman, allá,
desdeñosamente *hacer el amor*), es, a la vez, *prohibida* e *ininteli-
gible*. La «delicadeza» sexual se opone al carácter frustrado de
esas prácticas, no en el plano de la transgresión, sino en el del
sentido; se la podría definir como un *emborronamiento del sentido*, cuyas vías de enunciación son protocolos de «cortesía» o
técnicas sensuales, o una nueva concepción del «tiempo» erótico.
Se podría decir todo esto de otra manera: la prohibición sexual
se levanta por completo, no en provecho de una mítica «libertad»
(concepto que es bueno estrictamente para satisfacer a los tími-
dos fantasmas de la sociedad llamada de masas), sino en provecho de los códigos vacíos, lo cual exonera a la sexualidad de la
mentira espontaneísta. Sade lo vio bien claramente: las prácticas que enuncia están sometidas a una combinatoria rigurosa;
no obstante, siguen estando marcadas por un elemento mítico
netamente occidental: una especie de eretismo, de trance, lo
que podríamos llamar una sexualidad *caliente*; y esto es todavía
una sacralización del sexo, que lo hace objeto, no de un hedonismo, sino de un *entusiasmo* (el dios lo anima, lo vivifica).

6. Significante

El significante: hemos de tomar la decisión de abusar, todavía
por mucho tiempo, de la palabra (señalaremos de una vez por
todas que no se trata de definirlo, sino de usarlo, es decir, meta-
forizarlo, oponerlo, especialmente al significado, cuyo correlato
se pensó que era al comienzo de la semiología, pero del que pensamos hoy que es el adversario). La actual tarea es doble. Por
una parte, hay que llegar a concebir (por esta palabra entiendo
una operación más metafórica que analítica) de qué manera pueden enunciarse contradictoriamente *la profundidad y la ligereza
del significante* (no hemos de olvidar que *ligero* puede ser una

---

* Conservo en francés estos términos, que el autor califica de «pieds-
noirs». Todos ellos traducen la misma oposición activo/pasivo. [T.]

palabra nietzscheana); pues, por una parte, el significante no es
«profundo», no se desarrolla de acuerdo con un plan de interioridad y de secreto; pero, por otra parte, ¿qué se puede hacer con
ese dichoso significante que no sea sumergirse en él, bucear lejos
del significado, en la materia, en el texto? ¿Cómo puede uno
hundirse en lo ligero?, ¿cómo extenderse sin hincharse ni ahue-
carse?, ¿a qué sustancia se podría comparar el significante? No
al agua, por supuesto, ni siquiera a la del océano, ya que los ma-
res tienen un fondo; más bien al cielo, al espacio cósmico, precisamente en lo que éste tiene de *impensable*. Por otra parte,
esta misma exploración metafórica debería hacerse sobre la palabra *trabajo* (la cual, de hecho, es el verdadero correlato de
significante, mucho más que *significado*); ésta también es una
palabra *numen* (una palabra capaz de armar un discurso); yo la
analizo de la siguiente manera: asociada al problema del texto,
se entiende en la acepción que Julia Kristeva le ha dado, de trabajo *pre-sentido*: trabajo al margen del sentido, del intercambio,
del cálculo, trabajo en el gasto, en el juego; creo que ésta es la
dirección que hay que explorar; todavía tendríamos que preve-
nir ciertas connotaciones: eliminar por completo la idea del
trabajo-esfuerzo, y quizá privarse (en beneficio del rigor y al
menos para empezar) de la metonimia que otorga a todo trabajo
la fianza del proletariado, lo que permite evidentemente hacer
pasar el «trabajo» del significante al campo socialista (donde,
por otra parte, se lo recibe de muy diversas maneras), pero debería quizá pensarse en ello de manera más lenta, más paciente,
más dialéctica. Esta importante cuestión del «trabajo» se sitúa,
en definitiva, en un hueco, en un espacio en blanco en nuestra
cultura; de una manera elíptica, yo diría que ese blanco es exactamente el mismo que anula hasta hoy la relación entre Marx y
Nietzsche: una de las relaciones más resistentes, y, en consecuencia, un sitio al que hay que ir para ver qué pasa. Y ¿quién
es el que va a ocuparse de ello?

7. Armas

Usted opone de una manera muy sorprendente los *signos* a las
armas, pero de acuerdo con un proceso aún sustitutivo, y no
puede hacer otra cosa; pues los signos y las armas son lo mismo;

todo combate es semántico, todo sentido es guerrero; el significado es el nervio de la guerra, la guerra es la misma estructura
del sentido; actualmente no estamos en la guerra del sentido
(una guerra para abolir el sentido), sino en la guerra de los
sentidos: los significados se enfrentan, provistos de todo tipo
de armas posibles (militares, económicas, ideológicas, o sea, neuróticas); hoy día no existe en el mundo ningún lugar institucional donde esté prohibido el significado (no se puede conseguir
su disolución más que haciendo trampas a las instituciones,
dentro de lugares inestables, ocupados fugitivamente, inhabita-
bles, contradictorios hasta el punto de que a veces parecen reac-
cionarios). En cuanto a mí , el paradigma sobre el que intento re-
gularme, con todo rigor (es decir, más allá de una posición política preferencial), no es el de *imperialismo/socialismo*, sino el de
imperialismo/otra cosa: esta retirada de la marca en el momento
en que el paradigma está a punto de concluir, esta oposición que
se queda coja con el recorte, el suplemento o la desviación de
lo *neutro*, esta oquedad utópica (no me queda más remedio que
decidirme a ello), es el único sitio en que actualmente puedo sos-
tenerme. El imperialismo es lo *lleno*; frente a él está *lo demás*,
sin firma ninguna: un texto sin título.

De un cuestionario de Guy Scarpetta.
1971, *Promesses*.

El susurro de la lengua

La palabra es irreversible, ésa es su fatalidad. Lo que ya se ha dicho no puede recogerse, *salvo para aumentarlo*: corregir, en este caso, quiere decir, cosa rara, añadir. Cuando hablo, no puedo nunca pasar la goma, borrar, anular; lo más que puedo hacer es decir «anulo, borro, rectifico», o sea, hablar más. Yo la llamaría «farfullar» a esta singularísima anulación por adición. El farfulleo es un mensaje fallido por dos veces: por una parte porque se entiende mal, pero por otra, aunque con esfuerzo, se sigue comprendiendo, sin embargo; no está realmente ni en la lengua ni fuera de ella: es un ruido de lenguaje comparable a la serie de sacudidas con las que un motor nos hace entender que no está en condiciones; éste es precisamente el sentido del gatillazo, signo sonoro de un fracaso que se perfila en el funcionamiento del objeto. El farfulleo (del motor o del individuo) es, en suma, un temor: me temo que la marcha acabe por detenerse.

*

La muerte de la máquina puede ser dolorosa para el hombre, cuando la describe como la de un animal (véase la novela de Zola). En suma, por poco simpática que sea la máquina (ya que constituye, bajo la figura del robot, la más grave amenaza: la *pérdida del cuerpo*), sin embargo, existe en ella la posibilidad de un tema eufórico: su *buen funcionamiento*; tememos a la máquina en cuanto que funciona sola, gozamos de ella en cuanto que funciona bien. Ahora bien, así como las disfunciones del lenguaje están en cierto modo resumidas en un signo sonoro: el farfulleo, del mismo modo el buen funcionamiento de la máquina se muestra en una entidad musical: el *susurro*.

*

El susurro es el ruido que produce lo que funciona bien. De ahí se sigue una paradoja: el susurro denota un ruido límite, un ruido imposible, el ruido de lo que, por funcionar a la perfección, no produce ruido; susurrar es dejar oír la misma evaporación del ruido: lo tenue, lo confuso, lo estremecido se reciben como signos de la anulación sonora.

Así que las que susurran son las máquinas felices. Cuando la máquina erótica, mil veces imaginada y descrita por Sade, conglomerado «imaginado» de cuerpos cuyos puntos amorosos se ajustan cuidadosamente unos con otros, cuando esta máquina se pone en marcha gracias a los movimientos convulsivos de los participantes, tiembla y produce un leve susurro: en resumen, *funciona*, y funciona bien. Por otra parte, cuando los actuales japoneses se entregan en masa, en grandes salas, al juego de la máquina tragaperras (que allá se llama *Pachinko*), esas salas se llenan del tremendo susurro de las bolas, y ese susurro significa que hay algo, colectivo, que está funcionando: el placer (enigmático por otras razones) de jugar, de mover el cuerpo con exactitud. Pues el susurro (se ve en el ejemplo de Sade y en el ejemplo japonés) implica una comunidad de los cuerpos: en los ruidos del placer que «funciona» no hay voces que se eleven, guíen o se separen, no hay voces que se constituyan; el susurro es el ruido propio del goce plural, pero no de masas, de ningún modo (la masa, en cambio, por su parte, tiene una única voz y esa voz es terriblemente fuerte).

*

Y en cuanto a la lengua, ¿es que puede susurrar? Como palabra parece ser que sigue condenada al farfulleo; como escritura, al silencio y a la distinción de los signos: de todas maneras,

siempre queda *demasiado sentido* para que el lenguaje logre el
placer que sería el propio de su materia. Pero lo imposible no es
inconcebible: el susurro de la lengua constituye una utopía.
¿Qué clase de utopía? La de una música del sentido; por ello entiendo que en su estado utópico la lengua se ensancharía, se
desnaturalizaría, incluso, hasta formar un inmenso tejido sonoro
en cuyo seno el aparato semántico se encontraría irrealizado; el
significante fónico, métrico, vocal, se desplegaría en toda su suntuosidad, sin que jamás se desgajara de él un solo signo (*naturalizando* esa capa de goce puro), pero también —y ahí está lo
difícil— sin que el sentido se eliminara brutalmente, se excluyera
dogmáticamente, se castrara, en definitiva. La lengua, susurran-
te, confiada al significante en un inaudito movimiento, desconocido por nuestros discursos racionales, no por ello abandonaría
un horizonte de sentido: el sentido, indiviso, impenetrable, inno-
minable, estaría, sin embargo, colocado a lo lejos, como un espe-
jismo, convirtiendo el ejercicio vocal en un doble paisaje, provisto de un «fondo»; pero, en lugar de ser la música de los
fonemas el «fondo» de nuestros mensajes (como ocurre en nuestra Poesía), el sentido sería en este caso el punto de fuga del
placer. Y del mismo modo que, cuando lo atribuimos a la máquina, el susurro no es más que el ruido de la ausencia de ruido,
igualmente, en relación con la lengua, ese susurro sería ese sentido que permitiría oír una exención de los sentidos, o —pues es
lo mismo— ese sin-sentido que dejaría oír a lo lejos un sentido,
a partir de ese momento liberado de todas las agresiones, cuyo
signo, formado a lo largo de la «triste y salvaje historia de los
hombres» es la caja de Pandora.

Sin duda se trata de una utopía; pero la utopía a menudo es
lo que guía a las investigaciones de la vanguardia. Así pues, existen aquí y allá, a ratos, lo que podrían llamarse experiencias de
susurro: así, ciertas producciones de la música post-serial (es muy
significativo el que esta música dé una extremada importancia
a la voz: trabaja sobre la voz, buscando desnaturalizar el sentido
de ella, pero no el volumen sonoro), ciertas investigaciones en
radiofonía; así también los últimos textos de Pierre Guyotat o
de Philippe Sollers.

*

Esta investigación sobre el susurro la podemos llevar a cabo, mucho mejor, nosotros mismos y en la propia vida, en las aventuras de la vida; en lo que la vida nos aporta de una manera improvisada. La otra tarde, cuando estaba viendo la película de Antonioni sobre China, experimenté de golpe, en el transcurso de una secuencia, el susurro de la lengua: en una calle de pueblo, unos niños, apoyados contra una pared, están leyendo en voz alta, cada cual para sí mismo, y todos juntos, un libro diferente; susurraban como es debido, como una máquina que funciona bien; el sentido me resultaba doblemente impenetrable, por desconocimiento del chino y por la confusión de las lecturas simultáneas; pero yo oía, en una especie de percepción alucinada (hasta tal punto recibía intensamente toda la sutileza de la escena), yo oía la música, el aliento, la tensión, la aplicación, en suma, algo así como una *finalidad*. ¡Vaya! ¿Así que bastaría con que habláramos todos a la vez para dejar susurrar a la lengua, de esa rara manera, impregnada de goce, que acabo de explicar? Por supuesto que no, ni hablar; a la escena sonora le faltaría una erótica (en el más amplio sentido del término), el impulso, o el descubrimiento, o el simple acompañamiento de una emoción: lo que aportaban precisamente las caras de los muchachos chinos.

*

Hoy día me imagino a mí mismo un poco como el Griego antiguo tal como Hegel lo describe: el Griego interrogaba, dice, con pasión, sin pausa, el susurro de las hojas, de las fuentes, del viento, en definitiva, el estremecimiento de la Naturaleza, para percibir en ellos el plan de una inteligencia. Y en cuanto a mí, es el estremecimiento del sentido lo que interrogo al escuchar el susurro del lenguaje, de ese lenguaje que es para mí, hombre moderno, mi Naturaleza.

De *Vers une esthétique sans entraves*
(Mélanges Mikel Dufrenne).
© U.G.E., 1975.

Los jóvenes investigadores

Este número de *Communications* es muy especial: no ha sido concebido para explorar un saber o ilustrar un tema; su unidad, o al menos su unidad original, no está en su objeto, sino en el grupo constituido por sus autores: todos ellos son estudiantes, comprometidos muy recientemente con la investigación; lo que se ha recopilado voluntariamente son los primeros trabajos de unos jóvenes investigadores lo bastante libres para haber concebido por sí mismos el proyecto de investigación y, sin embargo, sometidos aún a una institución, la del doctorado del tercer ciclo. Lo que nos planteamos aquí es principalmente la investigación misma, o al menos una determinada investigación, la que aún está relacionada con el dominio tradicional de las artes y las letras. Se tratará únicamente de este tipo de investigación.

*

En el umbral de su trabajo el estudiante sufre una serie de divisiones. En cuanto joven, pertenece a una clase económica definida por su improductividad: no es ni propietario ni productor; está al margen del intercambio, e incluso, por así decirlo, al margen de la explotación: socialmente está excluido de cualquier denominación. En cuanto intelectual, está entrenado en la jerarquía de los trabajos, se da por supuesto que toma parte en un lujo especulativo del que, sin embargo, puede gozar, ya que no tiene su dominio, es decir, la disponibilidad de comunicación. En cuanto investigador, está abocado a la separación de los discursos: el discurso de la cientificidad por una parte (discurso de la Ley), y, por otra, el discurso del deseo, o la escritura.

*

El trabajo (de investigación) debe estar inserto en el deseo. Si esta inserción no se cumple, el trabajo es moroso, funcional, alienado, movido tan sólo por la pura necesidad de aprobar un examen, de obtener un diploma, de asegurarse una promoción en la carrera. Para que el deseo se insinúe en mi trabajo, ese trabajo me lo tiene que *exigir*, no una colectividad que piensa asegurarse de mi labor (de mi esfuerzo) y contabilizar la rentabilidad de las prestaciones que me consiente, sino una asamblea viviente de lectores en la que se deja oír el deseo del Otro (y no el control de la Ley). Ahora bien, en nuestra sociedad, en nuestras instituciones, lo que se le exige al estudiante, al joven investigador, al trabajador intelectual, nunca es su deseo: no se le pide que escriba, se le pide que hable (a lo largo de innumerables exposiciones) o que «rinda cuentas» (en vistas a unos controles regulares).

En este caso hemos querido que el trabajo de investigación sea *desde sus comienzos* el objeto de una fuerte exigencia, formulada al margen de la institución y que no puede ser otra cosa que la exigencia de escritura. Por supuesto, lo que aparece en este número no es más que un pequeño fragmento de utopía, pues mucho nos tememos que la sociedad no esté dispuesta a conceder amplia, institucionalmente, al estudiante, y en especial al estudiante «de letras», semejante felicidad: que se tenga necesidad de él; no de su competencia o su función futuras, sino de su pasión presente.

*

Quizás ha llegado ya el momento de desbaratar una determinada ficción: la ficción que consiste en pretender que la investigación se exponga, pero no se escriba. El investigador consistiría esencialmente en un prospector de materiales, y a ese nivel se plantearían los problemas; al llegar al momento de comunicar los «resultados», todo estaría resuelto; «darle forma» no sería sino una vaga operación final, llevada a cabo con rapidez gracias a algunas técnicas de «expresión» aprendidas en el colegio y cuya única constricción sería la de someterse al código propio del género («claridad», supresión de imágenes, respeto a las leyes del razonamiento). No obstante, falta mucho para que, incluso si nos limitamos a simples tareas de «expresión», el estudiante de ciencias sociales esté suficientemente armado. Y cuando el objeto de la investigación es el Texto (volveremos a ocuparnos de esta palabra), el investigador está reducido a un dilema, muy de temer: o bien hablar del Texto de acuerdo con el código convencional del escribir, es decir, seguir siendo prisionero del «imaginario» del sabio, que pretende ser, o lo que es peor, cree ser exterior respecto al objeto de su estudio y tiene la pretensión de, con toda inocencia y con toda seguridad, estar poniendo su propio lenguaje en situación de extraterritorialidad; o bien entrar él también en el juego del significante, en la infinitud de la enunciación, en una palabra, «escribir» (lo cual no quiere decir simplemente «escribir bien»), sacar el «yo», que cree ser, de su concha imaginaria, de su código científico, que protege pero también engaña, en una palabra, arrojar el tema a lo largo del blanco de la página, no para «expresarlo» (esto no tiene nada que ver con la «subjetividad), sino para dispersarlo: lo que entonces equivale a desbordar el discurso normal de la investigación. Es a este desbordamiento, evidentemente, por ligero que sea, al que se le permite salir a la escena en este número: es un desbordamiento variable, según los autores: no hemos intentado otorgar una prima particular a tal o cual escritura: lo importante es que a un nivel u otro de su trabajo (saber, método, enunciación) el investigador decide no dejarse engañar por la Ley del discurso científico (el discurso de la ciencia no es la ciencia, forzosamente: al contestar el discurso del sabio, la escritura no está dispensándose en absoluto de las reglas del trabajo científico).

*

La investigación se lleva a cabo para publicarse después, pero rara vez lo consigue, y más en sus comienzos, que no son forzosamente menos importantes que sus finales: el éxito de una investigación —sobre todo si es textual— no depende de su «resultado», noción falaz, sino de la naturaleza *reflexiva* de su enunciación; en cualquier instante de su proceso, una investigación puede hacer volver el lenguaje sobre sí mismo y lograr así que ceda la mala fe del sabio: en una palabra, puede desplazar al autor y al lector. No obstante, es cosa sabida que los trabajos de los estudiantes se publican poco: la tesis del tercer ciclo es, de hecho, un discurso reprimido. Esperamos combatir esta represión publicando fragmentos de investigaciones primerizas; y lo que nos gustaría liberar con este procedimiento no es tan sólo al autor del artículo, sino también a su lector. Pues el lector (y especialmente el lector de revista) también está acostumbrado a la división de los lenguajes especializados. Es necesario que la investigación deje de ser ese parsimonioso trabajo que se desarrolla ya sea en la «conciencia» del investigador (forma dolorosa, autista, del monólogo), ya sea en ese miserable vaivén que convierte al «director» de una investigación en su único lector. Es necesario que la investigación alcance la circulación anónima del lenguaje, la dispersión del Texto.

*

Estos estudios son investigaciones en la medida en que pretenden renovar la lectura (de los textos antiguos). Renovar la lectura: no se trata de sustituir con nuevas reglas científicas los antiguos constreñimientos de la interpretación, sino que más bien se trata de imaginar que una lectura *libre* sea finalmente la norma en los «estudios literarios». La libertad de que se trata no es, evidentemente, una libertad cualquiera (la libertad es contradictoria con la idea de *cualquiera*): bajo la reivindicación de una libertad inocente retornaría la cultura aprendida, estereotipada (lo espontáneo es el terreno *inmediato* de lo *consabido*): eso significaría indefectiblemente el retorno del significado. La libertad que sale a escena en este número es la libertad del significante: vuelta de las palabras, de los juegos de palabras, de los nombres propios, las citas, las etimologías, las reflexividades del discurso, la compaginación, los blancos del papel, las combinatorias, los rechazos de lenguajes. Esta libertad puede ser un virtuosismo: el que permitirá por fin leer en el texto-tutor, por antiguo que sea, la divisa de toda escritura: *esto circula*.

*

La interdisciplinariedad, de la que tanto se habla, no consiste en confrontar disciplinas ya constituidas (de las que ninguna, de hecho, consiente en *abandonarse*). Para conseguir la interdisciplinariedad no basta con tomar un «asunto» (un tema) y convocar en torno de él a dos o tres ciencias. La interdisciplinariedad consiste en crear un objeto nuevo, que no pertenezca a nadie. A mi entender, el Texto es uno de esos objetos.

El trabajo semiótico realizado en Francia desde hace unos quince años ha puesto efectivamente en primer plano una noción nueva con la que, poco a poco, hay que ir sustituyendo la noción de obra: se trata del Texto. El Texto —al que no es posible reducir al dominio tradicional de la «Literatura»— ha sido fundado teóricamente por una cierta cantidad de escritos iniciadores: en un principio el Texto ha sido teoría. Los trabajos (nos gustaría decir: los testimonios) que aquí se han recogido corresponden al momento en que la teoría tiene que fragmentarse al albur de las investigaciones particulares. Lo que aquí se presenta es el paso de la teoría a la investigación: no hay un solo artículo entre ellos que no concierna a un texto particular, contingente, perteneciente a una cultura histórica, pero tampoco hay uno solo que no surja de esa teoría previa o de los métodos de análisis que la han preparado.

*

En materia de «letras», la reflexión sobre la investigación conduce al Texto (o, al menos, hoy en día admitimos que es libre de conducir a él): el Texto es, por lo tanto, a la par con la investigación, el objeto de este número.

El Texto: no debemos interpretar mal este singular ni ésta mayúscula; cuando decimos *el Texto*, no es para divinizarlo, para hacer de él la deidad de una nueva mística, sino para denotar una masa, un campo, que obliga a una expresión partitiva, no enumerativa: todo lo que puede decirse de una obra es que en ella se encuentra *Texto*. Dicho de otra manera, al pasar del texto al Texto, hay que cambiar la numeración: por una parte, el Texto no es un objeto computable, es un campo metodológico en el que se persiguen, de acuerdo con un movimiento más «einsteiniano» que «newtoniano», el enunciado y la enunciación, lo comentado y el comentario; por otra parte, no hay necesidad de que el Texto sea exclusivamente moderno: puede haber Texto en las obras antiguas; y precisamente es la presencia de este germen incuantificable lo que obliga a borrar, a sobrepasar las viejas divisiones de la Historia literaria; una de las tareas inmediatas, evidentes, de la joven investigación consiste en proceder a hacer *listados de escritura*, a localizar lo que de Texto pueda hallarse en Diderot, en Chateaubriand, en Flaubert, en Gide: eso es lo que muchos de los autores aquí reunidos hacen; como dice uno de ellos, hablando implícitamente en nombre de varios de sus camaradas: «Quizá nuestro trabajo no consiste más que en localizar retazos de escritura extraídos de una palabra de la que todavía es fiador el Padre.» No es posible definir mejor lo que es Literatura y lo que es Texto en la obra antigua. En otras palabras, ¿cómo puede seguir leyéndose *todavía* esa obra ya caduca? Hay que agradecer a estos jóvenes investigadores el que eleven su trabajo al nivel de una tarea crítica: la valoración actual de una cultura del pasado.

*

Todos estos estudios forman un gesto colectivo por el cual el propio territorio del Texto va dibujándose y coloreándose poco a poco. Vamos a seguir por un instante, de artículo en artículo, la mano común que, lejos de escribir la definición del Texto (no la tiene: el Texto no es un concepto), *describe* (de-escribe) la práctica de la escritura.

En primer lugar, algo que es necesario para comprender y aceptar el abanico de artículos que aquí se reúnen: el Texto se hurta a toda tipología cultural: mostrar el carácter *ilimitado* de una obra es hacer de ella un texto; incluso si la reflexión sobre el Texto comienza en la literatura (es decir, en un objeto constituido por la institución), el Texto no se detiene forzosamente en ella; en cualquier lugar en que se realice una actividad de significancia de acuerdo con unas reglas de combinación, de transformación y de desplazamiento, hay Texto: en las producciones escritas, por cierto, pero, por supuesto, también en los juegos de imágenes, de signos, de objetos: en las películas, en las tiras cómicas, en los objetos rituales.

Algo más: en cuanto despliegue del significante, el Texto se debate a menudo dramáticamente con el significado que tiende a reaparecer en él: si el Texto sucumbe a esta reaparición, si triunfa el significado, el texto cesa de ser Texto, el estereotipo se convierte en él en «verdad», en lugar de ser el objeto lúdico de una segunda combinatoria. Por tanto, es lógico que el texto comprometa a su operador en lo que podría llamarse un drama de escritura (lo cual veremos analizado en este número a propósito de Flaubert), o a su lector en una evaluación crítica previa (el caso del discurso del Derecho, que se evalúa en este número, antes de analizarse).

No obstante, la aproximación principal y, por así decirlo, en masa, que puede hacerse con respecto al Texto, consiste en explorar todos los significantes manifiestos: las estructuras propiamente dichas, en la medida en que sean accesibles a través de la lingüística del discurso, configuraciones fonéticas (juegos de palabras, nombres propios), compaginaciones y alineamientos, polisemias, sobrantes de verso, anuncios, asociaciones, blancos en el papel, «collages», todo lo que puede poner en cuestión la materia del libro se encontrará en este número, propuesto a propósito de diversos autores, de Flaubert a Claude Simon.

Por último, el Texto es ante todo (o después de todo) esa larga operación a través de la cual un autor (un enunciador) descubre (o hace que el lector descubra) la *irreparabilidad* de su palabra y llega a sustituir el *yo hablo* por el *ello habla*. Conocer el imaginario de la expresión es vaciarlo, ya que el imaginario es desconocimiento: varios estudios (sobre Chateaubriand, Gide o Michel Leiris) intentan en este número evaluar el imaginario de la escritura o el imaginario del propio investigador (a propósito de una investigación sobre el «suspenso» cinematográfico).

No hay que creer que estas diversas «prospecciones» están contribuyendo a *delimitar* el Texto; el número más bien trabaja en la dirección de su expansión. Por lo tanto, hay que resistirse al deseo de organizar, de programar estos estudios, cuya escritura sigue siendo muy diversa (he llegado a admitir la necesidad de presentar este número muy a disgusto, ya que se corre el riesgo de darle una unidad en la cual no todos los colaboradores se reconozcan, y de prestarles a cada uno de ellos una voz que quizá no es la suya totalmente: toda presentación, en su intención de síntesis, es una especie de concesión al discurso caduco). Lo que sería necesario es conseguir que, en cada momento del número, independientemente de lo que vaya delante o detrás, la investigación, esta investigación joven que aquí se enuncia, aparezca a la vez como la puesta al día de ciertas estructuras de enunciación (aunque estén todavía enunciadas en el lenguaje simple de una exposición) y la misma crítica (la autocrítica) de toda enunciación: por otra parte, en el momento en que la investigación consigue ligar su objeto con su discurso y «desapropiar» nuestro saber gracias a la luz que lanza sobre unos objetos que, más que desconocidos son inesperados, en ese mismo momento es cuando se convierte en una verdadera interlocución, en un trabajo para los otros, en una palabra: en una producción social.

1972, *Communications*.

III

LENGUAJES Y ESTILO

La paz cultural

Decir que hay una cultura burguesa es falso, porque toda nuestra cultura es burguesa (y decir que nuestra cultura es burguesa es una obviedad fatigosa que se arrastra por las universidades). Decir que la cultura se opone a la naturaleza es incierto, porque no se sabe muy bien dónde están los límites entre la una y la otra: ¿dónde está la naturaleza, en el hombre? Para llamarse hombre, el hombre necesita un lenguaje, es decir, necesita la cultura. ¿Y en lo biológico? Actualmente se encuentran en el organismo vivo las mismas estructuras que en el sujeto hablante: la misma vida está construida como un lenguaje. En resumen, todo es cultura, desde el vestido al libro, desde los alimentos a la imagen, y la cultura está en todas partes, de punta a punta de la escala social. Decididamente, esta cultura resulta ser un objeto bastante paradójico: sin contornos, sin término opositivo, *sin resto.*

Quizá podemos añadir también: sin historia, o al menos sin ruptura, sometida a una incansable repetición. En estos momentos, en la televisión pasan un serial americano de espionaje: hay un *cocktail* en un yate, y los personajes se entregan a una especie de comedia de enredo mundana (coqueterías, réplicas de doble sentido, juego de intereses); pero *todo ya ha sido visto o dicho antes:* y no sólo en los miles de novelas y películas populares, sino en las obras antiguas, pertenecientes a lo que podríamos considerar *otra* cultura, en Balzac, por ejemplo: se podría pensar que la princesa de Cadignan se ha limitado a *desplazarse*, que ha abandonado el Faubourg Saint-Germain por el yate de un armador griego. Así que la cultura no es sólo lo que vuelve, sino también, y ante todo, lo que se mantiene aún, como un cadáver incorruptible: un extraño juguete que *la Historia no puede llegar nunca a romper*.

Objeto único, ya que no se opone a ningún otro, objeto eterno, ya que no se rompe jamás, objeto tranquilo, en definitiva, en cuyo seno todo el mundo se reúne sin conflicto, aparentemente: ¿dónde está entonces el *trabajo* de la cultura sobre sí misma, dónde sus contradicciones, dónde sus desgracias?

Para responder, a pesar de la paradoja epistemológica del objeto, nos vemos obligados a correr el riesgo de dar una definición, la más vaga posible, por supuesto: la cultura es un *campo de dispersión*. ¿De dispersión de qué? De los lenguajes.

En nuestra cultura, en la paz cultural, la *Pax culturalis* a la que estamos sometidos, se da una irredimible guerra de los lenguajes: nuestros lenguajes se excluyen los unos a los otros; en una sociedad dividida (por las clases sociales, el dinero, el origen escolar) hasta el mismo lenguaje produce división. ¿Cuál es la porción de lenguaje que yo, intelectual, puedo compartir con un vendedor de las Nouvelles Galeries? Indudablemente, si ambos somos franceses, el lenguaje de la *comunicación*; pero se trata de una parte ínfima: podemos intercambiar informaciones y obviedades; pero, ¿qué pasa con el resto, es decir, con el inmenso volumen de la lengua, con el juego entero del lenguaje? Como no hay individuo fuera del lenguaje, como el lenguaje es lo que constituye al individuo de arriba abajo, la separación de los lenguajes es un duelo permanente; y este duelo no sólo se produce cuando salimos de nuestro «medio» (aquel en el que todos hablan el mismo lenguaje), no es simplemente el contacto material con otros hombres, surgidos de otros medios, de otras profesiones, lo que nos desgarra, sino precisamente esa «cultura» que, como buena democracia, se supone que poseemos todos en común: en el mismo momento en que, bajo el efecto de determinaciones aparentemente técnicas, la cultura parece unificarse (ilusión que la expresión «cultura de masas» reproduce bastante burdamente), entonces es cuando la división de los lenguajes llega al colmo. Pasemos una simple velada ante el aparato televisor (para limi-

tarnos a las formas más comunes de la cultura); a lo largo de la
velada, a pesar del esfuerzo de vulgarización general que los rea-
lizadores llevan a cabo, recibiremos varios lenguajes diferentes,
de modo que es imposible que todos ellos respondan, no tan sólo
a nuestro deseo (empleo la palabra en el sentido más fuerte) sino
incluso a nuestra capacidad de intelección: en la cultura siempre hay una parte de lenguaje que el otro (o sea, yo) no comprende; a mi vecino le parece aburrido ese concierto de Brahms
y a mí me parece vulgar aquel *sketch* de *variétés*, y el folletón
sentimental, estúpido: el aburrimiento, la vulgaridad, la estupidez son los distintos nombres de la secesión de los lenguajes. El
resultado es que esta secesión no sólo separa entre sí a los hombres, sino que cada hombre, cada individuo se siente despedaza-
do interiormente; cada día, dentro de mí, y sin comunicación
posible, se acumulan diversos lenguajes aislados: me siento frac-
cionado, troceado, desperdigado (en otra ocasión, esto pasaría
por ser la definición misma de la «locura»). Y aun cuando yo
consiguiera hablar sólo un único lenguaje durante todo el día,
¡cuántos lenguajes diferentes me vería obligado a recibir! El de
mis colegas, el del cartero, el de mis alumnos, el del comentarista deportivo de la radio, el del autor clásico que leo por la noche: considerar en pie de igualdad la lengua que se habla y la
que se escucha, como si se tratara de la misma lengua, es una
ilusión de lingüista; habría que recuperar la distinción fundamental, propuesta por Jakobson, entre la gramática activa y la
gramática pasiva: la primera es monocorde, la segunda heteróclita, ésa es la verdad del lenguaje cultural; en una sociedad
dividida, incluso si se llega a unificar la lengua, cada hombre
se debate contra el *estallido de la escucha*: bajo la capa de una
cultura total institucionalmente propuesta, día tras día, se le impone la división esquizofrénica del individuo; la cultura es, en
cierto modo, el campo patológico por excelencia en el cual se
inscribe la *alienación* del hombre contemporáneo (la palabra, a
la vez social y mental, es la acertada).

Así pues, parece ser que lo que persiguen todas las clases sociales no es la posesión de la cultura (tanto para conservarla
como para adquirirla), pues la cultura está ahí, por todas partes,
y pertenece a todo el mundo, sino la unidad de los lenguajes, la
coincidencia de la palabra y la escucha. ¿Con qué mirada *miran
el lenguaje del otro*, hoy en día, en nuestra sociedad occidental,

dividida en cuanto al lenguaje y unificada en cuanto a la cultura?, ¿con qué mirada lo miran nuestras clases sociales, las que el marxismo y la sociología nos han enseñado a reconocer? ¿En qué *juego de interlocución* (muy decepcionante, me temo) están insertas, históricamente?

La burguesía detenta, en principio, toda la cultura, pero hace ya mucho tiempo (hablo de Francia) que se ha quedado sin voz cultural propia. ¿Desde cuándo? Desde que sus intelectuales y sus escritores la han abandonado; el *affaire* Dreyfuss parece haber sido en nuestro país la sacudida básica para este alejamiento; por otra parte, ése es el momento en que aparece la palabra «intelectual»: el intelectual es el clérigo que intenta romper con la buena conciencia de una clase, que, si no es la de su origen, es al menos la de su consumación (el que algún escritor haya surgido individualmente de clase trabajadora no cambia en nada el problema). En esta cuestión, hoy *no se está inventando nada*: el burgués (propietario, patrón, cuadro, alto funcionario) ya no accede al lenguaje de la investigación intelectual, literaria, artística, porque este lenguaje le contesta; dimite en favor de la cultura de masas; sus hijos ya no leen a Proust, ya no escuchan a Chopin, sino en todo caso a Boris Vian y la música pop. No obstante, el intelectual que lo amenaza no por ello recibe ningún triunfo; por más que se erija en representante, en fraile oblato de la causa socialista, su crítica de la cultura burguesa no puede evitar el uso de la antigua lengua de la burguesía, transmitida a través de la enseñanza universitaria: la misma idea de *contestación* se convierte en una idea burguesa; el público de los escritores intelectuales quizás ha podido desplazarse (aunque no sea en absoluto el proletariado el que los lee), no así su lenguaje; claro está que la *inteligentsia* pretende *inventar* lenguajes nuevos, pero esos lenguajes siguen siendo cotos cerrados: así que nada ha cambiado en la interlocución social.

El proletariado (los productores) no tiene cultura propia; en los llamados países desarrollados usa el lenguaje de la pequeña burguesía, que es el lenguaje que le ofrecen los medios de comunicación de masas (prensa, radio, televisión): la cultura de masas es pequeñoburguesa. La clase intermedia entre las tres clases típicas es, hoy en día, y quizá porque es el siglo de su promoción histórica, la más interesada en elaborar una cultura original, en cuanto que sería *su* cultura: es indiscutible que se está haciendo un trabajo importante al nivel de la cultura llamada de masas (es decir, de la cultura pequeñoburguesa), y por ello sería ridículo ponerle mala cara. Pero, ¿qué vías utiliza? Las vías *ya conocidas* de la cultura burguesa: la cultura pequeñoburguesa se hace y se implanta a base de tomar los modelos (los *patterns*) del lenguaje burgués (sus relatos, sus tipos de razonamiento, sus valores psicológicos) y de defraudarlos. La idea de *degradación* puede parecer moral, procedente de un pequeñoburgués que echa de menos las excelencias de una cultura ya pasada; pero yo, por el contrario, le doy un contenido objetivo, estructural: hay degradación porque no hay invención; los modelos se *repiten* sobre la marcha, *vulgarizados*, en la medida en que la cultura pequeñoburguesa (censurada por el Estado) excluye hasta la contestación que el intelectual puede aportar a la cultura burguesa: la inmovilidad, la sumisión a los estereotipos (la conversión de los mensajes en estereotipos) es lo que define la degradación. Podría afirmarse que con la cultura pequeñoburguesa, en la cultura de masas, se da el retorno de la cultura burguesa al escenario de la Historia, *pero en forma de farsa* (ya conocemos esta imagen de Marx).

De manera que la guerra cultural parece regulada por una especie de juego de la sortija: los lenguajes están completamente separados, como los participantes en el juego, los unos sentados junto a los otros; pero lo que se pasan, lo que hacen correr, es siempre el mismo anillo, la misma cultura: una trágica inmovilidad de la cultura, una dramática separación de los lenguajes, ésa es la doble alienación de nuestra sociedad. ¿Podemos confiar en que el socialismo disuelva esta contradicción, fluidifique y, a la vez, pluralice la cultura, y ponga fin a la guerra de los sentidos, a la exclusión de los lenguajes? Tenemos que hacerlo, ¿qué otra esperanza nos queda? Sin dejarnos cegar, sin embargo, por la amenaza de un nuevo enemigo que acecha a *todas* las sociedades modernas. En efecto, parece ser que ha aparecido una nueva entidad histórica, y que se ha instalado y se está desarrollando insultantemente, y esta entidad está complicando (sin dejarlo caduco) el análisis marxista (después de establecido por Marx y Lenin): esta nueva figura es el Estado (éste era, por otra parte, el punto enigmático de la ciencia marxista): el aparato estatal es más coriáceo que las revoluciones, y la llamada cultura de masas es la expresión más directa de este estatalismo: por ejemplo, actualmente, en Francia, el Estado quiere abandonar la Universidad, desentenderse de ella, cedérsela a los comunistas y a los contestatarios, porque sabe perfectamente que no es ahí donde se hace la cultura imperante; pero por nada del mundo se desentendería de la televisión, de la radio; al poseer estas vías culturales está regentando la cultura real y, al regentarla, la convierte en *su* cultura: una cultura en cuyo seno están obligadas a encontrarse la clase intelectualmente dimisionaria (la burguesía), la clase promocional (la pequeñoburguesía) y la clase muda (el proletariado). Así se explica que, al otro lado, a pesar de que el problema del Estado dista mucho de estar solucionado, la China popular haya llamado precisamente «revolución cultural» a la transformación radical de la sociedad que ha puesto en marcha.

1971, *Times Litterary Supplement.*

La división de los lenguajes

¿Hay división en nuestra cultura? De ninguna manera; todo el mundo, en la Francia actual, puede *entender* una emisión de televisión, un artículo de *France-Soir*, el encargo de un menú para una fiesta; es más, puede decirse que, aparte de un pequeño grupo de intelectuales, todo el mundo consume estos productos culturales: la participación objetiva es total; y, si se definiera la cultura de una sociedad por la circulación de símbolos que en ella se lleva a cabo, nuestra cultura aparecería tan homogénea y bien cimentada como la de una pequeña sociedad etnográfica. La diferencia es que en nuestra cultura lo único que es general es el *consumo*, en absoluto la *producción*: todos entendemos eso que escuchamos en común, pero no todos hablamos de lo mismo que escuchamos; los «gustos» están divididos, incluso, a veces, opuestos de una manera irremisible: a mí me gusta la emisión de música clásica que no puede soportar mi vecino, mientras que yo no puedo resistir las comedias de bulevar que a él le encantan; cada uno de nosotros conecta el aparato en el momento en que el otro lo desconecta. En otras palabras, esta cultura de nuestra época que parece tan generalizada, tan apacible, tan comunitaria, se apoya sobre la división de dos actividades lingüísticas: por una parte, la *escucha*, que es nacional o, si preferimos llamarla así, los actos de intelección; por la otra, ya que no la palabra, al menos la participación creativa, y, para ser aún más

precisos, *el lenguaje del deseo*, que, por su parte, sigue dividido.
Por un lado escucho, por el otro me gusta (o no me gusta):
entiendo y me aburro: en nuestra sociedad la unidad de la cultura de masas se corresponde con una división, no sólo de los lenguajes, sino incluso del propio lenguaje. Ciertos lingüistas —que,
por definición, no se ocupan más que de la lengua, y no del discurso— han presentado esta situación: han sugerido —sin éxito
hasta el presente— que se distingan claramente dos gramáticas:
una gramática *activa* o gramática de la lengua en cuanto hablada,
emitida, producida, y una gramática *pasiva* o gramática del simple acto de escuchar. Trasladada por una mutación translingüística al nivel del discurso, esta división daría cuenta a la perfección de la paradoja de nuestra cultura, unitaria en cuanto al
código de escucha (de consumo), fragmentada en cuanto a sus
códigos de producción, de deseo: la «paz cultural» (no hay conflictos, aparentemente, al nivel de la cultura) remite a la división
(social) de los lenguajes.

Desde un punto de vista científico, esta división ha sido poco
censurada hasta el momento. Es verdad que los lingüistas saben
que un idioma nacional (por ejemplo, el francés) comprende una
determinada cantidad de especies; pero la especificación que se
ha estudiado es la especificación geográfica (dialectos, «patois»,
hablas) y no la especificación social; se la reconoce, indudablemente, pero minimizándola, reduciéndola a «maneras» de expresarse («argots», jergas, «sabirs»);* y, de todas maneras, según
se piensa, la unidad idiomática se reconstituye al nivel del locutor, que está provisto de un lenguaje propio, de una constancia
individual de su habla que se llama *idiolecto*: las *especies* del
lenguaje no serían más que estados intermedios, flotantes, «divertidos» (que remiten a una especie de folklore social). Esta
construcción, que tiene su origen en el siglo XIX, se corresponde
perfectamente con una determinada ideología —de la que el mismo Saussure no estaba exento— que pone la sociedad a un lado
(el idioma, la lengua) y al otro al individuo (el idiolecto, el estilo); entre estos dos polos las tensiones tan sólo son «psicológicas»: se supone que el individuo libra una batalla en pro del reconocimiento de su lenguaje (o para no dejarse asfixiar bajo el

---

* «Sabir» es un término que designa a las lenguas mixtas utilizadas
por comunidades vecinas con lenguas diferentes, generalmente con fines
comerciales. [T.]

lenguaje de los demás). Ni siquiera la sociología de la época pudo captar el conflicto al nivel del lenguaje (Saussure era mejor sociólogo que Durkheim lingüista). La literatura ha sido la que ha presentado la división de los lenguajes (aunque siga siendo psicológica), mucho más que la sociología (no hay por qué asombrarse: la literatura contiene todos los saberes, si bien en un estado no científico: la literatura es una *Mathesis*).

Desde que se convirtió al realismo, la novela se ha topado fatalmente en su camino con la copia de lenguajes colectivos; pero, en general, la imitación de los lenguajes de grupo (de los lenguajes socioprofesionales) nuestros novelistas la han delegado en los personajes secundarios, en los comparsas, que se encargan de la «fijación» del realismo social, mientras que el héroe continúa hablando un lenguaje intemporal, cuya «transparencia» y neutralidad se supone que casan con la universalidad psicológica del alma humana. Balzac, por ejemplo, tiene una aguda conciencia de los lenguajes sociales; pero, cuando los reproduce, los *enmarca*, algo así como piezas para virtuoso, como piezas citadas enfáticamente; Balzac las marca con un índice pintoresco, folklórico; son caricaturas de lenguajes: así sucede con la jerga de Monsieur de Nucingen, cuyo fonetismo se reproduce escrupulosamente, o con el lenguaje de portería de Madame Cibot, la portera del primo Pons; sin embargo, en Balzac hay otra *mimesis* del lenguaje, más interesante, primero porque es más ingenua, segundo porque es más cultural que social: la de los *códigos de la opinión común* que Balzac utiliza a menudo por su cuenta cuando comenta incidentalmente la historia que está contando: si, por ejemplo, Balzac hace intervenir en la anécdota la silueta de Brantôme (en *Sur Catherine de Médicis*), éste habla de las mujeres exactamente como la opinión común (la *doxa*) espera que Brantôme honre su «rol» cultural de «especialista» en historias de mujeres, sin que podamos jurar, es lástima, que el mismo Balzac sea consciente de su propia operación: pues él cree estar reproduciendo el lenguaje de Brantôme mientras que se limita a copiar la copia (cultural) de tal lenguaje. No es posible ampliar esta suposición de ingenuidad (o de vulgaridad, como dirán algunos) al escritor Flaubert; éste no se limita a reproducir simples tics (fonéticos, léxicos, sintácticos); pretende captar en su imitación valores del lenguaje más sutiles y más difusos, y recoger también lo que se podrían llamar *las figuras del discurso*;

y, sobre todo, si nos referimos al libro más «profundo» de Flaubert, *Bouvard y Pécuchet*, la *mimesis* no tiene fondo, no tiene
tope: los lenguajes culturales —el lenguaje de las ciencias, de las
técnicas, de las clases, también: la burguesía— están *citados*
(Flaubert no los tiene en cuenta); pero, gracias a un mecanismo
extremadamente sutil que hasta hoy no se ha podido empezar a
desmontar, el autor que copia (al revés que en Balzac) permanece de alguna manera ilocalizable, en la medida en que Flaubert
no deja nunca leer con certeza si se está o no manteniendo *definitivamente exterior* al discurso que «toma prestado»: ambigua
situación que vuelve un tanto ilusorio el análisis sartriano o
marxista de la «burguesía» de Flaubert; pues, si bien Flaubert,
como burgués, habla el lenguaje de la burguesía, no se sabe nunca a partir de qué punto se está operando esta enunciación:
¿desde un punto crítico?, ¿distante?, ¿«enviscado»? A decir verdad, el lenguaje de Flaubert es *utópico*, y de ahí su modernidad:
¿acaso no estamos aprendiendo (de la lingüística, de la psicología) que precisamente *el lenguaje es un lugar sin exterior*? Después de Balzac y de Flaubert —para referirnos sólo a los más
importantes— podemos citar a Proust respecto a este problema
de la división de los lenguajes, ya que en su obra se encuentra
una auténtica enciclopedia del lenguaje; sin llegar al problema
general de los signos en Proust —que G. Deleuze ha tratado
de manera muy notable—, y ciñéndonos al lenguaje articulado,
encontramos en este autor todos los estados de la *mimesis* verbal, es decir, «pastiches» caracterizados (la carta de Gisèle, que
imita la disertación escolar, el Diario de los Goncourt), idiolectos
de personajes, ya que cada personaje de *En busca del tiempo
perdido* tiene su lenguaje propio, caracterológico y social a la vez
(el señor medieval Charlus, el *snob* Legrandin), lenguajes de clan
(el lenguaje de los Guermantes), un lenguaje de clase (Françoise
y el «lenguaje popular», que se reproduce sobre todo en razón de
su función de atadura con el pasado), un catálogo de *anomalías*
lingüísticas (el lenguaje deformante, «meteco», del director del
Grand Hôtel de Balbec), la cuidadosa transcripción de los fenómenos de aculturación (Françoise contaminada por el lenguaje «moderno» de su hija) y de diáspora lingüística (el lenguaje
Guermantes se «dispersa»), una teoría de las etimologías y del
poder fundamentador del nombre como significante; ni siquiera
falta, en este panorama sutil y completo de los tipos de discurso,

la *ausencia* (voluntaria) de determinados lenguajes: el narrador, sus padres, Albertine, no tienen lenguaje propio. Sean cuales fueren los adelantos de la literatura en la descripción de los lenguajes divididos, se ven, no obstante, los límites de la *mimesis* literaria: por una parte, el lenguaje citado no acaba de hacer salir de una visión folklorista (colonial, podríamos decir) a los lenguajes excepcionales; el lenguaje del *otro* está enmarcado, el autor (salvo, quizás, en el caso de Flaubert) habla de él desde una situación extraterritorial; la división de los lenguajes se reconoce a menudo con una perspicacia que la sociolingüística debería envidiar a estos autores «subjetivos», pero sigue siendo exterior respecto al que la describe: en otras palabras, al contrario que en las adquisiciones de la ciencia moderna, relativista, el observador no declara qué lugar ocupa en la observación; la división de los lenguajes *se detiene* en el que la describe (cuando éste no la denuncia); y, por otra parte, el lenguaje social reproducido por la literatura permanece *unívoco* (de nuevo la división de las gramáticas denunciada al principio): Françoise es la única que habla, nosotros la entendemos, pero nadie, en el libro, le da la réplica; el lenguaje observado es monológico, nunca se deja insertar en una dialéctica (en el sentido propio del término); el resultado es que los fragmentos de lenguajes se tratan, de hecho, como otros tantos *idiolectos*, y no como un sistema total y complejo de *producción* de los lenguajes.

Volvamos, entonces, al tratamiento «científico» de la cuestión: ¿cómo ve la ciencia (sociolingüística) la división de los lenguajes?

Evidentemente no es una idea nueva postular una relación entre la división en clases y la división de los lenguajes: la división del trabajo engendra una división de los léxicos; incluso, puede afirmarse (Greimas) que un léxico es precisamente el recorte que la práctica de un determinado trabajo impone a la masa semántica: no existe un léxico sin su trabajo correspondiente (no ha lugar la excepción del léxico general, «universal», que no es más que el léxico «fuera de las horas de trabajo»); la encuesta sociolingüística sería, así pues, más fácil de llevar a cabo en sociedades etnográficas que en sociedades históricas y desarrolladas, en las que el problema es muy complejo; entre nosotros, en efecto, la división social de los lenguajes está embrollada, a la vez, por el peso, la fuerza unificadora del idioma nacional, y por la homogeneidad de la cultura llamada de masas, como ya se ha sugerido; una simple indicación fenomenológica basta, sin embargo, para atestiguar la validez de las separaciones lingüísticas: basta con salir por un instante del medio propio y ocuparse, aunque sólo sea una hora o dos, no sólo en escuchar otros lenguajes distintos al nuestro, sino también en participar lo más activamente posible en la conversación, para percibir, siempre con incomodidad, y a veces con una sensación de desgarramiento, el carácter enormemente estanco de los lenguajes dentro de la lengua francesa; si esos lenguajes no se comunican entre sí (salvo «hablando del tiempo») no es al nivel de la lengua, que todos entendemos, sino al nivel de los discursos (objetos de los que la lingüística empieza ahora a ocuparse); en otras palabras, la incomunicación, hablando con propiedad, no es de orden informacional sino de orden interlocutorio: hay falta de curiosidad, indiferencia, entre los lenguajes: en nuestra sociedad nos basta con el lenguaje de *lo mismo*, no tenemos necesidad del lenguaje de *lo otro* para vivir: *a cada cual le basta con su lenguaje*. Nos instalamos en el lenguaje de nuestro cantón social, profesional, y esta instalación tiene un valor neurótico: nos permite adaptarnos, mejor o peor, al desmenuzamiento de nuestra sociedad.

Evidentemente, en los estadios históricos de la socialidad, la división del trabajo no se refracta directamente, como un simple reflejo, en la división de los léxicos y la separación de los lenguajes: existe una *complejización*, una sobredeterminación o contrariedad de los factores. Incluso en países relativamente iguales en cuanto a desarrollo pueden persistir diferencias, causadas por la historia; estoy convencido de que, en comparación con países que no son más «democráticos» que ella, Francia está particularmente dividida: en Francia existe, quizá por tradición clásica, una viva conciencia de las *identidades* y *propiedades* del lenguaje; el lenguaje del otro se percibe síguiendo las aristas más agudas de su alteridad: de ahí proceden las acusaciones, tan frecuentes, de «jerga» y una antigua tradición de ironía respecto a los lenguajes cerrados, que, simplemente, son los *otros* lenguajes (Rabelais, Molière, Proust).

Frente a la división de los lenguajes, ¿disponemos de algún intento de descripción científica? Sí, y eso es evidentemente la sociolingüística. Sin querer abordar en este momento un proceso en toda regla de esa disciplina, hay que señalar, sin embargo, que produce cierta decepción: la sociolingüística nunca ha tratado el problema del lenguaje *social* (en cuanto lenguaje dividido); por una parte, ha habido contactos (episódicos e indirectos, a decir verdad) entre la macrosociología y la macrolingüística, y se ha puesto en relación el fenómeno «sociedad» con el fenómeno «lenguaje» o «lengua»; por otra parte, podríamos decir que en la otra punta de la escala, ha habido algunos intentos de descripción sociológica de *islotes de lenguaje (speech communities)*: el lenguaje de las prisiones, de las parroquias, las fórmulas de cortesía, el *babytalk*; la sociolingüística (y éste es el punto en que uno puede sentirse decepcionado) remite a la separación de los grupos sociales *en tanto grupos que luchan por el poder*; la división de los lenguajes no se considera como un hecho total, poniendo en cuestión las propias raíces del régimen económico, de la cultura, de la civilización, es decir, de la historia, sino tan sólo como atributo empírico (de ningún modo simbólico) de una disposición semisociológica, semipsicológica: el deseo de *promoción*, visión estrecha como mínimo, y que no responde a nuestras expectativas.

Y la lingüística (ya que no la sociología), ¿lo ha hecho mejor? Raramente ha puesto en relación lenguajes y grupos sociales, pero ha procedido a encuestas históricas referentes a vocabularios, a léxicos dotados de cierta autonomía (de cierta figura) social o institucional: el caso de Meillet y el vocabulario religioso indoeuropeo; el de Benveniste, cuya última obra sobre las instituciones indoeuropeas es admirable; es también el caso de Matoré, que intentó fundar, hace unos veinte años, una auténtica sociología histórica del vocabulario (o lexicología); es el caso, más reciente, de Jean Dubois, que ha descrito el vocabulario de la Comuna. Quizás el intento que mejor muestra el interés y los límites de la lingüística sociohistórica es el de Ferdinand Brunot; en los tomos X y XI de su monumental *Histoire de la langue française des origines à 1900*,[7] Brunot estudia minuciosamente el lenguaje de la Revolución Francesa. Su interés radica en lo siguiente: lo que estudia es un lenguaje *político*, en su sentido más pleno de la palabra; no un conjunto de tics verbales destinados a «politizar» el lenguaje desde el exterior (como tan a menudo sucede hoy) sino un lenguaje que se va elaborando con el mismo

7. París, Armand Colin, 1937.

movimiento de la *praxis* política; de ahí el carácter más *productivo* que *representativo* de tal lenguaje: las palabras, ya sean prohibidas o defendidas, están casi mágicamente unidas a su eficacia real: al abolir la palabra, se cree estar aboliendo el referente; al prohibir la palabra «nobleza» se cree estar prohibiendo la nobleza; el estudio de ese lenguaje político podría proporcionar un buen marco para un análisis de nuestro propio discurso político (¿o *politizado?*): palabras afectivas, marcadas por un tabú o un antitabú, palabras amadas *(Nation, Loi, Patrie, Constitution),* palabras execradas *(Tyrannie, Aristocrate, Conjuration),* poder exorbitante de ciertos vocablos, por otra parte «pedantes» *(Constitution Fédéralisme),* «traducciones» terminológicas, creaciones sustitutivas *(clergé → prêtraille, religion → fanatisme, objets religieux → hochets du fanatisme, soldats ennemis → vils satellites des despotes, impôts → contribution, domestique → homme de confiance, mouchards → agents de police, comédiens → artistes,* etc.), connotaciones desenfrenadas *(révolutionnaire* acaba significando *expéditif, accéléré;* se dice *classer révolutionnairement les livres).* En cuanto a sus límites, son los siguientes: el análisis no capta más que el léxico; es verdad que la sintaxis del francés quedó poco afectada por la conmoción revolucionaria (que, de hecho, se esforzó en velar por ella y en mantener su buen uso, el clásico); pero, quizá más bien se podría decir que la lingüística no dispone todavía de medios para analizar esta delicada estructura del discurso que se sitúa entre la «construcción» gramatical, demasiado burda, y el vocabulario, demasiado restringido, y que corresponde indudablemente a la región de los sintagmas acuñados (por ejemplo: «la presión de las masas revolucionarias»); el lingüista, entonces, se ve obligado a reducir la separación de los lenguajes sociales a hechos de léxico, o sea, de moda.

Así pues, la situación más candente, a saber, la propia opacidad de las relaciones sociales, parece escapar al análisis científico tradicional. La razón fundamental, según me parece, es de orden epistemológico: frente al discurso, la lingüística ha seguido, por decirlo así, en el estadio newtoniano: aún no ha llevado a cabo su revolución einsteiniana; no ha teorizado aún sobre el lugar del lingüista (el elemento observador) en el campo de la observación. Antes que nada, es esta relativización lo que hay que postular.

*

Ya ha llegado la hora de poner un nombre a esos lenguajes
sociales aislables en la masa idiomática y cuyo carácter estanco,
por existencial que lo hayamos sentido en un principio, calca,
a través de todas las mediaciones, de todos los matices y las
complicaciones que nos es lícito concebir, la división y la oposición de las clases; llamemos *sociolectos* a esos lenguajes (en evidente oposición con el idiolecto, o habla de un solo individuo).
El carácter principal del campo sociolectal es que ningún lenguaje puede resultarle exterior: toda habla está fatalmente incluida
en un determinado sociolecto. Esta exigencia tiene una importante consecuencia para el analista: él mismo está también atrapado
en el juego de los sociolectos. Puede objetarse que, en otros casos, esa situación no impide en absoluto la observación científica: éste es el caso del lingüista que tiene que describir un idioma
nacional, es decir, un campo del que ningún lenguaje (tampoco
el suyo) escapa; pero, precisamente, como el idioma es un campo
unificado (no hay sino una sola lengua francesa), el que habla de
él no está obligado a situarse dentro. En cambio, el campo sociolectal está definido precisamente por su división, su irremisible secesión, y es *dentro* de esta división donde el análisis tiene
que instalarse. De lo que se sigue que la investigación sociolectal
(que aún no existe) r.o puede comenzar sin un acto inicial, fundador, de *valoración* (habría que darle a esta palabra el sentido
crítico que le supo dar Nietzsche). Esto quiere decir que no es
posible arrojar todos los sociolectos (todas las hablas sociales),
cualesquiera que sean, sea cual fuere su contexto político, dentro
de un vago *corpus* indiferenciado, cuya indiferenciación, la *igualdad*, sería una garantía de objetividad, de cientificidad; en este
caso tenemos que rechazar la *adiaforia* de la ciencia tradicional,
y aceptar —ordenación paradójica a los ojos de muchos— que
son los tipos de sociolectos los que gobiernan el análisis, y
no al contrario: *la tipología es anterior a la definición.* Además
tenemos que precisar que la *evaluación* no puede reducirse a la
apreciación: sabios muy objetivos se han arrogado el derecho
(legítimo) de *apreciar* los hechos que describían (eso es precisamente lo que hizo F. Brunot con la Revolución Francesa); el acto
de *evaluar* no es subsecuente, sino fundador; no es una conducta

«liberal», sino una conducta violenta; la evaluación sociolectal,
desde su origen, vive el conflicto de los grupos y de los lenguajes;
al *establecer* el concepto sociolectal, el analista tiene que dar
cuenta *inmediatamente* de la contradicción social y, a la vez, de
la fractura del sujeto sabio (remito al análisis lacaniano del «sujeto que se supone que sabe»).

Así pues, no es posible una descripción científica de los lenguajes sociales (de los sociolectos) sin una evaluación *política*
fundadora. De la misma manera que Aristóteles, en su Retórica,
distinguía dos tipos de pruebas: las pruebas *en el interior de la
techné (entechnoi)* y las pruebas *exteriores a la techné (atechnoi)*,
yo sugiero que se distingan dos grupos de sociolectos: los discursos *de dentro del poder* (a la sombra del poder) y los discursos *de
fuera del poder* (o sin poder, o incluso dentro del no-poder); recurriendo a unos neologismos pedantes (¿cómo hacerlo, si no?),
llamaremos discursos *encráticos* a los primeros y discursos *acráticos* a los segundos.

Por supuesto, la relación de un discurso con el poder (o con
el fuera-del-poder) es raramente directa, inmediata; es verdad
que la ley *prohíbe,* pero su discurso se encuentra mediatizado
por toda una cultura jurídica, por una *ratio* que casi todo el mundo admite; y tan sólo la figura fabulosa del Tirano podría producir un habla que se adhiriera instantáneamente a su poder («*el
Rey ordenó que...*»). De hecho, el lenguaje del poder está siempre
provisto de estructuras de mediación, de conducción, de transformación, de inversión (lo mismo pasa con el discurso de la ideología cuyo carácter *invertido* respecto al poder burgués ya señaló
Marx). De la misma manera, el discurso *acrático* no se sitúa siempre de manera declarada *contra* el poder; para poner un ejemplo
particular y actual, el discurso psicoanalítico no está (al menos
en Francia) directamente ligado a una crítica del poder, y, sin
embargo, se lo puede alinear junto a los discursos acráticos.
¿Por qué? Porque la mediación que interviene entre el poder y
el lenguaje no es de orden político, sino de orden cultural: si
utilizamos una antigua noción aristotélica, la de la *doxa* (opinión
corriente, general, «probable», pero no «verdadera», «científica»),
diremos que la *doxa* es la mediación cultural (o discursiva) a
través de la cual habla el poder (o el no-poder): el discurso encrático es un discurso conforme a la *doxa*, sometido a códigos,
que son en sí mismos las líneas estructuradoras de su ideología;

y el discurso acrático se enuncia siempre, en diversos grados, contra la *doxa* (sea cual fuere, siempre es un discurso *para-dóji-co*).* Esta oposición no excluye los matices dentro del interior de cada tipo; pero, estructuralmente, su simplicidad sigue siendo válida en la medida en que el poder y el no-poder están cada cual en su sitio; estos sitios no pueden mezclarse (y eso provisionalmente) más que en los raros casos en que hay mutación del poder (de los lugares del poder); como pasa con el lenguaje político en un período revolucionario: el lenguaje revolucionario proviene del lenguaje acrático antecedente; al pasar al poder conserva su carácter acrático, mientras hay lucha activa en el seno de la Revolución; pero en cuanto ésta se posa, en cuanto el Estado se coloca en su sitio, el viejo lenguaje revolucionario se convierte también en *doxa*, en discurso encrático.

El discurso encrático —ya que hemos sometido su definición a la mediación de la *doxa*— no es tan sólo el discurso de la clase que está en el poder; las clases que están fuera del poder o que luchan por conquistarlo por vías reformistas o promocionales pueden apropiárselo, o al menos recibirlo con pleno consentimiento. El lenguaje encrático, sostenido por el Estado, está en todas partes: es un discurso difuso, expandido, y, por decirlo así, osmótico, que *impregna* los intercambios, los ritos sociales, los ocios, el campo sociosimbólico (sobre todo, de manera plenamente evidente, en las sociedades con comunicación de masas). No es sólo que el discurso encrático jamás se dé de manera sistemática, sino que se constituye siempre como *una oposición al sistema*: las excusas de la naturaleza, de la universalidad, del sentido común, de la claridad, las resistencias antiintelectualistas, se convierten en las figuras tácitas del sistema encrático. Además, se trata de un discurso *repleto: no hay en él lugar* para el otro (de ahí la sensación de asfixia, de enviscamiento, que puede provocar en los que no participan de él). En fin, si nos referimos al esquema marxista («la ideología es una imagen *invertida* de lo real»), el discurso encrático —en cuanto plenamente ideológico— presenta lo real como la inversión de la ideología. En definitiva, se trata de un lenguaje *no marcado*, productor de una intimidación amortiguada, de manera que es difícil asignarle rasgos morfológicos, a menos que lleguemos a reconstruir con rigor y precisión *las figu-*

---

* En francés, *paradoxal* conserva mejor la raíz *doxa* del griego. [T.]

ras del amortiguamiento (lo cual no deja de ser una contradicción en los términos). La propia naturaleza de la *doxa* (difusa, plena, «natural») es lo que dificulta una tipología interna de los sociolectos encráticos; existe una *atipia* de los discursos del poder: es un género que carece de especies.

Sin duda alguna, los sociolectos acráticos son de estudio más fácil y más interesante: son todos esos lenguajes que se elaboran fuera de la *doxa* y, por tanto, están rechazados desde ella (que generalmente los denomina *jergas*). Cuando se analiza el discurso encrático se sabe, aproximadamente, lo que uno se va a encontrar (por eso, *hoy en día*, el análisis de la cultura de masas es lo que marca visiblemente el paso); pero el discurso acrático es, en general, el nuestro (el del investigador, el intelectual, el escritor); analizarlo significa analizarnos a nosotros mismos en cuanto hacemos uso de la palabra: una operación que siempre conlleva un riesgo y que, precisamente por eso, hay que emprender: ¿qué piensan el marxismo, el freudismo o el estructuralismo, o la ciencia (la de las llamadas ciencias del hombre)? En la medida en que cada uno de esos lenguajes de grupo constituye un sociolecto acrático (*paradójico*), ¿qué piensan de su propio discurso? Esta pregunta, jamás asumida por el discurso del poder, es, evidentemente, el acto fundador de todo análisis que pretenda no ser exterior a su propio objeto.

La principal rentabilidad de un sociolecto (aparte de las ventajas que la posesión de un lenguaje proporciona a todo poder que se quiera conservar o conquistar) es, evidentemente, la seguridad que procura: como toda clausura, la de un lenguaje exalta, da seguridad a todos los individuos que están *dentro*, rechaza y ofende a los que están *fuera*. Pero, ¿cómo actúa un sociolecto desde fuera? Es sabido que ya no queda hoy un arte de la persuasión, que ya no hay una retórica (que no sea vergonzante); a este propósito habría que recordar que la retórica aristotélica, por el hecho de estar basada en la opinión de la mayoría, era, de derecho, y por decirlo así, de manera voluntaria, declarada, una retórica endoxal, y por lo tanto encrática (por eso mismo, a pesar de una paradoja que no es sino pura apariencia, el aristotelismo puede suministrar todavía excelentes conceptos a la sociología de las comunicaciones de masa); lo que ha cambiado es que, en la democracia moderna, la «persuasión» y su *techné* ya no se teorizan, porque la sistemática está censurada y porque, a causa de un mito propiamente moderno, el lenguaje se considera «natural», «instrumental». Podría afirmarse que nuestra sociedad, con un solo y mismo gesto, rechaza la retórica y «se olvida» de teorizar sobre la cultura de masas (olvido flagrante en la teoría marxista posterior a Marx).

De hecho, los sociolectos no dependen de una *techné* de persuasión, pero *todos ellos* conllevan figuras de intimidación (incluso aunque el discurso acrático parezca más brutalmente terrorista): como fruto de la división social, testigo de la guerra de los sentidos, todo sociolecto (encrático o acrático) pretende impedir que el otro hable (también éste es el destino del sociolecto liberal). Además, la división de los dos grandes tipos de sociolectos no hace más que oponer tipos de intimidación o, si nos gusta más, modos de presión: el sociolecto encrático actúa por *opresión* (del exceso de plenitud endoxal, de lo que Flaubert habría llamado la Estupidez); el sociolecto acrático (al estar fuera del poder tiene que recurrir a la violencia) actúa por *sujeción*, coloca en batería las figuras ofensivas del discurso, destinadas a *limitar al otro*, más que a invadirlo, y lo que opone a ambas intimidaciones es, una vez más, el papel reconocido al sistema: el recurso declarado a un sistema pensado define la violencia acrática; la difuminación del sistema, la inversión de lo pensado en «vivido» (y no-pensado), define la represión encrática; entre los dos sistemas de discursividad se da una relación inversa: *patente/ oculto*.

El carácter intimidante de un sociolecto no actúa sólo hacia los que están excluidos de él (o causa de su situación cultural, social): también es limitador para los que lo comparten (o más bien, para los que lo poseen en parte). Esto, estructuralmente, es el resultado de que el sociolecto, al nivel del discurso, sea una auténtica lengua; siguiendo a Boas, Jakobson tiene buen cuidado de señalar que una lengua no se define por lo que *permite* decir, sino por lo que *obliga* a decir; del mismo modo, todo sociolecto conlleva «rúbricas obligatorias», grandes formas estereotipadas al margen de las cuales la clientela de tal sociolecto no puede hablar (no puede pensar). En otras palabras, como toda lengua, el sociolecto implica lo que Chomsky llama una *competencia*, en cuyo seno las variaciones de actuación resultan estructuralmente insignificantes: el sociolecto encrático no resulta afectado por las diferencias de *vulgaridad* que se establezcan entre sus locutores; y, frente a ello, todo el mundo sabe que al sociolecto marxista lo pueden hablar imbéciles: la *lengua* sociolectal no se altera al albur de las diferencias individuales, sino solamente cuando se produce en la historia una *mutación de discursividad*. (Los propios Marx y Freud fueron mutantes de este tipo, pero la discursividad que ellos fundaron no ha hecho después más que repetirse.)

*

Para acabar con estas observaciones, que se sitúan a medio camino, y de una manera ambigua, entre el ensayo y el programa de investigación, el autor se permite recordar que, para él, la división de los lenguajes sociales, la sociolectología, por llamarla así, está ligada a un tema poco sociológico en apariencia, y que hasta ahora ha sido un dominio reservado a los teóricos de la literatura; ese tema es lo que hoy en día se llama la *escritura*. En esta sociedad nuestra de lenguajes divididos, la escritura se convierte en un valor digno de instituir un debate y una profundización teórica incesantes, ya que constituye una *producción del lenguaje indiviso*. Perdidas ya todas las ilusiones, hoy sabemos perfectamente que no se trata de que el escritor hable la «lengua-pueblo», de la que Michelet tenía nostalgia; no se trata de alinear a la escritura con el lenguaje de la gran mayoría, porque, en una sociedad alienada, la mayoría no es lo universal, y hablar ese lenguaje (lo que hace la cultura de masas, que está al acecho estadístico del mayor número de auditores o de teleespectadores) es hablar un lenguaje particular, por mayoritario que sea. Sabemos perfectamente que el lenguaje no puede reducirse a la simple comunicación, que la totalidad del individuo humano se compromete con su palabra y se constituye a través de ella. Entre los intentos *progresistas* de la modernidad, la escritura detenta un lugar eminente, no en función de su clientela (muy reducida), sino en función de su práctica: precisamente porque combate las relaciones del individuo (social siempre: ¿acaso hay otro?) y del lenguaje, la caduca distribución del campo simbólico y el proceso del signo, la escritura aparece como una práctica de *antidivisión* de los lenguajes: imagen utópica sin duda alguna, o en todo caso mítica, ya que coincide con el viejo sueño de la lengua inocente, de la *lingua adamica* de los primeros románticos. Pero, ¿acaso la Historia, de acuerdo con la bella metáfora de Vico, no procede en *espiral*? ¿No deberíamos *retomar* (que no es lo mismo que *repetir*) las antiguas imágenes para llenarlas de contenidos nuevos?

Une civilisation nouvelle?
Hommage à Georges Friedmann.
© 1973, Gallimard.

La guerra de los lenguajes

Paseándome un día por mi tierra, que es el sudoeste de Francia, apacible país de modestos jubilados pensionistas, tuve ocasión de leer, a lo largo de unos centenares de metros, tres letreros distintos en la puerta de tres casas: *Chien méchant. Chien dangereux. Chien de garde.* Como puede verse, es un país que tiene un agudo sentido de la propiedad. Pero no radica ahí el interés del asunto, sino en lo siguiente: las tres expresiones constituyen un único y mismo mensaje: *No entres* (o te morderán). En otras palabras, la lingüística, que sólo se ocupa de los mensajes, no podría decir acerca de ellos nada que no fuera simple y trivial; no podría agotar, ni mucho menos, el sentido de tales expresiones, porque *ese sentido está en su diferencia:* «*Chien méchant*» es agresivo; «*Chien dangereux*» es filantrópico; «*Chien de garde*» es aparentemente objetivo. Dicho otra vez en otras palabras, estamos leyendo, a través de un mismo mensaje, tres opciones, tres compromisos, tres mentalidades, o, si así lo preferimos, tres imaginarios, tres coartadas de la propiedad; el propietario de la casa utiliza el lenguaje de su letrero —lo que yo llamaría su *discurso*, ya que la lengua es la misma en los tres casos— para resguardarse y protegerse detrás de una determinada representación, es más, me atrevería a decir que detrás de un determinado sistema de la propiedad: salvaje en uno (el perro, o sea, el propietario, es malvado); en otro, protector (el perro es

peligroso, la casa está armada); finalmente, legítimo, en la última
(el perro guarda la propiedad, se trata de un derecho legal). De
manera que al nivel del más sencillo de los mensajes (*No entrar*),
el lenguaje (el discurso) estalla, se fracciona, se escinde: se da
una división de los lenguajes que ninguna simple ciencia de la
comunicación puede asumir; la sociedad, con sus estructuras
socioeconómicas y neuróticas, interviene; es la sociedad la que
construye el lenguaje como un campo de batalla.

Por supuesto que lo que le permite al lenguaje dividirse es
la posibilidad de decir lo mismo de varias maneras: la sinonimia;
y la sinonimia es un dato estatutario, estructural, y hasta cierto
punto natural, del lenguaje; pero en cuanto a la guerra del lenguaje, ésa no es «natural»: ésa se produce cuando la sociedad
transforma la diferencia en conflicto; ya dijimos antes que hay
una convergencia de origen entre la división en clases sociales,
la disociación simbólica, la división de los lenguajes y la neurosis esquizoide.

El ejemplo que he aportado está tomado voluntariamente *a
mínimo* del lenguaje de una sola y misma clase, la de los pequeños propietarios, que se limita a oponer en su discurso *matices*
de la apropiación. Con mayor razón, al nivel de la sociedad *social*,
si se me permite llamarla así, el lenguaje aparece dividido en
grandes masas. No obstante, hay que persuadirse de tres cosas
que no son demasiado sencillas: 1) la primera es que la división
de los lenguajes no recubre término a término la división en
clases: entre las clases se dan deslizamientos, préstamos, pantallas, mediaciones; 2) la segunda es que la guerra de los lenguajes
no es la guerra de los individuos: son sistemas de lenguaje los
que se enfrentan, no individualidades, *sociolectos*, no *idiolectos*;
3) la tercera es que la división de los lenguajes se recorta sobre
un fondo de comunicación aparente: el idioma nacional; para
ser más preciso, podría decir que a escala nacional nos entendemos, pero no nos comunicamos: en el mejor de los casos, lleva-
mos a cabo una práctica *liberal* del lenguaje.

En las sociedades actuales, la más sencilla de las divisiones
de los lenguajes se basa en su relación con el Poder. Hay lenguajes que se enuncian, se desenvuelven, se dibujan a la luz (o a la
sombra) del Poder, de sus múltiples aparatos estatales, institucionales, ideológicos; yo los llamaría lenguajes o discursos *encráticos*. Frente a ellos, hay lenguajes que se elaboran, se buscan,

se arman, fuera del Poder y/o contra él; éstos los llamaré lenguajes o discursos *acráticos*.

Estas dos grandes formas de discurso no tienen el mismo carácter. El lenguaje *encrático* es vago, difuso, aparentemente «natural», y por tanto difícilmente perceptible: es el lenguaje de la cultura de masas (prensa, radio, televisión), y también, en cierto sentido, el lenguaje de la conversación, de la opinión común (de la *doxa*); este lenguaje encrático es (por una contradicción de la que extrae toda su fuerza) *clandestino* (difícilmente reconocible) y, a la vez, *triunfante* (es imposible escapar a él): yo diría que es *enviscador*.

El lenguaje *acrático*, por su parte, es lejano, tajante, se separa de la *doxa* (por tanto es *paradójico*); su fuerza de ruptura proviene de que es *sistemático*, está construido sobre un pensamiento, no sobre una ideología. Los ejemplos más inmediatos de este lenguaje acrático, hoy día, serían: el discurso marxista, el discurso psicoanalítico, y, aunque en grado menor, pero notable estatutariamente, permitidme que añada el discurso estructuralista.

Pero lo que puede ser más interesante es que, incluso dentro de la esfera acrática se producen nuevas divisiones, regionalismos y antagonismos de lenguaje: el discurso crítico se fracciona en hablas, en recintos, en sistemas. De buena gana llamaría yo *Ficciones* (es una palabra de Nietzsche) a esos sistemas discursivos; y vería en los intelectuales, siguiendo de nuevo a Nietzsche, a los que forman la clase sacerdotal, la casta encargada de elaborar, como artistas, estas Ficciones de lenguaje (¿acaso no ha sido durante mucho tiempo la casta de los sacerdotes la propietaria y la técnica de las fórmulas, es decir, del lenguaje?).

De ahí provienen las relaciones de fuerza entre los sistemas discursivos. ¿Qué es un sistema fuerte? Un sistema de lenguaje que puede funcionar en todas las situaciones, y cuya energía permanece, al margen de la mediocridad de los individuos que lo hablan: la estupidez de ciertos marxistas, de ciertos psicoanalistas o de ciertos cristianos no disminuye en nada la fuerza de los sistemas, de los discursos correspondientes.

¿En qué reside la fuerza combativa, la capacidad de dominio de un sistema discursivo, de una Ficción? Después de la antigua Retórica, definitivamente extraña a nuestro mundo del lenguaje, nunca más ha sido *aplicado* un análisis que exhiba a la luz del día las armas de combate de los lenguajes: no conocemos bien ni la física, ni la dialéctica, ni la estrategia de lo que yo llamaría nuestra *logosfera*, aunque no pasa un día sin que todos y cada uno de nosotros estemos sometidos a las intimidaciones del lenguaje. Tengo la impresión de que esas armas discursivas son, por lo menos, de tres tipos.

1. Todo sistema fuerte de discurso es una *representación* (en el sentido teatral: un *show*), una puesta en escena de argumentos, de agresiones, de réplicas, de fórmulas, un mimodrama en el cual el individuo puede poner en juego su goce histérico.

2. Verdaderamente existen *figuras de sistema* (como se decía en otros tiempos de las figuras de la retórica), formas parciales del discurso, constituidas para dar al sociolecto una consistencia absoluta, para cerrar el sistema, protegerlo y excluir de él irremediablemente al adversario: por ejemplo, cuando el psicoanalista dice: «El rechazo del psicoanálisis es una resistencia que responde al propio psicoanálisis» se trata de una figura del sistema. En términos generales, las figuras del sistema tratan de incluir al otro en el discurso como simple objeto, para así excluirlo mejor de la comunidad de los individuos que hablan el lenguaje fuerte.

3. Por último, y yendo más lejos, uno puede preguntarse si la frase, como estructura sintáctica prácticamente cerrada, no es ya, en sí misma, un arma, un operador de intimidación: toda frase acabada, por su estructura asertiva, tiene algo imperativo, conminatorio. La desorganización del individuo, su atemorizado servilismo hacia los dueños del lenguaje, se traduce siempre en frases incompletas, con los contornos, si es que los tiene, indecisos. De hecho, en la vida corriente, en la vida aparentemente libre, no hablamos con frases. Y, en sentido contrario, hay un dominio de la frase que es muy próximo al poder: ser fuerte es, *en primer lugar*, acabar las frases. ¿Acaso la misma gramática no describe la frase en términos de poder, de jerarquía: sujeto, subordinada, complemento, reacción, etc.?

Y ya que la guerra de los lenguajes es general, ¿qué hemos de hacer nosotros? Al decir nosotros quiero decir los intelectuales, los escritores practicantes del discurso. Es evidente que no podemos huir: por cultura, por opción política, hemos de comprometernos, participar en uno de los lenguajes particulares a los que nos obliga nuestro mundo, nuestra historia. Y, no obstante, no podemos renunciar al goce, por utópico que sea, de un lenguaje descolocado, desalienado. Así que hemos de sostener en la misma mano las riendas del compromiso y las del placer, hemos de asumir una filosofía plural de los lenguajes. Ahora bien, este *en otra parte* que, por decirlo así, permanece *dentro*, tiene un nombre: es el *Texto*. El Texto, que ya no es la *Obra*, es una producción de la escritura cuyo consumo social no es en absoluto neutro (el Texto se lee poco), pero cuya producción es soberanamente libre, en la medida en que (otra vez Nietzsche) no respeta la Totalidad (la Ley) del lenguaje.

En efecto, la escritura es lo único que puede asumir el carácter *ficcional* de las hablas más serias, o sea, de las más violentas, y retornarlas a su distancia teatral; por ejemplo, yo puedo adoptar el lenguaje psicoanalítico con toda su riqueza y su extensión pero para usarlo, *in petto*, como si fuera un lenguaje de novela.

Por otra parte, tan sólo la escritura es capaz de *mezclar* las hablas (la psicoanalítica, la marxista, la estructuralista, por ejemplo) y constituir así lo que se llama una *heterología* del saber, darle al lenguaje una dimensión de carnaval.

Por último, la escritura es lo único que puede desarrollarse *sin lugar de origen*; tan sólo ella puede permitirse burlar las reglas de la retórica, las leyes del género, todas las arrogancias de los sistemas: la escritura es *atópica*; respecto a la guerra de los lenguajes, a la que no suprime, sino que *desplaza*, anticipa un estado de prácticas de lectura y escritura en las que es el deseo, y no el dominio, lo que está circulando.

1973, *Le Conferenze dell'Associazione Culturale Italiana.*

El análisis retórico

La literatura se presenta ante nosotros como *institución* y como *obra*. En cuanto institución, reúne todos los usos y las prácticas que regulan el circuito de la palabra escrita en una sociedad dada: estatuto social e ideológico del escritor, modos de difusión, condiciones de consumo, sanciones de la crítica. En cuanto obra, está constituida esencialmente por un mensaje verbal, escrito, de un tipo determinado. Yo querría ahora mantenerme en el terreno de la obra-objeto, y sugerir que nos interesáramos por un campo poco explorado aún (por más que la palabra sea antiquísima), el campo de la *retórica*.

La obra literaria comprende elementos que no son especialmente propios de la literatura; citaré al menos uno, ya que el desarrollo de las comunicaciones de masas permite hoy en día que nos lo encontremos de manera incontestable en las películas, en los cómics, y quizás hasta en los sucesos, es decir en sitios que no son una novela: se trata del relato, de la historia, del argumento, de lo que Souriau, a propósito del cine, ha llamado la diégesis. Existe una forma diegética común a diferentes artes, una forma que hoy empieza a analizarse con métodos nuevos inspirados en Propp. No obstante, frente al elemento de fabulación que comparte con otras creaciones, la literatura posee un elemento que la define específicamente: su lenguaje; a este elemento específico ya lo había intentado aislar y tratar la escuela formalista rusa bajo el nombre de *Literaturnost*, de «literaturidad»; Jakobson lo llama la «poética»; la poética es el análisis que permite contestar a esta pregunta: ¿qué es lo que convierte a un mensaje verbal en una obra de arte? Este es el elemento específico, que yo, por mi parte, llamaré *retórica*, con el fin de evitar toda restricción de la poética a la poesía y de señalar perfectamente que se trata de un plan general del lenguaje común a todos los géneros, tanto en prosa como en verso. Me gustaría plantearme la cuestión de si es posible una confrontación de la sociedad y la retórica, y en qué condiciones lo es.

Durante varios siglos, desde la Antigüedad al siglo XIX, la retórica fue objeto de una definición funcional a la par que técnica: era un arte, es decir, un conjunto de normas que permitía, bien persuadir, o bien, más adelante, expresarse bien. Esta finalidad declarada hace de la retórica, evidentemente, una institución social, y, paradójicamente, el nexo que une las formas del lenguaje a las sociedades es mucho más inmediato que la relación ideológica en sentido propio; en la antigua Grecia, la retórica nació precisamente de los procesos sobre la propiedad que siguieron a las exacciones de los Tiranos en Sicilia, en el siglo V; en la sociedad burguesa, el arte de hablar de acuerdo con unas determinadas reglas es un signo de poder social, y, a la vez, un instrumento de ese poder; no carece de significado que el curso que culmina los estudios secundarios del joven burgués se llame curso de retórica. No obstante, no nos detendremos en esta relación inmediata (que por otra parte se agota enseguida) pues, como bien sabemos, si la necesidad social engendra ciertas funciones, estas funciones, una vez puestas en marcha, o, como suele decirse, *determinadas*, adquieren una imprevista autonomía y se prestan a nuevas significaciones. Hoy en día yo sustituiría la definición funcional de la retórica por una definición inmanente, estructural, o, para ser aún más precisos, *informacional*.

Es cosa sabida que todo mensaje (y la obra literaria lo es) comprende como mínimo un plano de la expresión, o plano de los significantes, y un plano del contenido, o plano de los significados; la unión de ambos planos forma el signo (o el conjunto de los signos). No obstante, un mensaje constituido de acuerdo con este orden elemental puede, gracias a una operación de desconexión o de amplificación, convertirse en el simple plano de la expresión de un segundo mensaje, que así resulta ser una extensión suya; en suma, el signo del primer mensaje se convierte en el significante del segundo mensaje. Nos encontramos así en presencia de dos sistemas semióticos imbricados uno en otro de una manera regular; Hjemslev ha dado el nombre de *semiótica connotativa* al segundo mensaje constituido de tal modo (en oposición al metalenguaje, en el cual el signo del primer mensaje se convierte en el significado y no en el significante del segundo mensaje). Ahora bien, en cuanto lenguaje, la literatura es, con toda evidencia, una semiótica connotativa; en un texto literario, un primer sistema de significación, que es la lengua (el francés, por ejemplo), hace de simple significante de un segundo mensaje, cuyo significado difiere de los significados de la lengua; cuando leo: *Faites avancer les commodités de la conversation*, percibo un mensaje denotado que es la orden de acercar los sillones, pero también percibo un mensaje connotado cuyo significado, en este caso, es el de «préciosité». En términos informacionales se definiría, así pues, la literatura como un doble sistema denotado-connotado; en este doble sistema el plano manifiesto y específico, que es el de los significantes del segundo sistema, constituirá la Retórica; los significantes retóricos serán los connotadores.

Una vez definido en términos informacionales, el mensaje literario puede y debe someterse a una exploración sistemática, sin la que jamás sería posible confrontarlo con la historia que lo produce, ya que el ser histórico de ese mensaje no sólo es lo que dice, sino la manera como está fabricado. Es verdad que la lingüística de la connotación, que no debe confundirse con la antigua estilística, ya que esta última, al estudiar los medios de expresión, permanecía en el plano del habla, mientras que aquélla, al estudiar los códigos, se sitúa en el plano de la lengua, es una lingüística que aún no ha sido constituida; pero algunas indicaciones de lingüistas contemporáneos permiten proponer al menos dos direcciones para el análisis retórico.

La primera es la que esbozó Jakobson[8] distinguiendo seis factores en todo mensaje: un emisor, un destinatario, un contexto o referente, un contacto, un código y, por último, el mensaje en sí mismo; a cada uno de estos factores le corresponde una función del lenguaje; todo discurso es una mezcla de la mayor parte de estas funciones, pero recibe una marca dominante de una u

8. *Essais de linguistique générale*, París, Éd. de Minuit, 1963, cap. XI.

otra función por encima de las demás; por ejemplo, si se hace
hincapié en el emisor, la función expresiva o emotiva es la que
domina; si se hace sobre el destinatario, domina la función connotativa (exhortativa o suplicatoria); si es el referente el que recibe
el énfasis, el discurso es denotativo (es el caso más corriente);
si lo recibe el contacto (entre emisor y destinatario), la función
fática es la que remite a todos los signos destinados a mantener
la comunicación entre los interlocutores; la función metalingüística, o elucidatoria, acentúa el recurso al código; por último,
cuando es el propio mensaje, su configuración, la cara palpable
de sus signos, lo enfatizado, el discurso es poético, en el sentido
amplio del término: éste es, evidentemente, el caso de la literatura; podría decirse que la literatura (obra o texto) es, específicamente, un mensaje que hace hincapié sobre sí mismo. Esta definición indudablemente permite comprender mejor cómo ocurre
que la obra literaria no se agota en la función comunicativa, sino
que, resistiéndose siempre a las definiciones puramente funcionales, se presenta siempre, en cierto modo, como una tautología,
ya que las funciones intramundanas del mensaje permanecen
sometidas en definitiva a su función estructural. Sin embargo, la
cohesión y la declaración de la función poética pueden ir varian-
do con la Historia; y, por otra parte, sincrónicamente, esta misma
función puede ser «devorada» por otras funciones, fenómeno
que disminuye en cierto modo la tasa de especificidad literaria
de la obra. La definición de Jakobson conlleva, así pues, una
perspectiva sociológica, ya que permite evaluar el devenir del
lenguaje literario y, a la vez, su situación respecto a los lenguajes
no literarios.

Sería también posible otra exploración del mensaje literario,
esta vez de tipo distribucional. Es sabido que toda una parte de
la lingüística se ocupa hoy día de definir las palabras, no tanto
por su sentido como por las asociaciones sintagmáticas en que
pueden ocupar un puesto; hablando *grosso modo*, las palabras
se asocian entre ellas de acuerdo con una determinada escala de
probabilidad: *perro* se asocia con *ladrar*, pero difícilmente con
maullar, aunque sintácticamente no hay nada que prohíba la asociación de un verbo con un sujeto; a este «relleno» sintagmático
se le da a veces el nombre de *catálisis*. Ahora bien, la catálisis
está en una relación muy estrecha con el carácter especial de la
lengua literaria; dentro de ciertos límites, que son precisamente

lo que hay que estudiar, cuanto más aberrante es la catálisis, más patente es la literatura. Naturalmente, si nos limitamos a las unidades literales, la literatura no es incompatible en absoluto con una catálisis normal; en: *el cielo es azul como una naranja,* no hay ninguna asociación literal desviada; pero si nos elevamos a un nivel de unidades superiores, que es precisamente el de las connotaciones, nos encontramos fácilmente con el trastorno catalítico, pues es estadísticamente aberrante asociar la entidad de lo azul a la entidad de la naranja. Así pues, el mensaje literario puede definirse como una desviación de la asociación de signos (P. Guiraud); operatoriamente, por ejemplo, frente a las tareas normativas de la traducción automática, la literatura podría definirse como un conjunto de casos insolubles presentados a una máquina. En otras palabras, podríamos decir que la literatura es un *sistema de información de coste elevado.* No obstante, si bien la literatura es un lujo de una manera uniforme, existen diversas economías del lujo, que pueden variar con las épocas y las sociedades; en la literatura clásica, al menos en la perteneciente a la generación antipreciosa, las asociaciones sintagmáticas se mantienen dentro de los márgenes normales al nivel de la denotación, y es explícitamente el nivel retórico el que soporta el elevado coste de la información; por el contrario, en la poesía surrealista (para usar ejemplos extremos), las asociaciones son aberrantes y la información costosa al propio nivel de las unidades elementales. También en este caso creo que podemos esperar razonablemente que la definición distribucional del mensaje literario hará aparecer ciertas relaciones entre cada sociedad y la economía de información que ésta asigne a su literatura.

Así pues, la misma forma del mensaje literario guarda una determinada relación con la Historia y con la sociedad, pero esa relación es particular y no recubre necesariamente la historia y la sociología de los contenidos. Los connotadores constituyen los elementos de un código, y la validez de ese código puede ser más o menos amplia; el código clásico (en su sentido amplio) ha perdurado durante siglos en Occidente, ya que la retórica que anima un discurso de Cicerón o un sermón de Bossuet es la misma; pero es probable que este código haya sufrido una profunda mutación en la segunda mitad del siglo xix, a pesar de que algunas escrituras tradicionales aún siguen hoy sometiéndose a dicho código. Esta mutación está indudablemente en relación con la crisis de la conciencia burguesa; sin embargo, el problema no reside en saber si la una refleja analógicamente a la otra sino en si, frente a un determinado orden de fenómenos, la historia no interviene, en cierto modo, más que para modificar el ritmo de su diacronía; en efecto, desde el momento en que nos ocupamos de las formas (éste es el caso del código retórico), los procesos de cambio son más del orden de la traslación que del de la evolución: en cierto modo, se da un sucesivo agotamiento de las mutaciones posibles, y a la Historia le toca modificar el ritmo de estas mutaciones, y no a esas formas en sí mismas; es posible que haya un cierto devenir endógeno de la estructura del mensaje literario, análogo al que regula los cambios de la moda.

Hay otro modo de apreciar la relación entre retórica y sociedad: y éste es, por decirlo así, evaluar el grado de «franqueza» del código retórico. Es verdad que el mensaje literario de la época clásica exhibía deliberadamente su connotación, ya que las figuras constituían un código transmisible por medio del aprendizaje (ésa es la razón de ser de los innumerables tratados de la época) y que no era posible formar un mensaje reconocido sino bebiendo de ese código. Hoy en día es cosa sabida que esa retórica se ha hecho añicos; pero precisamente estudiando sus restos, sus sustitutos o sus lagunas, no hay duda de que se podría dar cuenta de la multiplicidad de las escrituras y encontrar la significación que cada una de ellas tiene en nuestra sociedad. Se podría asimismo abordar de una manera precisa el problema del reparto entre la *buena literatura* y las otras literaturas, cuya importancia social es considerable, sobre todo en una sociedad de masas. Pero, aun en esto es inútil esperar una relación analógica entre un grupo de usuarios y su retórica; la tarea más bien consistiría en reconstituir un sistema general de subcódigos, cada uno de los cuales se definiría en un cierto estado de la sociedad por sus diferencias, sus distancias y sus identidades con respecto a sus vecinos: literatura de élite y cultura de masas, vanguardia y tradición, constituyen formalmente códigos diferentes instalados en un mismo momento, según la expresión de Merleau-Ponty, en «modulaciones de coexistencia»; este conjunto de códigos simultáneos, cuya pluralidad ha sido reconocida por Jakobson,[9] es lo que habría que estudiar; y, como un código

9. *Op. cit.*, pág. 213.

no es en sí mismo sino una determinada manera de distribuir una colección cerrada de signos, el análisis retórico debería depender directamente, no de la sociología propiamente dicha, sino más bien de esa sociológica, o sociología de las formas de la clasificación, que ya postularon Durkheim y Mauss.

Rápida y abstractamente presentadas, ésas son las perspectivas generales del análisis retórico. El proyecto de tal análisis no es nuevo, pero los recientes avances de la lingüística estructural y de la teoría de la información le proporcionan renovadas posibilidades de exploración; pero, ante todo, es un proyecto que posiblemente requiere una actitud metodológica nueva por nuestra parte: ya que la naturaleza formal del objeto que pretende estudiar (el mensaje literario) obliga a describir de una manera inmanente y exhaustiva el código retórico (o los códigos retóricos) antes de ponerlo o ponerlos en relación con la sociedad y la Historia que los producen y los consumen.

Coloquio Goldmann, 1966.
De *Littérature et Société*.
© Institut de sociologie de l'Université libre de Bruxelles, 1967.

El estilo y su imagen

Voy a solicitar permiso para partir de una consideración personal: desde hace aproximadamente veinte años mis investigaciones se refieren al lenguaje literario, a pesar de que no puedo reconocerme plenamente ni en el papel de crítico ni en el de lingüista. Querría valerme de esta ambigua situación para tratar una noción impura que es a la vez una forma metafórica y un concepto teórico. Esta noción es una *imagen*. En efecto, yo no creo que el trabajo científico pueda desarrollarse sin una determinada *imagen* de su objeto (es sabido que no hay nada más decididamente metafórico que el lenguaje de los matemáticos o el de los geógrafos); y tampoco creo que la imagen intelectual, heredera de las antiguas cosmogonías pitagóricas, espaciales, musicales y abstractas a la vez, esté desprovista de un valor teórico que la preserva de la contingencia, sin decantarla exageradamente hacia la abstracción. Así que me voy a hacer preguntas sobre una imagen, o, más exactamente, sobre una *visión*: ¿cómo *vemos* el estilo? ¿Qué imagen del estilo me molesta, qué imagen es la que deseo?

Simplificando mucho (es un derecho de la visión) me da la impresión de que el estilo (conservando el sentido corriente de la palabra) se ha aprehendido siempre dentro de un sistema binario, o, si se prefiere así, dentro de un paradigma mitológico de dos términos; estos términos, por supuesto, han cambiado de nombre y hasta de contenido según las épocas y las escuelas. Recordemos dos de esas oposiciones.

La primera, la más antigua (todavía perdura, o al menos se da muy a menudo, en la enseñanza de la literatura), es la de *Fondo* y *Forma*; proviene, como se sabe, de una de las primeras clasificaciones de la Retórica clásica, que oponía *Res a Verba*: de *Res* (o materiales demostrativos del discurso) dependía la *Inventio*, o búsqueda de lo que podría decirse sobre un tema *(quaestio)*; de *Verba* dependía la *Elocutio* (o transformación de esos materiales en una forma verbal), y esta *Elocutio* venía a ser, en términos generales, nuestro estilo. La relación entre Fondo y Forma era una relación fenomenológica: la Forma se consideraba como la apariencia o la vestidura del Fondo, que era la verdad, o el cuerpo; las metáforas ligadas a la Forma (al estilo) eran, así, de orden decorativo: *figuras, colores, matices*; o incluso esa relación entre Forma y Fondo se vivía como una relación expresiva o alética: para el literato (o comentarista) se trataba de establecer una relación *ajustada* entre el fondo (la verdad) y la forma (la apariencia), entre el mensaje (como contenido) y su *medium* (el estilo), y de que entre esos dos términos concéntricos (ya que el uno estaba *dentro* del otro) hubiera una recíproca garantía. Esta garantía se ha convertido en objeto de un problema histórico: ¿puede la Forma *vestir* al Fondo, o debe someterse a él (hasta el punto de dejar de ser entonces una Forma codificada)? Este es el debate que durante siglos opone la retórica aristotélica (más tarde jesuítica) a la retórica platónica (más tarde pascaliana). Esta visión subsiste, a pesar del cambio terminológico, cuando consideramos el texto como la superposición de un *significado* y un *significante*, ya que entonces el significado se vive fatalmente (estoy hablando de una visión más o menos asumida) como un secreto que se esconde tras el significante.

La segunda oposición, mucho más reciente, de aire más científico, y tributaria en gran parte del paradigma saussuriano *Lengua/Habla* (o *Código/Mensaje*), es la de la *Norma* y la *Desviación*. Se ve así el estilo como la excepción (codificada, no obstante) de una regla; es la aberración (individual y sin embargo institucional) de un uso corriente, que a veces se ve como verbal (si se define la lengua por el lenguaje hablado) y a veces como prosaica (cuando se opone la Poesía a «otra cosa»). Del mismo modo que la oposición *Fondo/Forma* implica una visión fenomenológica, la [8

oposición *Norma/Desviación* implica una visión moral en el fondo
(bajo capa de una lógica de la *endoxa*): hay una reducción de lo
sistemático a lo sociológico (el código es lo garantizado estadísticamente
por el mayor número de usuarios) y de lo sociológico
a lo normal, el espacio de una especie de naturaleza social; la literatura,
espacio del estilo, y precisamente porque ella es específicamente
ese espacio, toma entonces una función chamánica,
que Lévi-Strauss ha descrito muy bien en su *Introduction à
l'œuvre de M. Mauss*: la literatura es el espacio de la anomalía
(verbal), tal como la sociedad la fija, la reconoce y la asume al
honrar a sus escritores, del mismo modo que el grupo etnográfico
fija lo extranatural sobre el brujo (a la manera de un obsceso
de fijación que limita la enfermedad), para poder recuperarlo
en un proceso de comunicación colectiva.

Me gustaría tomar estas dos visiones como puntos de partida,
no tanto para destruirlas como para complicarlas.

*

Vamos a tomar primero la oposición entre Fondo y Forma,
entre Significado y Significante. Es indudable que conlleva una
parte irreductible de verdad. El Análisis estructural del relato
se basa por completo en sus hallazgos y en sus promesas sobre
la convicción (y la prueba práctica) de que se puede transformar
un texto *dado* en una versión más esquemática, cuyo metalenguaje
ya no es el lenguaje integral del texto original y sin que
sea alterada la identidad narrativa de tal texto: para enumerar
las funciones, reconstituir las secuencias o distribuir los actantes,
en suma, para sacar a la luz una gramática narrativa que ya no
es la gramática de la lengua vernácula del texto, es necesario
despegar la película estilística (o, más en general, elocutoria,
enunciadora) de la otra capa de sentidos secundarios (narrativos),
respecto a los cuales los rasgos estilísticos carecen de pertinencia:
se los hace variar sin que se altere la estructura. El que
Balzac diga de un inquietante viejo que «conservaba sobre sus
azulados labios una risa fija y paralizada, una risa implacable y
burlona como la de una cabeza de muerto» tiene exactamente la
misma función narrativa (o, dicho con más precisión, semántica)
que si transformamos la frase y enunciamos que el viejo tenía
algo de fúnebre y fantástico (este sema por su parte es irreduc-

tible, ya que es funcionalmente necesario para la continuación de la historia).

No obstante, el error —y en este punto es donde tenemos que modificar nuestra visión del Fondo y de la Forma— estaría en detener prematuramente, de alguna manera, la sustracción de estilo; lo que esta sustracción (que, como se acaba de decir, es posible) desnuda, no es un fondo, un significado, sino otra forma, otro significante, o, si así lo preferimos, un vocablo (véase página 297) más neutro, otro nivel, *que no es nunca el último* (ya que el texto se articula siempre sobre códigos que no llega a agotar); los significados son formas, como sabemos desde Hjemslev, y aún mejor desde las recientes hipótesis de los psicoanalistas, los antropólogos, los filósofos. Recientemente, al analizar una novela de Balzac, me ha parecido que ponía en evidencia, incluso al margen del plano estilístico, del que no me he ocupado, y manteniéndome en el interior del volumen significado, un juego de cinco códigos diferentes: accional, hermenéutico, sémico, cultural y simbólico; las «citas» que el autor (o, más exactamente, el actualizador del texto) extrae de esos códigos están yuxtapuestas, mezcladas, superpuestas en el interior de una misma unidad enunciativa (una sola frase, por ejemplo, o, más en general, una «lexía», o unidad de lectura), de manera que forman una trenza, un tejido, o incluso (etimológicamente) un texto. Veamos un ejemplo: el escultor Sarrasin se enamora de una *prima donna* ignorando que se trata de un castrado; la rapta, y la presunta cantante se defiende: «La Italiana iba armada con un puñal. "Si te acercas, le dijo, me veré obligada a hundirte esta arma en el corazón."» ¿Hay un significado detrás de ese enunciado? En modo alguno; la frase es como una trenza de varios códigos: un código lingüístico (el de la lengua francesa), un código retórico (antonomasia, inciso del *inquit*, apóstrofe), un código accional (la defensa armada de la víctima es un término de la secuencia *Rapto*), un código hermenéutico (el castrado realiza un cambio de sexo fingiendo defender su virtud como mujer) y un código simbólico (el cuchillo es un símbolo castrador).

De manera que no podemos ver el texto como una combinación binaria entre un fondo y una forma; el texto no es doble, sino múltiple; en el texto no hay sino formas, o, más exactamente, en su conjunto, el texto no es más que una multiplicidad de formas, sin fondo. Metafóricamente, podríamos decir que el texto es una estereografía: ni melódica ni armónica (o al menos no sin intermediarios) es decididamente contrapúntica; mezcla las voces en el interior de un volumen y no según una línea, por doble que ésta sea. Sin duda, entre esas voces (esos códigos, esos sistemas, esas formas) algunas están particularmente ligadas a la sustancia verbal, al *juego* verbal (la lingüística, la retórica), pero ésta es una distinción histórica, que sólo tiene valor para la literatura del Significado (que es, en general, la literatura que estudiamos nosotros); pues basta con pensar en algunos textos modernos para ver que en ellos el significado (narrativo, lógico, simbólico, psicológico) aún retrocede más; ya no hay posibilidad ninguna de oponer (ni siquiera matizándolos) sistemas de formas a sistemas de contenidos: el estilo es un concepto histórico (y no universal) que sólo tiene pertinencia para las obras históricas. ¿Tiene acaso una función definida en el seno de esta literatura? Yo creo que sí. El sistema estilístico, que es un sistema como los demás, entre los demás, tiene una función de naturalización, o de familiarización, o de domesticación: las unidades de los códigos del contenido están efectivamente sometidas a una burda discontinuidad (las acciones están separadas, las observaciones caracteriales y simbólicas están diseminadas, el avance de la verdad está fragmentado, retrasado); el lenguaje, bajo la apariencia elemental de la frase, del período, del párrafo, superpone la apariencia de un continuo al discontinuo semántico, que está basado en la escala del discurso; pues, aunque el lenguaje sea en sí mismo discontinuo, su estructura es tan antigua en la experiencia de cada hombre que se vive como una auténtica naturaleza: ¿no se habla acaso del «flujo de la palabra»? ¿Qué puede haber de más familiar, más evidente, más natural, que una frase leída? El estilo recubre con un «baño» las articulaciones semánticas del contenido; por vía metonímica, está naturalizando la historia contada, la está volviendo inocente.

*

Vamos a dedicarnos ahora a la segunda oposición, la de la Norma frente a la Desviación, que, de hecho, resulta ser la oposición entre código y mensaje, ya que el estilo (o efecto literario) se vive en ella como un mensaje aberrante que «coge por sorpresa» al código. También en este caso debemos afinar nuestra visión y partir de tal oposición, en vez de destruirla.

Los rasgos de estilo están innegablemente extraídos de un código, o, al menos, de un espacio sistemático (esta distinción resulta necesaria si queremos respetar la posibilidad de un multicódigo, o incluso la existencia de un significante cuyo espacio esté regulado y sea no obstante infinito, de un paradigma insaturable): el estilo es una distancia, una diferencia, pero ¿en relación a qué? La referencia, la mayor parte de las veces, es, explícita o implícitamente, la lengua hablada (o sea, la «corriente», la «normal»). Esta proposición me parece que es excesiva y a la vez insuficiente: excesiva porque los códigos de referencia (o de diferencia) del estilo son muchos, y la lengua hablada no es nunca más que uno de esos códigos (al que tampoco hay razón ninguna para privilegiar y convertirlo en la lengua *princeps*, en la encarnación del código fundamental, la referencia absoluta); insuficiente, porque, cuando se remite a ella, la oposición entre lo hablado y lo escrito no se explota en toda su profundidad.

Es sabido que el objeto de la lingüística, el que determina a la vez su trabajo y sus límites, es la *frase* (por muchas dificultades que encontremos para definirla): más allá de la frase, se acabó la lingüística, pues lo que entonces empieza es el discurso y las reglas de combinación de las frases son diferentes de las de los monemas; pero, más acá tampoco hay lingüística, porque entonces uno cree que lo que halla no son sino sintagmas informes, incompletos, indignos: se suele pensar que tan sólo la frase ofrece garantías de organización de estructura, de unidad. Ahora bien, el lenguaje hablado, que también es, no lo olvidemos, el lenguaje interior,[10] es esencialmente un lenguaje *subfrástico*; ciertamente puede contener frases acabadas, pero su perfección no es una exigencia del éxito y la rentabilidad de la comunicación, es decir, no es una exigencia del código del género: hablamos continuamente dejando las frases sin acabar. Escuchemos una conversación: ¿cuántas frases oímos con estructura incompleta o ambigua, cuántas subordinadas sin principal o con una conexión indecisa, cuántos sustantivos sin verbo, adversativos sin correlato, etc.? Hasta el punto que resulta abusivo seguir hablando de «frases», incluso para declararlas incompletas o mal for-

10. Texto completado en la edición francesa.

madas: más valdría hablar, de manera más neutra, de sintagmas cuya congregación no ha sido aún descrita. Por el contrario, abramos un libro: no hay una sola frase que no esté *terminada*, gracias a una sobredeterminación de operadores, simultáneamente estructurales, rítmicos y puntuacionales.

Por lo tanto, existen de pleno derecho dos lingüísticas autónomas: una lingüística del sintagma y una lingüística de la frase, una lingüística de la palabra oral y una lingüística del trazo escrito. Al restablecer esta distinción en toda su profundidad no haríamos más que seguir las recomendaciones de la filosofía, que concede hoy día una ontología diferente a la palabra y a la escritura; la filosofía dice que un abuso paradójico es lo que permite a la lingüística no tratar nunca sino de lo escrito (el lenguaje frástico) mientras pretende que la forma canónica del lenguaje es la palabra, y que la escritura es su «transcripción».

Es cosa sabida que carecemos de una gramática de la lengua hablada (pero, ¿tal gramática es posible?: esta división de la comunicación ¿no se llevaría por delante precisamente la noción de gramática?), en la medida en que no disponemos más que de una gramática de la frase. Esta carencia determina una nueva distribución de los lenguajes: existen los lenguajes de la frase y los otros. Los primeros están todos marcados por un carácter exigente, una rúbrica obligatoria: la perfección de la frase. El estilo es evidentemente uno de esos lenguajes escritos y su rasgo genérico (lo que lo liga al género de lo escrito, pero todavía no lo distingue de sus vecinos) es que obliga a completar las frases: por su finitud, por su «limpieza», la frase se declara como escrita, en camino hacia su estado literario: la frase es ya, en sí, un objeto estilístico: la ausencia de rebabas con que se lleva a cabo es, en cierto modo, el primer criterio del estilo; esto se ve bien gracias a dos valores estilísticos: la *simplicidad* y la *fuerza*: ambas son efectos de la «limpieza», uno litótico, el otro enfático: si cierta frase de Claudel («La nuit est si calme qu'elle me paraît salée») es a la vez simple y fuerte es porque realiza la frase en toda su plenitud, necesaria y suficiente. Esto puede ponerse en relación con diversos hechos históricos: primero, con una cierta herencia gnómica del lenguaje escrito (sentencias adivinatorias, fórmulas religiosas, cuya cerrazón, típicamente frástica, aseguraba la polisemia); después, el mito humanista de la frase viva, efluvio de un modelo orgánico, cerrado y a la vez genera-

dor (mito que está expresado en el tratado *De lo Sublime*); por
último, los intentos, poco eficaces, a decir verdad, hasta tal punto
la literatura está ligada a la frase por subversiva que sea, lleva-
dos a cabo por la modernidad para hacer estallar la cerrazón frástica (*Coup de dés*, de Mallarmé, hiperproliferación de la frase
proustiana, destrucción de la frase tipográfica en la poesía moderna).

La frase, con su cerrazón y su limpieza, se me aparece así
como la determinación fundamental de la escritura. A partir de
lo cual muchos son los códigos escritos posibles (mal localizados,
a decir verdad): escritura sabia, universitaria, administrativa,
periodística, etc., cada una de las cuales puede describirse en
función de su clientela, de su léxico y de sus protocolos sintácticos (inversiones, figuras, cláusulas, todos los rasgos que marcan
la identidad de una escritura colectiva por su presencia o su
censura). Entre todas estas escrituras y antes incluso de hablar
del estilo en el sentido individual en que normalmente entendemos esta palabra, está el estilo *literario*, escritura realmente colectiva de la que habría que inventariar los rasgos sistemáticos
(y no solamente los históricos, como hasta ahora se ha hecho):
¿qué es, por ejemplo, lo que está permitido en un texto literario,
pero no en un artículo universitario: inversiones, cláusulas, orden de los complementos, licencias sintácticas, arcaísmos, figuras,
léxico? Lo primero que hay que captar no es el idiolecto de un
autor sino el de una institución (la literatura).

Y eso no es todo. La escritura literaria no sólo debe situarse
respecto a sus más próximas vecinas, sino también respecto a
sus modelos. Entiendo por *modelos*, no las fuentes, en el sentido
filológico del término (de pasada observemos que el problema
de las fuentes se ha planteado casi exclusivamente en el plano
del contenido), sino los *patterns* sintagmáticos, fragmentos típi-
cos de frases, fórmulas, si se quiere, cuyo origen es ilocalizable
pero que forman parte de una memoria colectiva de la literatura.
Así pues, *escribir* es dejar que acudan a uno esos modelos y
transformarlos (en el sentido que esta palabra ha tomado en la
lingüística).

A este propósito voy a señalar libremente tres hechos extraídos de una experiencia reciente. El primero es un testimonio:
después de haber trabajado durante un tiempo bastante largo

sobre una novela de Balzac, a menudo me sorprendo ahora transportando espontáneamente a las circunstancias de la vida retazos de frases, formulaciones surgidas espontáneamente del texto de Balzac; lo que me interesa no es el carácter mnemónico (trivial) del fenómeno, sino la evidencia de que yo *estoy escribiendo* la vida (en mi mente, claro está) gracias a esas fórmulas heredadas de una escritura anterior; o, incluso, dicho con más precisión, que la vida es eso que aparece *ya* constituido como una escritura literaria: la escritura *naciente* es una escritura *pasada*. El segundo hecho es un ejemplo de transformación externa; cuando Balzac escribe: «Me había sumido en una de esas profundas ensoñaciones que le sobrevienen a todo el mundo, incluso a un hombre frívolo, en el seno de las fiestas más tumultuosas», la frase, si se exceptúa la marca personal («Me había sumido») no es sino la transformación de un proverbio: *A fiestas tumultuosas, profundos ensueños*; dicho en otras palabras, la enunciación literaria remite, por transformación, a otra estructura sintáctica: el *primer* contenido de la frase es otra forma (la gnómica, en este caso) y el estilo se establece en un trabajo de transformación que se ejerce, no sobre las ideas, sino sobre las formas; por supuesto, habría que localizar los estereotipos principales (como el proverbio) a partir de los que se inventa y se engendra el lenguaje literario. El tercer hecho es un ejemplo de transformación interna (que el autor engendra a partir de su propia fórmula): en cierto momento de su estancia en Balbec, el narrador proustiano intenta entablar conversación con el joven ascensorista del Grand Hôtel, pero aquél no le responde, dice Proust, «bien por asombro por mis palabras, atención a su trabajo, cuidado de la etiqueta, dureza de oído, respeto al lugar, temor al peligro, pereza de inteligencia o consigna del director»; la repetición de la misma fórmula sintáctica (un nombre y su complemento)* es evidentemente un juego, el estilo consiste entonces: 1) en transformar una subordinada virtual en un sintagma nominal (*porque no oía bien* se convierte en *dureza de oído*); 2) en repetir durante el mayor tiempo posible esa fórmula transformacional por medio de contenidos diferentes.

A partir de estas tres observaciones precarias, y algo impro-

---

* Más marcada aún en francés, ya que la preposición utilizada siempre es *de*. [T.]

visadas, querría simplemente enunciar una hipótesis de trabajo: considerar los rasgos estilísticos como *transformaciones*, bien derivadas de fórmulas colectivas (de origen ilocalizable, a veces literario, a veces preliterario), o bien, por juego metafórico, formas idiolectales; en ambos casos lo que debería dominar el trabajo estilístico es la búsqueda de modelos, de *patterns*: estructuras frásticas, clichés sintagmáticos, comienzos y cierres de frases; y lo que debería animarla es la convicción de que el estilo es esencialmente un procedimiento de la cita, un corpus de trazos, una memoria (casi en el sentido cibernético del término), una herencia basada en cultura y no en expresividad. Esto permite situar la *transformación* a la que aludo (y en consecuencia la estilística transformacional que podría desearse): es verdad que podría tener cierta afinidad con la gramática transformacional, pero difiere de ella en un punto fundamental (aquel en el que la lingüística, al implicar fatalmente una determinada *visión* del lenguaje, se vuelve ideológica): los «modelos» estilísticos no pueden asimilarse a «estructuras profundas», a formas universales surgidas de una lógica psicológica; estos modelos son tan sólo depósitos de cultura (incluso aunque parezcan muy antiguos); son repeticiones, no fundamentos; citas, no expresiones; estereotipos, no arquetipos.

*

Volviendo a la visión del estilo de la que hablaba al principio diré que a mi entender hoy en día ésta debe consistir en *ver* el estilo en la pluralidad del texto: pluralidad de los niveles semánticos (de los códigos), cuyo trenzado forma el texto, y pluralidad de las citas que se depositan en uno de esos códigos que llamamos «estilo» y que yo preferiría llamar, al menos como primer objeto de estudio, *lenguaje literario*. El problema del estilo sólo puede tratarse en relación a lo que yo llamaría el *hojaldre* del discurso; y, para seguir con las metáforas alimenticias, resumiré estas opiniones diciendo que, si bien hasta el presente se ha *visto* el texto con la apariencia de un fruto con hueso (un albaricoque, por ejemplo) cuya pulpa sería la forma y la almendra sería el fondo, hoy conviene verlo más bien con la apariencia de una cebolla, organización a base de pieles (niveles, sistemas), cuyo volumen no conlleva finalmente ningún corazón, ningún hueso, ningún secreto, ningún principio irreductible, sino la misma infinitud de sus envolturas, que no envuelven otra cosa que el mismo conjunto de sus superficies.

Coloquio de Bellagio, 1969.
Publicación en inglés, *Literary Style:*
a Symposium, ed. Seymour Chatman.
© Oxford University Press, 1971.

IV

DE LA HISTORIA A LA REALIDAD

El discurso de la historia

La descripción formal de los conjuntos de palabras superiores a la frase (a los que, por comodidad, llamaremos *discurso*) no es cosa de ayer: desde Gorgias hasta el siglo XIX constituyeron el objeto propio de la antigua retórica. El reciente desarrollo de la ciencia lingüística viene a darle, sin embargo, una nueva actualidad y nuevos medios: quizá será posible a partir de ahora una lingüística del discurso; a causa de su incidencia sobre el análisis literario (cuya importancia en la enseñanza ya conocemos) incluso llega a constituir una de las primeras tareas de la semiología.

Esta segunda lingüística, a la vez que dedicarse a buscar los universales del discurso (si es que existen), bajo la forma de unidades y de reglas generales de combinación, tiene evidentemente que decidir si el análisis estructural permite conservar la antigua tipología de los discursos, si bien siempre será legítimo oponer el discurso poético al discurso novelesco, el relato ficticio al relato histórico. Sobre este último punto es sobre el que querría proponer ahora ciertas reflexiones: la narración de acontecimientos pasados, que en nuestra cultura, desde los Griegos, está sometida generalmente a la sanción de la «ciencia» histórica, situada bajo la imperiosa garantía de la «realidad», justificada por principios de exposición «racional», esa narración ¿difiere realmente, por algún rasgo específico, por alguna indudable pertinencia, de la narración imaginaria, tal como la podemos encontrar en la epopeya, la novela, el drama? Y si ese rasgo —o esa pertinencia— existe, ¿en qué punto del sistema discursivo, en qué nivel de la enunciación hay que situarlo? Para intentar sugerir una respuesta a esta pregunta someteremos ahora a observación, aunque libre y en absoluto exhaustiva, el discurso de algunos grandes historiadores clásicos, como Herodoto, Maquiavelo, Bossuet y Michelet.

1. Enunciación

Y, antes que nada, ¿en qué condiciones el historiador clásico se siente obligado —o autorizado— a designar, dentro de su discurso, el acto por el cual lo está profiriendo? En otras palabras, al nivel del discurso —y ya no de la lengua—, ¿cuáles son los *shifters* (en el sentido acordado por Jakobson a esta palabra)[11] que garantizan el paso del enunciado a la enunciación (o al revés)?

Parece ser que el discurso clásico conlleva dos tipos regulares de embragues.* El primer tipo reúne a los que podríamos llamar los embragues de *escucha*. Esta categoría ha sido ya señalada por Jakobson, al nivel del lenguaje, y designada por el nombre de *testimonial*, y bajo la fórmula C^eC^{a1}/C^{a2}: además del acontecimiento relatado (C^e), el discurso menciona a la vez el acto del informador (C^{a1}) y la palabra del enunciante que a él se refiere (C^{a2}). Este *shifter* designa así cualquier mención de fuentes, de testimonios, toda referencia a una *escucha* del historiador, que recoge un *en-otra-parte* de su discurso y lo refiere. La escucha explícita es una opción, ya que es posible no referirse a ella; aproxima al historiador al etnólogo cuando menciona a su informador; así pues, este *shifter* se encuentra abundantemente en los historiadores etnólogos, como Herodoto. Sus formas son variadas: llegan desde los incisos del tipo *tal como lo he oído, según mi conocimiento*, hasta el presente histórico, tiempo que atestigua la intervención del enunciador, y hasta cualquier mención de la experiencia personal del historiador; éste es el caso de Miche-

---

11. R. Jakobson, *Essais de linguistique générale, op. cit.*, cap. IX.
*   *Embrayeur* suele traducirse por «embrague». [T.]

let, que «escucha» la Historia de Francia a partir de una iluminación subjetiva (la revolución de julio de 1830) y da cuenta de ella en su discurso. El *shifter* de escucha no es evidentemente pertinente sólo en el discurso histórico: frecuentemente se lo encuentra en la conversación y en determinados artificios de exposición propios de la novela (anécdotas contadas referidas a partir de ciertos informadores ficticios que se mencionan).

El segundo tipo de *shifter* reúne a todos los signos declarados por los que el enunciante, en este caso el historiador, organiza su propio discurso, lo retoma, lo modifica a medio camino, en una palabra, siempre que utiliza hitos explícitos. Se trata de un *shifter* importante, y los «organizadores» del discurso pueden revestir expresiones variadas; todas ellas pueden reunirse, no obstante, como indicaciones de un movimiento del discurso en relación a su materia, o, más exactamente, a lo largo de esa materia, algo así como a la manera de los deícticos temporales o locativos *voici/voilà;** así pues, en relación al flujo de la enunciación, tendremos: la inmovilidad *(como hemos dicho antes),* la subida *(altius repetere, replicare da più alto luogo),* la bajada *(ma ritornando all'ordine nostro, dico come...),* la detención *(sobre él, ya no hablaremos más),* el anuncio *(éstas son las otras acciones dignas de memoria que hizo durante su reinado).* El *shifter* de organización plantea un notable problema, que aquí nos hemos de limitar a enunciar: el que nace de la coexistencia, o, mejor dicho, del roce de dos tiempos: el tiempo de la enunciación y el tiempo de la materia enunciada. Este roce da lugar a importantes hechos del discurso; citaremos tres de ellos. El primero remite a todos los fenómenos de aceleración de la historia: un número igual de «páginas» (si es que es ésa la burda medida del tiempo de la enunciación) cubre lapsos de tiempo variados (tiempo de la materia enunciada): en las *Historias florentinas* de Maquiavelo, la misma medida (un capítulo) cubre una vez varios siglos y otra unos veinte años; cuanto más nos acercamos al tiempo del historiador, más fuerte es la presión de la enunciación, más lenta se vuelve la historia; ni siquiera hay isocronía, lo que ataca implícitamente la linealidad del discurso y deja aparecer un «paragramatismo» posible en la palabra histórica.[12] El segundo hecho

* No lo traduzco (he aquí/he ahí) porque la equivalencia en español tiene un uso más restringido y arcaizante. [T.]

12. A partir de J. Kristeva («Bakhtine, le mot, la dialogue et le roman»,

recuerda también, a su manera, que el discurso, aunque lineal materialmente, confrontado con el tiempo histórico, tiene como misión, parece ser, la profundización en este tiempo: se trata de lo que podría llamarse la historia en zig-zag o en dientes de sierra: así por cada personaje de los que aparecen en sus *Historias*, Herodoto se remonta hasta los antepasados del recién llegado, vuelve después al punto de partida, continúa un poco más allá, y vuelve a empezar. Por último, un tercer hecho de discurso, considerable, atestigua el rol destructor·de los *shifters* de organización en relación con el tiempo crónico de la historia: se trata de las inauguraciones del discurso histórico, puntos en los que se juntan el comienzo de la materia enunciada y el exordio de la enunciación.[13] El discurso de la historia en general conoce dos formas de inauguración: en primer lugar, lo que se podría llamar la apertura performativa, pues la palabra en este caso es realmente un acto de fundación solemne; su modelo es poético, es el *yo canto* de los poetas; de ese modo, Joinville comienza su historia con una apelación religiosa («En el nombre de Dios todopoderoso, yo, Jehan, señor de Joinville, hago escribir la vida de nuestro santo rey Luis»), y el socialista Louis Blanc tampoco desdeña el *introito* purificador,[14] hasta tal punto el inicio de la palabra sigue teniendo siempre algo de difícil, y como si dijéramos, de sagrado; a continuación, una unidad mucho más corriente, el Prefacio, acto de enunciación caracterizado, bien sea prospectivo, cuando anuncia el discurso venidero, bien sea retrospectivo, cuando lo juzga (es el caso del gran Prefacio con que Michelet culmina su *Historia de Francia* una vez completamente escrita y publicada). El recuerdo de estas pocas unidades tiene la intención de sugerir que la entrada de la enunciación en el

---

Critique, núm. 239, abril 1967, págs. 438-465), se designarán con el nombre de paragramas (derivado de los Anagramas de Saussure) las escrituras dobles, que contienen un diálogo del texto con otros textos y postulan una nueva lógica.

13. El exordio (de todo discurso) plantea uno de los problemas más interesantes de la retórica en la medida en que es la codificación de las rupturas del silencio y una lucha contra la afasia.

14. «Antes de tomar la pluma me he interrogado con severidad, y, como no he encontrado en mí ni afectos interesados ni odios implacables, he pensado que podía juzgar a los hombres y a las cosas sin faltar a la justicia y sin traicionar a la verdad» (L. Blanc, *Histoire de dix ans*, París, Pagnerre, 1842, 6 vol.).

enunciado histórico, por medio de los shifters organizadores, tiene como objetivo, no tanto dar al historiador una posibilidad de
expresar su «subjetividad» como vulgarmente se dice, como
«complicar» el tiempo crónico de la historia enfrentándolo con
otro tiempo que es el del propio discurso, el que podríamos
llamar, para abreviar, el tiempo-papel; en suma, la presencia, en
la narración histórica, de signos explícitos de enunciación tendría como objeto la «descronologización» del «hilo» histórico y
la restitución, aunque no fuera más que a título de reminiscencia o de nostalgia, de un tiempo complejo, paramétrico, nada lineal, cuyo espacio profundo recordaría el tiempo mítico de las
antiguas cosmogonías, atado él también por esencia a la palabra
del poeta o el adivino: los shifters de organización, en efecto, atestiguan —aunque sólo sea a base de ciertos giros de apariencia
racional— la función predictiva del historiador: en la medida
en que él sabe lo que no se ha contado todavía, el historiador, al
igual que el agente del mito, tiene la necesidad de acompañar el
desgranarse crónico de los acontecimientos con referencias al
tiempo propio de su palabra.

Los signos (o shifters) de los que acabamos de hablar se refieren únicamente al propio proceso de la enunciación. Existen
otros que ya no mencionan el acto de la enunciación, sino, según
la terminología de Jakobson, a sus protagonistas (T^a), destinatario o enunciante. Un hecho notable y discretamente enigmático
es que el discurso literario conlleva muy raramente los signos del
«lector»; incluso podría decirse que lo que lo especifica es el hecho de ser —aparentemente— un discurso sin tú, a pesar de que
en realidad toda la estructura de ese discurso implica un «sujeto»
de la lectura. En el discurso histórico, los signos de destinación
están generalmente ausentes: tan sólo los encontraremos allá
donde la Historia se muestre como una lección; éste es el caso
de la Historia universal de Bossuet, un discurso dirigido nomi-
nalmente por el preceptor a su alumno el príncipe; incluso este
esquema sólo es posible, en cierto modo, en la medida en que el
discurso de Bossuet se supone que representa homológicamente el discurso que el propio Dios dirige a los hombres, precisamente bajo la forma de la Historia de la que les hace donación:
sólo porque la Historia de los hombres es la Escritura de Dios
puede Bossuet, mediador de esa escritura, establecer una relación de destinación entre él y el príncipe.

Los signos del enunciante (o destinador) son, evidentemente, mucho más frecuentes; entre ellos tenemos que alinear todos los fragmentos de discurso en que el historiador, sujeto vacío de la enunciación, se va, poco a poco, rellenando de predicados diversos que están destinados a constituirlo como *persona*, provista de una plenitud psicológica, o, es más, de un *continente* (la palabra es una exquisita imagen). Señalaremos aquí una forma particular de este «relleno» que le corresponde más directamente a la crítica literaria. Se trata del caso en que el enunciante pretende «ausentarse» de su discurso, el cual, en consecuencia, carece sistemáticamente de todo signo que remita al emisor del mensaje histórico: la historia parece estarse contando sola. Este accidente ha hecho una considerable carrera, ya que, de hecho, corresponde al discurso histórico llamado «objetivo» (en el que el historiador no interviene nunca). De hecho, en este caso, el enunciante anula su persona pasional, pero la sustituye por otra persona, la persona «objetiva»; el sujeto subsiste en toda su plenitud, pero como sujeto objetivo; esto es lo que Fustel de Coulanges llamaba significativamente (y con bastante ingenuidad también) la «castidad de la Historia». Al nivel del discurso, la objetividad —o carencia de signos del enunciante— aparece como una forma particular del imaginario, como el producto de lo que podríamos llamar la ilusión referencial, ya que con ella el historiador pretende dejar que el referente hable por sí solo. Esto no es una ilusión propia del discurso histórico: ¡cuántos novelistas —de la época realista— imaginan ser «objetivos» sólo porque suprimen los signos del *yo* en el discurso! La lingüística y el psicoanálisis conjugados nos han hecho hoy día mucho más lúcidos respecto a una enunciación privativa: sabemos que también las carencias de signos son significantes.

Acabaremos rápidamente con la enunciación mencionando el caso particular —que Jakobson, al nivel de la lengua, coloca dentro de la cuadrícula de los *shifters*— en que el enunciante del discurso es, a la vez, partícipe del proceso enunciado, en que el protagonista del enunciado es el mismo protagonista de la enunciación (T^e/T^a), en que el historiador, que fue actor en la época del suceso, se convierte en su narrador: es el caso de Jenofonte, que participa en la retirada de los Diez Mil y a continuación se convierte en su historiador. El ejemplo más ilustre de esta conjunción del *yo* enunciado y el *yo* enunciante es sin duda el uso del *él* que hace César. Este célebre *él* pertenece al enunciado; cuando César pasa a ser explícitamente enunciante, utiliza el *nosotros (ut supra demostravimus)*. Este *él* de César a primera vista aparece sumergido entre los otros participantes del discurso enunciado, y a ese título se ha visto en él el signo supremo de la objetividad; no obstante parece ser que se lo puede diferenciar formalmente; ¿cómo?, pues observando que sus predicados han sido constantemente seleccionados: el *él* de César no tolera más que determinados sintagmas, que podríamos llamar sintagmas de la jefatura *(dar órdenes, conceder audiencia, visitar, obligar a hacer, felicitar, explicar, pensar)*, todos ellos, de hecho, muy cercanos a determinados performativos en los que las palabras se confunden con el acto. Hay otros ejemplos de este *él*, actor pasado y narrador presente (especialmente en Clausewitz): todos ellos demuestran que la elección del pronombre apersonal no es más que un truco retórico y que la auténtica situación del enunciante se manifiesta en la elección de los sintagmas de los que rodea sus actos pasados.

2. Enunciado

El enunciado histórico debe poderse prestar a una división destinada a producir unidades de contenido, que a continuación podrían clasificarse. Estas unidades de contenido representan aquello de lo que habla la historia; en cuanto significados no son ni el referente puro ni el discurso completo: el conjunto que forman está constituido por el referente dividido, nombrado, inteligible ya, pero aún no sometido a una sintaxis. No nos pondremos ahora a profundizar en estas clases de unidades, sería un trabajo prematuro; nos limitaremos a hacer algunas observaciones previas.

Al igual que el enunciado frástico, el enunciado histórico comprende «existentes» y «ocurrentes», seres, entidades y sus predicados. Ahora bien, un primer examen permite suponer que unos y otros (por separado) pueden constituir listas relativamente cerradas, manejables, en consecuencia, en una palabra, *colecciones* cuyas unidades acaban por repetirse gracias a combinaciones evidentemente variables; así pues, en Herodoto, los existentes se reducen a dinastías, príncipes, generales, soldados, pueblos y lugares, y los ocurrentes a acciones como devastar, someter, aliarse, salir en expedición, reinar, utilizar una estratagema, consultar al oráculo, etc. Estas *colecciones*, que son (relativamente) cerradas, deben prestarse a determinadas reglas de sustitución y de transformación y debe ser posible estructurarlas, tarea más o menos fácil, evidentemente, según de qué historiador se trate; las unidades de Herodoto, por ejemplo, dependen en general de un único léxico, el de la guerra; habría que averiguar si en cuanto a los historiadores modernos son de esperar asociaciones más complejas de léxicos diferentes y si, incluso en ese caso, el discurso histórico no está siempre, en el fondo, basado en colecciones sólidas (es mejor hablar de *colecciones*, y no de *léxicos*, ya que nos estamos manteniendo exclusivamente en el plano del contenido). Maquiavelo parece como si hubiera tenido la intuición de esa estructura: al principio de sus *Historias florentinas* presenta su «colección», es decir, la lista de los objetos jurídicos, políticos, étnicos, que a continuación pondrá en movimiento a lo largo de su narración.

En los casos de colecciones más fluidas (los historiadores menos arcaicos que Herodoto), las unidades del contenido pueden, sin embargo, recibir una fuerte estructuración, no del léxico, sino de la temática personal del autor; esos objetos temáticos (recurrentes) son numerosos en un historiador romántico como Michelet; pero también es fácil encontrarlos en autores considerados como intelectuales: en Tácito, la *fama* es una unidad personal, y Maquiavelo asienta su historia sobre una oposición temática, la del *mantenere* (verbo que remite a la energía fundamental del gobernante) y del *ruinare* (que, por el contrario, implica una lógica de la decadencia de las cosas).[15] Es natural que, a través de esas unidades temáticas, a menudo prisioneras de una palabra, se encuentren unidades del discurso (y no tan sólo del contenido); así se llega al problema de la denominación de los objetos históricos: la palabra puede economizar una situación o una serie de acciones; favorece la estructuración en la medida en que, proyectada en el contenido, constituye por sí misma una pequeña estructura; así, Maquiavelo se sirve de la palabra *conjuración* para economizar la explicitación de un dato complejo, designan-

---

15. Véase E. Raimondi, *Opere di Niccolo Macchiavelli*, Milán, Ugo Mursia, editor, 1966.

do así la única posibilidad de lucha que subsiste cuando un gobierno sale victorioso de todas las enemistades declaradas a plena luz. La denominación, al permitir una fuerte articulación del discurso, refuerza su estructura; las historias fuertemente estructuradas son historias sustantivas: Bossuet, que piensa que la historia de los hombres ha sido estructurada por Dios, usa con abundancia sucesiones de abreviaciones en forma sustantiva.[16]

Estas observaciones valen tanto para los ocurrentes como para los existentes. Los procesos históricos en sí (sea cual fuere su desarrollo terminológico) plantean un problema interesante, entre otros: el de su estatuto. El estatuto de un proceso puede ser asertivo, negativo, interrogativo. Ahora bien, el estatuto del discurso histórico es asertivo, constativo, de una manera uniforme; el hecho histórico está lingüísticamente ligado a un privilegio del ser: se cuenta lo que ha sido, no lo que no ha sido o lo que ha sido dudoso. En resumen, el discurso histórico no conoce la negación (o lo hace muy raramente, de una manera excéntrica). De manera curiosa —pero significativa— podría ponerse este hecho en relación con la disposición que se encuentra en un enunciante muy distinto del historiador, que es el psicótico, incapaz de hacerle sufrir una transformación negativa a un enunciado;[17] podría decirse que, en cierto sentido, el discurso «objetivo» (el caso del historiador positivista) se acerca a la situación del discurso esquizofrénico; tanto en un caso como en otro, hay una censura radical de la enunciación (el sentimiento de ésta es lo único que permite la transformación negativa), reflujo masivo del discurso hacia el enunciado e, incluso (en el caso del historiador), hacia el referente: no queda nadie que asuma el enunciado.

Abordando otro aspecto, esencial, del enunciado histórico, hay que decir algo sobre las clases de unidades del contenido y su sucesión. Estas clases son, como indica un primer sondeo, las mismas que se han creído descubrir en el discurso de ficción.[18] La

16. Ejemplo: «Antes que nada, lo que se ve es la inocencia y la sabiduría del joven José...; sus sueños misteriosos...; sus hermanos celosos...; la venta de este gran hombre...; la fidelidad que guarda a su señor...; su castidad admirable; las persecuciones que ésta atrae sobre él; su prisión y su constancia...» (Bossuet, *Discours sur l'histoire universelle*, en sus *Oeuvres*, París, Gallimard, «Bibl. de la Pléiade», 1961, pág. 674).

17. L. Irigaray, «Négation et transformation négative dans le langage des schizophrènes», *Langages*, n. 5, marzo de 1967, págs. 84-98.

18. Véase «Introduction à l'analyse structurale du récit», *Communica-*

primera clase incluye todos los segmentos del discurso que remiten a un significado implícito, de acuerdo con un proceso metafórico; así cuando Michelet describe el abigarramiento de los vestidos, la alteración de los blasones y la mezcla de estilos en arquitectura, al comienzo del siglo xv, como otros tantos significantes de un significado único, que es la división moral del fin de la Edad Media; ésta es, pues, la clase de los índices, o, más exactamente, de los signos (una clase muy abundante en la novela clásica). La segunda clase de unidades está constituida por los fragmentos de discurso de naturaleza razonadora, silogística, o, más exactamente, entimemática, ya que casi siempre se trata de silogismos imperfectos, aproximativos.[19] Los entimemas no son exclusivos del discurso histórico; son frecuentes en la novela, en la que las bifurcaciones de la anécdota se justifican generalmente, ante el lector, con seudorrazonamientos de tipo silogístico. El entimema introduce en el discurso histórico una inteligibilidad no simbólica, y por ello es interesante: ¿subsiste en las historias recientes, en las que el discurso trata de romper con el modelo clásico, aristotélico? Por último, hay una tercera clase de unidades —que no es la más pequeña— que recibe lo que llamamos a partir de Propp las «funciones» del relato, o puntos cardinales a partir de los que la anécdota puede tomar un curso diferente; estas funciones están agrupadas sintagmáticamente en series cerradas, saturadas lógicamente, o secuencias; así, en Herodoto, por varias veces encontramos una secuencia *Oráculo*, compuesta de tres términos, los tres alternativos (consultar o no, responder o no, seguirlo o no) y que pueden estar separados unos de otros por unidades extrañas a la secuencia; estas unidades son, o bien los términos de otra secuencia, y entonces el esquema es de imbricación, o bien de pequeñas expansiones (informaciones, indicios), y el esquema entonces es el de una catálisis que rellena los intersticios entre los núcleos.

Generalizando —quizá de manera abusiva— estas pequeñas

---

tions, núm. 8, noviembre 1966. [Recogido en la col. «Points», Éd. du Seuil, 1981.]

19. Veamos el esquema silogístico de un pasaje de Michelet (*Histoire du Moyen Age*, t. III, libro VI, cap. II): 1. Para desviar al pueblo de la revolución hay que tenerlo ocupado. 2. Ahora bien, el mejor medio es entregarles un hombre. 3. Así pues, los príncipes escogieron al anciano Aubriot, etc.

observaciones sobre la estructura del enunciado, podemos sugerir que el discurso histórico oscila entre dos polos, según la densidad respectiva de sus índices y sus funciones. Cuando en un historiador predominan las unidades indiciales (remitiendo en cada momento a un significado implícito) la Historia aparece conducida hacia una forma metafórica y se acerca al lirismo y a lo simbólico: éste es el caso de Michelet, por ejemplo. Cuando, por el contrario, las que lo conducen son las unidades funcionales, la Historia toma una forma metonímica, se emparienta con la epopeya: como ejemplo puro de esta tendencia podríamos citar la historia narrativa de Augustin Thierry. A decir verdad, hay una tercera Historia: la que, por la estructura de su discurso, intenta reproducir la estructura de las opciones vividas por los protagonistas del proceso relatado; en ella dominan los razonamientos; es una historia reflexiva, que también podríamos llamar historia estratégica, y Maquiavelo sería el mejor ejemplo de este tipo.

3. Significación

Para que la Historia no tenga significado es necesario que el discurso se limite a una pura serie de anotaciones sin estructura: es el caso de las cronologías y de los anales (en el sentido puro del término). En el discurso histórico constituido (podríamos decir «revestido») los hechos relatados funcionan irresistiblemente como índices o como núcleos cuya misma secuencia tiene un valor indicial; e incluso, si los hechos fueran presentados de una manera anárquica, al menos significarían la anarquía y remitirían a una determinada idea negativa de la historia humana.

Los significados del discurso histórico pueden ocupar al menos dos niveles diferentes. Primero hay un nivel inmanente a la manera enunciada; este nivel retiene todo el sentido que el historiador concede voluntariamente a los hechos que relaciona (el abigarramiento de los vestidos del siglo XV para Michelet, la importancia de ciertos conflictos para Tucídides, etc.); de este tipo pueden ser las «lecciones», morales o políticas, que el narrador extrae de determinados episodios (en Maquiavelo, o Bossuet). Si la «lección» es continua, se alcanza un segundo nivel, el del significado trascendente a todo el discurso histórico, transmitido por la temática del historiador, que, de este modo, tenemos derecho a identificar como la forma del significado; así, la misma imperfección de la estructura narrativa en Herodoto (que nace de determinadas *series* de hechos sin cierre final) remite en el fondo a una determinada filosofía de la Historia, que es la disponibilidad de los hombres sometidos a la ley de los dioses; así también, en Michelet, la solidísima estructuración de los significados particulares, articulados en oposiciones (antítesis al nivel del significante) tiene como último sentido una filosofía maniqueísta de la vida y la muerte. En el discurso histórico de nuestra civilización, el proceso de significación intenta siempre «llenar» de sentido la Historia: el historiador recopila menos hechos que significantes y los relaciona, es decir, los organiza con el fin de establecer un sentido positivo y llenar así el vacío de la pura serie.

Como se puede ver, por su propia estructura y sin tener necesidad de invocar la sustancia del contenido, el discurso histórico es esencialmente elaboración ideológica, o, para ser más precisos, *imaginario*, si entendemos por imaginario el lenguaje gracias al cual el enunciante de un discurso (entidad puramente lingüística) «rellena» el sujeto de la enunciación (entidad psicológica o ideológica). Desde esta perspectiva resulta comprensible que la noción de «hecho» histórico haya suscitado a menudo una cierta desconfianza. Ya decía Nietzsche: «No hay hechos en sí. Siempre hay que empezar por introducir un sentido para que pueda haber un hecho». A partir del momento en que interviene el lenguaje (¿y cuándo no interviene?) el hecho sólo puede definirse de manera tautológica: lo anotado procede de lo observable, pero lo observable —desde Herodoto, para el que la palabra ya ha perdido su acepción mítica— no es más que lo que es digno de memoria, es decir, digno de ser anotado. Se llega así a esa paradoja que regula toda la pertinencia del discurso histórico (en comparación con otros tipos de discurso): el hecho no tiene nunca una existencia que no sea lingüística (como término de un discurso), y, no obstante, todo sucede como si esa existencia no fuera más que la «copia» pura y simple de otra existencia, situada en un campo extraestructural, la «realidad». Este discurso es, sin duda, el único en que el referente se ve como exterior al discurso, sin que jamás, sin embargo, sea posible acercarse a él fuera de ese discurso. De manera que habría que interrogarse con más precisión sobre el lugar de la «realidad» en la estructura discursiva.

El discurso histórico supone, por así decirlo, una doble operación, muy retorcida. En un primer momento (esta descomposición evidentemente es sólo metafórica), el referente está separado del discurso, se convierte en algo exterior a él, en algo fundador, se supone que es el que lo regula: es el tiempo de las *res gestae*, y el discurso se ofrece simplemente como *historia rerum gestarum*: pero, en un segundo momento, es el mismo significado el rechazado, el confundido con el referente; el referente entra en relación directa con el significante, y el discurso, encargado simplemente de *expresar* la realidad, cree estar economizando el término fundamental de las estructuras imaginarias, que es el significado. Como todo discurso con pretensión «realista», el de la historia no cree conocer, por tanto, sino un esquema semántico de dos términos, el referente y el significante; la confusión (ilusoria) del referente y el significado define, como sabemos, a los discursos *sui-referenciales*, como el discurso performativo; podría decirse que el discurso histórico es un discurso performativo falseado, en el cual el constativo (el descriptivo) aparente no es, de hecho, más que el significante del acto de palabra como acto de autoridad.[20]

En otros términos, en la historia «objetiva», la «realidad» no es nunca otra cosa que un significado informulado, protegido tras la omnipotencia aparente del referente. Esta situación define lo que podría llamarse el *efecto de realidad*. La eliminación del significado, fuera del discurso «objetivo», permitiendo que, aparentemente, se enfrente la «realidad» con su expresión, nunca deja de producir un nuevo sentido, tan cierto es, una vez más, que en un sistema, toda carencia de elementos es en sí misma significante. Este nuevo sentido —extensivo a todo discurso histórico y que define, finalmente, su pertinencia— es la propia realidad, transformada subrepticiamente en significado vergonzante: el discurso histórico no concuerda con la realidad, lo único que

---

20. Thiers expresó con una gran pureza e ingenuidad esta ilusión referencial, o esta confusión entre referente y significado, y fijó el ideal del historiador de la siguiente manera: «Ser sencillamente veraz, ser lo que las cosas son en sí mismas, no ser otra cosa que ellas, no ser nada sino gracias a ellas, como ellas, ni más ni menos que ellas» (citado por C. Jullian, *Historiens français du XIX siècle*, París, Hachette, s.f., pág. LXIII.)

hace es significarla, no dejando de repetir *esto sucedió*, sin que esta aserción llegue a ser jamás nada más que la cara del significado de toda la narración histórica.

El prestigio del *sucedió* tiene una importancia y una amplitud verdaderamente históricas. En toda nuestra civilización se da un gusto por el efecto de realidad, atestiguado por el desarrollo de géneros específicos como la novela realista, el diario íntimo, la literatura documental, el suceso, el museo histórico, la exposición de antigüedades, y, sobre todo, el desarrollo masivo de la fotografía, cuyo único rasgo pertinente (en relación con el dibujo) es precisamente el significar que el acontecimiento presentado ha tenido lugar *realmente*.[21] Una vez secularizada, la reliquia ya no detenta más sacralidad que la propia sacralidad ligada al enigma de lo que ha sido, ya no es y se ofrece a la lectura, no obstante, como el signo presente de una cosa muerta. En sentido inverso, la profanación de las reliquias es, de hecho, la destrucción de la misma realidad a partir de la intuición de que la realidad nunca es más que un sentido, revocable cuando la historia lo exige y reclama una auténtica subversión de los mismos fundamentos de la civilización.[22]

Al negarse a asumir la realidad como significado (o incluso a separar el referente de su propia aserción) es comprensible que la historia, en el momento privilegiado en que intentó constituirse como género, es decir, en el siglo XIX, haya llegado a ver en la relación «pura y simple» de los hechos la mejor prueba de tales hechos, y a instituir la narración como significante privilegiado de la realidad. Augustin Thierry se convirtió en el teórico de esa historia narrativa, que extrae su «verdad» del mismo cuidado de la narración, de la arquitectura de sus articulaciones y la abundancia de sus expansiones (que en este caso se llaman «detalles concretos»).[23] Queda así cerrado el círculo paradójico:

21. Véase «La rhétorique de l'image», *Communications*, n. 4, noviembre de 1964. [Recogido en *Lo Obvio y lo Obtuso*, 1982. Véase también *La Chambre claire*, 1980 (Nota del editor francés).]
22. Este es indudablemente el sentido que hay que dar, más allá de cualquier subversión religiosa, al gesto de los Guardias Rojos al profanar el templo del lugar en que nació Confucio (enero de 1967); recordemos que la expresión «revolución cultural» es una mala traducción de la expresión «destrucción de los fundamentos de la civilización».
23. «Se ha dicho que el objetivo del historiador es contar, no probar; yo no sé, pero estoy seguro de que, en historia, el mejor tipo de prueba,

la estructura narrativa, elaborada en el crisol de las ficciones (por medio de los mitos y las primeras epopeyas), se convierte en signo y, a la vez, prueba de la realidad. También es comprensible que la debilitación (cuando no la desaparición) de la narración en la ciencia histórica actual, que pretende hablar más de estructuras que de cronologías, implique algo más que un simple cambio de escuela: una auténtica transformación ideológica; la narración histórica muere porque, el signo de la Historia, de ahora en adelante, es mucho menos lo real que lo inteligible.

1967, *Information sur les sciences sociales*.

---

el más capaz de impresionar y de convencer a todos los espíritus, el que permite menos desconfianza y deja menos dudas es la narración completa...» (A. Thierry, *Récit des temps mérovingiens*, vol. II, París, Furne, 1851, pág. 227).

El efecto de realidad

Cuando Flaubert, al describir la sala en que está Mme. Aubain, la señora de Félicité, nos dice que «un viejo piano soportaba, bajo un barómetro, un montón piramidal de cajas y cartones»,[24] cuando Michelet, al relatar la muerte de Charlotte Corday y contar que, antes de la llegada del verdugo, recibió en la prisión la visita de un pintor para que hiciera su retrato, llega a precisar que «al cabo de una hora y media, alguien llamó suavemente a una puertecilla que estaba tras ella»[25] ambos autores (entre muchos otros) están anotando <u>observaciones</u> que el análisis <u>estructural, ocupado en separar y sistematizar las grandes articulaciones del relato, por lo general, y al menos hasta hoy en día,</u> deja a un lado, bien porque elimina del inventario (no hablando de ellos) todos los detalles «superfluos» (en relación con la estructura), bien porque trata estos mismos detalles (el propio autor de estas líneas así lo ha intentado también)[26] como «rellenos» (catálisis), provistos de un valor funcional indirecto, en la medida en que, al sumarse, constituyen algún indicio de carácter

24. G. Flaubert, «Un coeur simple», *Trois Contes*, París, Charpentier-Fasquelle, 1893, pág. 4.
25. J. Michelet, *Histoire de France, La Révolution*, t. V, Lausana Éd. Rencontre, 1967, pág. 292.
26. «Introduction à l'analyse structurale du récit», *Communications*, n. 8, 1966, págs. 1-27. [Recogido en la col. «Points», Éd. du Seuil, 1981.]

o de atmósfera, y, de esta manera, pueden ser finalmente recuperados por la estructura.

No obstante, parece que si se pretende que el análisis sea exhaustivo (¿y qué valor tendría un método que no diera cuenta del objeto en toda su integridad, es decir, en este caso, de toda la superficie del tejido narrativo?), al intentar recoger, para concederle su lugar en la estructura, el detalle absoluto, la unidad indivisible, la transición fugitiva, debe fatalmente toparse con anotaciones que ninguna función (por indirecta que sea) permite justificar: estas anotaciones son escandalosas (desde el punto de vista de la estructura), o, lo que aún es más inquietante, parecen proceder de una especie de *lujo* de la narración, pródiga hasta el punto de dispensar detalles «inútiles» y elevar así, en determinados puntos, el coste de la información narrativa. Pues, si bien en la descripción de Flaubert, es posible, ciertamente, ver en la observación del piano un índice del *standing* burgués de su propietaria y en la de los cartones un signo de desorden y algo así como de «venido a menos» apropiadas para connotar la atmósfera de la casa de los Aubain, no hay ninguna finalidad que parezca justificar la referencia a un barómetro, objeto que no resulta ni incongruente ni significativo y por lo tanto, no participa, a primera vista, del orden de lo *anotable*; y en la frase de Michelet tenemos la misma dificultad para dar cuenta estructuralmente de todos los detalles: lo único que es necesario para la historia es que el verdugo viene detrás del pintor; el tiempo que dura la pose, la dimensión y la situación de la puerta son inútiles (pero el tema de la puerta, la suavidad con que la muerte llama, tiene un indiscutible valor simbólico). Incluso cuando no son numerosos los «detalles inútiles» parecen, así pues, inevitables: todo relato, o al menos todo relato occidental de un tipo común, contiene algunos.

La anotación insignificante[27] (tomando esta palabra en su sentido fuerte: aparentemente sustraída de la estructura semiótica del relato) tiene parentesco con la descripción, incluso cuando el objeto parezca no estar denotado más que por una palabra (en realidad, la palabra pura no existe: el barómetro de Flaubert

27 En esta breve visión no daremos ejemplos de anotaciones «insignificantes», pues la insignificancia sólo puede denunciarse al nivel de una estructura muy amplia: una anotación, en cita, no es ni significante ni insignificante; necesita un contexto previamente analizado.

no está citado en sí mismo; está situado, aprehendido en un sintagma referencial y a la vez sintáctico); esto subraya el carácter enigmático de toda descripción, del que habría que hablar un poco. La estructura general del relato, al menos la que ha sido analizada hasta el presente, se aparece como esencialmente *predictiva*; esquematizando hasta el extremo, y sin tener en cuenta los numerosos rodeos, retrasos, retrocesos y decepciones que el relato impone institucionalmente a este esquema, se puede decir que, en cada articulación del sintagma narrativo, alguien dice al héroe (o al lector, eso no tiene importancia): si actúas de tal manera, si eliges tal parte de la alternativa, esto es lo que vas a conseguir (el carácter *relatado* de tales predicciones no altera su naturaleza práctica). Muy diferente es el caso de la descripción: ésta no lleva ninguna marca predictiva; al ser «analógica» su estructura es puramente aditiva y no contiene esa trayectoria de opciones y alternativas que da a la narración el diseño de un amplio *dispatching*, provisto de una temporalidad referencial (y no solamente discursiva). Es ésta una oposición que, antropológicamente, tiene su importancia: cuando, bajo la influencia de los trabajos de Von Frisch empezamos a imaginar que las abejas podían tener un lenguaje, fue necesario constatar que si bien esos animales disponían de un sistema predictivo a base de danzas (para la recolección de su alimento), no había nada en él que se aproximara a una *descripción*.[28] La descripción aparece así como una especie de «carácter propio» de los lenguajes llamados superiores, en la medida, aparentemente paradójica, en que no está justificada por ninguna finalidad de acción o de comunicación. La singularidad de la descripción (o del «detalle inútil») en el tejido narrativo, su soledad, designa una cuestión de la máxima importancia para el análisis estructural de los relatos. Esta cuestión es la siguiente: todo, en el relato, es significante y cuando no, cuando en el sintagma narrativo subsisten ciertas zonas insignificantes, ¿cuál sería, en definitiva, si nos podemos permitir hablar en estos términos, la significación de esta insignificancia?

En primer lugar, habría que recordar que la cultura occidental, en una de sus más importantes corrientes, nunca ha dejado la descripción al margen del sentido y hasta la ha provisto de una finalidad perfectamente reconocida por la institución lite-

28. F. Bresson, «La signification», *Problèmes de psycho-linguistique*, París, PUF, 1963.

raria. Esta corriente es la retórica y esa finalidad es la «belleza»: la descripción, durante mucho tiempo, ha tenido una función estética. La Antigüedad, desde muy temprano, había añadido a los dos géneros expresamente funcionales del discurso, el judicial y el político, un tercer género, el epidíctico, discurso ornamental, dedicado a provocar la admiración del auditorio (no ya su persuasión), que contenía en estado germinal —fueran cuales fueren las reglas rituales de su empleo: elogio de un héroe o necrológica— la misma idea de una finalidad estética del lenguaje; en la neorretórica alejandrina (la del siglo II después de Jesucristo), hubo una pasión por la *ekfrasis*, pieza brillante, separable (o sea que con una finalidad en sí misma, independiente de toda función de conjunto), y que tenía por objeto la descripción de lugares, tiempos, personas u obras de arte, tradición que se mantuvo a lo largo de la Edad Media. En esta época (como muy bien ha señalado Curtius),[29] la descripción no está sometida a ningún realismo; poco importaba su verdad (incluso su verosimilitud); no se siente ninguna incomodidad por colocar leones u olivos en un país nórdico; tan sólo cuentan las exigencias del género descriptivo; la verosimilitud en este caso no es referencial, sino claramente discursiva: son las reglas genéricas del discurso las que dictan su ley.

Si damos un salto hasta Flaubert podemos apreciar que la finalidad de la descripción es todavía muy fuerte. En *Madame Bovary*, la descripción de Rouen (referente real como pocos) está sometida a las exigencias tiránicas de lo que deberíamos llamar lo verosímil estético, como lo atestiguan las correcciones aportadas a ese fragmento en el curso de seis redacciones sucesivas.[30] En primer lugar, vemos que las correcciones no proceden en absoluto de una mejor consideración del modelo: Rouen, percibido por Flaubert, sigue siendo el mismo, o, más exactamente, si algo varía de una versión a otra, eso es únicamente por la necesidad de concretar una imagen o de evitar una redundancia fónica reprobada por las reglas del buen estilo, o también para «enca-

29. E. R. Curtius, *La Littérature européenne et le Moyen Age latin*, París, PUF, 1956, cap. X.
30. Las seis versiones sucesivas de esta descripción están citadas por A. Albalat, *Le Travail du style*, París, Armand Colin, 1903, pág. 72 y siguientes.

jar» una expresión feliz totalmente contingente;[31] en seguida se
nota que el tejido descriptivo, que a primera vista parece dar una
gran importancia (por sus dimensiones y el cuidado de los detalles) al objeto *Rouen*, en realidad no es sino una especie de fondo
destinado a contener las joyas de algunas metáforas raras, el excipiente neutro, prosaico, que envuelve a la preciosa sustancia
simbólica, como si de Rouen tan sólo importaran las figuras retóricas a las que la vista de la ciudad se presta, como si Rouen
sólo fuese notable por sus sustituciones (*los mástiles como un
bosque de agujas, las islas como grandes peces negros detenidos,
las nubes como olas aéreas que se rompen en silencio contra un
acantilado*); en fin, se ve que toda la descripción está *construida*
con la intención de asemejar a Rouen con una pintura: lo que el
lenguaje toma a su cargo es una escena pintada («Visto así, desde
arriba, el paisaje entero tenía un aspecto inmóvil, como una pintura»); el escritor en este caso responde a la definición que da
Platón del artista, al que considera un hacedor en tercer grado, ya
que está imitando lo que ya es la simulación de una esencia.[32]
De esta manera, aunque la descripción de Rouen sea perfectamente «impertinente» en relación a la estructura narrativa de *Madame
Bovary* (no es posible ligarla a ninguna secuencia funcional ni a
ningún significado caracterial, atmosferial o sapiencial), en modo
alguno resulta escandalosa, y está justificada, si no por la lógica
de la obra, al menos por las leyes de la literatura: su «sentido»
existe, y no depende de la conformidad al modelo sino de las
reglas culturales de la representación.

Sin embargo, la finalidad estética de la descripción flaubertiana está completamente mezclada con imperativos «realistas», como si la exactitud del referente, superior o indiferente a cualquier otra función, ordenara y justificara por sí sola, aparentemente, el hecho de describirlo, o —en el caso de las descripciones
reducidas a una palabra— el hecho de denotarlo; las exigencias
estéticas están entonces penetradas de exigencias referenciales,
tomadas al menos como excusas: es probable que, si llegáramos

31. Este mecanismo ya lo señaló perfectamente Valéry en *Littérature*,
al comentar el verso de Baudelaire: «La servante au grand coeur...» («A
Baudelaire le *vino* este verso... Y Baudelaire continuó. Enterró a la criada
bajo el césped, cosa que va contra la costumbre, pero le viene bien a la
rima, etc.»)

32. Platón, *República*, X, 599.

a Rouen en diligencia, la vista que tendríamos al bajar la cuesta
que conduce a la ciudad no sería «objetivamente» diferente del
panorama que describe Flaubert. Esta mezcla —este entrecruzamiento— de exigencias tiene una ventaja doble: por una parte,
la función estética, dándole un sentido como «pieza», detiene lo
que podría llevar a un vértigo de anotaciones; pues, en cuanto el
discurso dejara de estar guiado y limitado por los imperativos
estructurales de la anécdota (funciones e índices), ya nada podría
indicar por qué detenerse en el detalle de la descripción aquí y
no allá; si no estuviera sometida a una opción estética o retórica,
toda «vista» sería inagotable para el discurso: siempre habría
una esquina, un detalle, una inflexión de espacio o de color del
que dar cuenta; y, por otra parte, al dar el referente como realidad, al fingir seguirlo de una manera esclavizada, la descripción
realista evita dejarse arrastrar hacia una actividad fantasmática
(precaución que se creía necesaria para la «objetividad» de la
relación); la retórica clásica había institucionalizado en cierto
modo el fantasma bajo el nombre de una figura particular, la
hipotiposis, encargada de «meterle las cosas por los ojos al
auditor» no de una manera neutra, constatadora, sino dotando
a la representación de todo el brillo del deseo (esto formaba
parte del discurso vivamente iluminado, netamente coloreado: la
igustris oratio); al renunciar de manera declarada a las exigencias
del código retórico, el realismo debe encontrar una nueva razón
para describir.

Los residuos irreductibles del análisis funcional tienen esto en
común, la denotación de lo que comúnmente se llama la «realidad
concreta» (pequeños gestos, actitudes transitorias, objetos insignificantes, palabras redundantes). La «representación» pura y simple de la «realidad», la relación desnuda de «lo que es» (o ha
sido) aparece de esa manera como una resistencia al sentido;
esta resistencia confirma la gran oposición mítica entre lo vivido
(lo viviente) y lo inteligible; basta con recordar que, en la ideología de nuestro tiempo, la referencia obsesiva a lo «concreto» (en
todo lo que se exige retóricamente de las ciencias humanas, de
la literatura, de las conductas) está siempre armada como una
máquina de guerra contra el sentido, como si, por una exclusión
de derecho, lo que está vivo no pudiera significar (y a la recíproca). La resistencia de la «realidad» (bajo su forma escrita, por
supuesto) a la estructura está muy limitada en el relato de fic-

ción, que, por definición, está construido sobre un modelo que, en líneas generales, no tiene más exigencias que las de lo inteligible; pero esta misma «realidad» se convierte en la referencia esencial en el relato histórico, que se supone que da cuenta de «lo que ha pasado realmente»: ¿qué importa entonces la no funcionalidad de un detalle, siempre que éste denote «lo que ha tenido lugar»?; la «realidad concreta» se convierte en la justificación suficiente del decir. La historia (el discurso histórico: *historia rerum gestarum*) es, de hecho, el modelo de esos relatos que admiten el relleno de los intersticios entre sus funciones por medio de anotaciones estructuralmente superfluas, y es lógico que el realismo literario haya sido, con pocos decenios de diferencia, contemporáneo del imperio de la historia «objetiva», a lo que habría que añadir el desarrollo actual de las técnicas, las obras y las instituciones basadas sobre la necesidad incesante de autentificar lo «real»: la fotografía (mero testigo de «lo que ha sucedido ahí»), el reportaje, las exposiciones de objetos antiguos (una buena muestra sería el éxito del *show* de Tutankamón), el turismo acerca de monumentos y lugares históricos. Todo ello afirma que lo «real» se considera autosuficiente, que es lo bastante fuerte para desmentir toda idea de «función», que su enunciación no tiene ninguna necesidad de integrarse en una estructura y que el «haber estado ahí» de las cosas es un principio suficiente de la palabra.

Desde la Antigüedad, lo «real» estaba del lado de la Historia; pero eso era para mejor oponerse a lo verosímil, es decir, al orden mismo del relato (de la imitación o «poesía»). Toda la cultura clásica ha vivido durante siglos con la idea de que lo real no podía en absoluto contaminar a lo verosímil; primero, porque lo verosímil no es nunca más que lo opinable: está enteramente sometido a la opinión (del público); Nicole decía: «No hay que mirar las cosas como son en sí mismas ni como sabe que son el que habla o escribe, sino solamente relacionándolas con lo que saben los que leen o los que entienden»;[33] en segundo lugar, porque es general, y no particular, como es la Historia, según se pensaba (de ahí la propensión, en los textos clásicos, a funcionalizar todos los detalles, a producir estructuras sólidas y a no

33. Citado por R. Bray, *Formation de la doctrine classique*, París, Nizet, 1963, pág. 208.

dejar, parece ser, ninguna anotación bajo la simple garantía de la «realidad»); por último, porque en lo verosímil nunca es imposible lo contrario, ya que la anotación descansa sobre una opinión mayoritaria, pero no absoluta. La gran palabra que se sobreentiende en el umbral de todo discurso clásico (sometido a la antigua verosimilitud) es: *Esto (Sea, Admitamos...).* La anotación «real», parcelaria, intersticial, podríamos decir, de la que aquí exponemos el caso, renuncia a esa introducción implícita y se desembaraza de toda intención postuladora de que ella forme parte del tejido estructural. Por eso mismo existe una ruptura entre lo verosímil antiguo y el realismo moderno; pero, también por eso mismo, nace una nueva verosimilitud que es precisamente el realismo (entendemos por realista todo discurso que acepte enunciaciones acreditadas tan sólo por su referente).

Semióticamente, el «detalle concreto» está constituido por la colusión *directa* de un referente y un significante; el significado está expulsado del signo y, con él, por supuesto, la posibilidad de desarrollar una *forma del significado,* es decir, de hecho, la misma estructura narrativa (la literatura realista es ciertamente narrativa, pero eso sólo porque el realismo en ella es solamente parcelario, errático, está confinado en los «detalles», y el relato más realista que podamos imaginar se desarrolla de acuerdo con vías irrealistas). Esto es lo que se podría llamar la *ilusión referencial.*[34] La verdad de esta ilusión es ésta: eliminado de la enunciación realista a título de significado de denotación, lo «real» retorna a título de significado de connotación; pues en el mismo momento en que esos detalles se supone que denotan directamente lo real, no hacen otra cosa que significarlo, sin decirlo; el barómetro de Flaubert, la puertecilla de Michelet, en el fondo, no dicen más que esto: *nosotros somos lo real;* entonces lo que se está significando es la categoría de lo «real» (y no sus contenidos contingentes); dicho de otra manera, la misma carencia de significado en provecho del simple referente se convierte en el significante mismo del realismo: se produce un *efecto de realidad,* base de esa verosimilitud inconfesada que forma la estética de todas las obras más comunes de la modernidad.

34. Ilusión claramente ilustrada por el programa que Thiers asignaba al historiador: «Ser sencillamente veraz, ser lo que las cosas son en sí mismas, no ser otra cosa que ellas, no ser nada sino gracias a ellas, como ellas, ni más ni menos que ellas» (citado por C. Jullian, *Historiens français du XIX siècle,* París, Hachette, s.f., pág. LXIII).

Esta nueva verosimilitud es muy diferente de la antigua, pues ya no es el respeto a las «leyes del género», ni siquiera su máscara, sino que procede de la intención de alterar la naturaleza tripartida del signo para hacer de la anotación el mero encuentro entre un objeto y su expresión. La desintegración del signo —que parece ser la ocupación más importante de la modernidad— está ciertamente presente en la empresa realista, pero de una manera en cierto modo regresiva, ya que se hace en nombre de una plenitud referencial, mientras que, hoy en día, se trata de lo contrario, de vaciar el signo y de hacer retroceder infinitamente su objeto hasta poner en cuestión, de una manera radical, la estética secular de la «representación».

1968, *Communications.*

La escritura del suceso

Describir el suceso implica que éste ha sido objeto de escritura. ¿Cómo puede escribirse sobre un suceso? ¿Qué es lo que podría querer decir «escritura del suceso»?

Los sucesos de mayo del 68 parecen haberse escrito de tres maneras, con tres escrituras, cuya conjunción poligráfica es quizá lo que conforma su originalidad histórica.

1. La palabra

Cualquier conmoción nacional produce una brusca floración de comentarios escritos (prensa y libros). No es de esto de lo que quiero hablar ahora. La palabra sobre mayo del 68 ha tenido aspectos originales que conviene subrayar.

1. La palabra radiofónica (la de las emisoras llamadas periféricas) ha seguido de cerca el acontecimiento a medida que se iba produciendo, de una manera anhelante, dramática, imponiendo la idea de que el conocimiento de la actualidad ya no es competencia de la palabra impresa sino de la palabra hablada. La historia «en caliente», en el momento de hacerse, es una historia auditiva,[35] el oído vuelve a ser lo que fue en la Edad Media: no

---

35. Recordemos esas calles llenas de hombres inmóviles, que no veían ni miraban nada, con los ojos bajos, pero con la oreja pegada al transistor que, puesto a la altura de la cabeza, proporciona la figura de una nueva anatomía humana.

tan sólo el primero entre los sentidos (antes que el tacto y la vista), sino el sentido en que se basa el conocimiento (como para Lutero era la base de la fe del cristiano). Y eso no lo es todo. La palabra informativa (la del reportero) ha estado tan estrechamente mezclada con el acontecimiento, con la propia opacidad de su presente (basta con pensar en determinadas noches de barricadas), que constituía su sentido inmediato y consustancial, su manera de acceder a una inteligibilidad instantánea; esto quiere decir que, en los términos de la cultura occidental, en los que no puede percibirse nada que carezca de sentido, ella constituía el propio acontecimiento. La distancia milenaria entre el acto y el discurso, el acontecimiento y el testimonio, se ha encogido: ha aparecido una nueva dimensión de la historia, desde ese momento ligada de manera inmediata a su discurso, mientras que toda la «ciencia» histórica tenía como tarea el reconocimiento de esa distancia, con el fin de controlarla. No era tan sólo que la palabra radiofónica informara a los participantes sobre la misma prolongación de la acción (a pocos metros de ellos), de manera que el transistor se convertía en el apéndice corporal, la prótesis auditiva, el nuevo órgano de ciencia-ficción de algunos manifestantes, sino también que, gracias a la comprensión del tiempo, al inmediato eco del acto, esa palabra le daba una inflexión al acontecimiento, lo modificaba, en resumen, lo escribía: una fusión del signo y su escucha, una reversibilidad de la escritura y de la lectura que es, por otra parte, lo que reclama la revolución de la escritura que la modernidad intenta llevar a cabo.

2. Las relaciones de fuerza entre los diferentes grupos y partidos comprometidos en la crisis han sido esencialmente relaciones *habladas*, en el sentido de que el desplazamiento táctico o dialéctico de esas relaciones a lo largo de las jornadas de Mayo se ha operado *por medio de y por* (confusión de la vía y la causa que marca el lenguaje) el comunicado, la conferencia de prensa, la declaración, el discurso. No es sólo que la crisis haya tenido su lenguaje, sino que la crisis ha sido lenguaje (algo así como en el sentido en que André Glucksmann ha podido hablar de la guerra como lenguaje): la palabra es lo que, en cierto modo, ha labrado la historia, la ha hecho existir como una retícula de trazos, como una escritura operante, desplazante (tan sólo un polvoriento prejuicio nos hace considerar la palabra como una actividad ilusoria, ruidosa y vana, que oponemos a los actos); la natu-

que por lo que parece, para los franceses se sitúa mucho más en
el coche que en la casa. Otros símbolos fueron también moviliza-
dos: el monumento (Bolsa, Odeón), la manifestación, la ocupación, la manera de vestir, y, por supuesto, el lenguaje, en sus aspectos más codificados (es decir, simbólicos, rituales).[38] Habría
que hacer el inventario de estos símbolos; no tanto para obtener
una lista muy elocuente (a pesar o a causa de la «espontaneidad»
que ha presidido su liberación) sino porque el régimen simbólico
bajo el que funciona un acontecimiento está estrechamente ligado al grado de integración de ese acontecimiento en la sociedad
para la que es, a la vez, expresión y conmoción: un campo simbólico no es tan sólo una reunión (o un antagonismo) de símbolos; está formado también por un juego homogéneo de reglas,
por un recurso a esas reglas consentido en común. En el fondo
parece ser que actores y adversarios de la contestación han estado marcados por una especie de adhesión casi unánime[39] a un
mismo discurso simbólico: casi todos han utilizado el mismo
juego simbólico.

3. La violencia

La violencia, que en la mitología moderna consideramos que
va lógicamente ligada a la espontaneidad y la efectividad, la violencia, que en este caso está simbolizada concretamente y luego
verbalmente por «la calle», espacio de la palabra desencadenada,
del contacto libre, espacio contrainstitucional, contraparlamenta-
rio y contraintelectual, oposición de lo inmediato a las posibles
añagazas de toda mediación, la violencia es una escritura: es el
trazo en su más profundo gesto (ya conocemos ese tema derri-
diano). La escritura misma (si no queremos confundirla obligatoriamente con el estilo o la literatura) es violenta. Es justamente
lo que hay de violencia en la escritura lo que la separa de la
palabra, lo que revela en ella la fuerza de inscripción, la añadidu-

38. Por ejemplo: el léxico del trabajo revolucionario («comités» «comi-
siones», «mociones», «puntos», etc.), el ritual de la comunicación (tuteo,
nombres propios, etc.).
39. En ese inventario lo más importante, en el fondo, sería señalar la
manera en que cada grupo ha jugado o no con el juego simbólico: rechazo
de la bandera (roja o negra), rechazo de la barricada, etc.

ra de un trazo irreversible. A esta escritura de la violencia (escritura eminentemente colectiva) ni siquiera le falta un código; sea cual fuere la manera en que se decida dar cuenta de ella —táctica o psicoanalíticamente— la violencia implica un lenguaje de la violencia, es decir, signos (operaciones o pulsiones) repetidos, combinados en figuras (acciones o complejos), en una palabra, un sistema. Aprovechemos para volver a decir que la presencia (o la postulación) del código no intelectualiza el acontecimiento (de manera contraria a lo que enuncia sin cesar la mitología antiintelectualista): lo inteligible no es lo intelectual.

Esas son a primera vista las orientaciones que podría tomar una descripción de los rasgos que constituyen el acontecimiento. No obstante, este tipo de descripción correría el riesgo de ser inerte si no lo ligáramos, desde el comienzo, a dos postulados, cuyo alcance aún es polémico.

El primero consiste en separar rigurosamente, de acuerdo con la propuesta de Derrida, los conceptos de palabra y escritura. La palabra no es tan sólo lo que realmente se habla, sino también lo que se transcribe (o más bien, se translitera) de la expresión oral, y puede perfectamente imprimirse (o fotocopiarse); ligada al cuerpo, a la persona, al deseo de aprehender, la palabra es la propia voz de toda reivindicación, pero no forzosamente de la revolución. La escritura, en cambio, es «lo que está por inventar», la ruptura vertiginosa con el antiguo sistema simbólico, la mutación de toda una cara del lenguaje. Es decir que, por una parte, la escritura (en el sentido en que se entiende aquí, que no tiene nada que ver con el buen estilo o incluso con el estilo literario) no es en absoluto un hecho burgués (lo que esta clase ha elaborado es más bien una palabra impresa), y, por otra parte, que el acontecimiento actual no puede proporcionar más que algunos fragmentos marginales de escritura, de los que hemos visto que no forzosamente eran impresos; se considerará sospechoso todo despojo de la escritura, toda primacía sistemática de la palabra, porque, sea cual fuere la excusa revolucionaria, una y otra tienden a *conservar* el antiguo sistema simbólico y se resisten a unir su revolución a la de la sociedad.

El segundo postulado consiste en no esperar de la descripción escritural un «desciframiento». Considerar el acontecimiento bajo el ángulo de las oportunidades de mutación simbólica que puede implicar quiere decir, en primer lugar, romper uno mismo, hasta el punto que sea posible (lo cual no es fácil, requiere un trabajo continuado, que ha comenzado hace algunos años en diversos puntos, hay que recordarlo), con el sistema de sentido que el acontecimiento, si se pretende revolucionario, tiene que proponerse destruir. La vertiente crítica del antiguo sistema es la *Interpretación*, es decir, la operación por la cual, a un juego de apariencias confusas o incluso contradictorias, se le asigna una estructura unitaria, un sentido profundo, una «verdadera» explicación. En cuanto a la interpretación, se trata de, poco a poco, ir sustituyéndola por un nuevo discurso, que tenga como finalidad, ya no el desvelamiento de una estructura única y «verdadera», sino el establecimiento de un juego de estructuras múltiples: un establecimiento que estaría también *escrito*, es decir, separado de la verdad de la palabra; dicho con más precisión: son las relaciones que anudan estas estructuras concomitantes, sometidas a reglas todavía desconocidas, las que deben constituir el objeto de una nueva teoría.

1968, *Communications*.

V

EL AFICIONADO A LOS SIGNOS

El deslumbramiento

El *Berliner Ensemble* fue a Francia por primera vez en 1954. Algunos de los que entonces lo vieron experimentaron la revelación de un sistema nuevo, que hacía caducar cruelmente a todo nuestro teatro. Esa novedad no tenía nada de provocativo y no se utilizaban los modales habituales de la vanguardia. Era lo que podríamos llamar una revolución sutil.

Esta revolución procedía de que el dramaturgo (el propio Brecht, en ese caso) consideraba como perfectamente compatibles valores que nuestro teatro siempre había sentido repugnancia en reunir. El teatro brechtiano, como es sabido, es un teatro *pensado*, una práctica elaborada a partir de una teoría explícita, materialista y a la vez semántica. Cuando se ha estado deseando un teatro político iluminado por el marxismo y un arte que vigile con todo rigor los signos que emplea, ¿cómo no quedar deslumbrado ante el trabajo del *Berliner*? Además, nueva paradoja, se trataba de un trabajo político que no rechazaba la belleza; el más suave azul, la más discreta materia, una hebilla de cinturón, un harapo gris, formaban en cualquier ocasión un cuadro que nunca copiaba a la pintura y, sin embargo, no hubiera sido posible sin un gusto muy refinado: ese teatro que se quería comprometido no temía el ser *distinguido* (palabra que habría que liberar de su ordinaria futilidad para darle un sentido próximo al del «distanciamiento» brechtiano). El conjunto de ambos valores producía lo que cabe considerar como un fenómeno desconocido en Occidente (y que quizá Brecht había aprendido precisamente del Oriente): *un teatro sin histeria*.

Finalmente, como último regusto, este teatro inteligente, político y de una suntuosidad ascética, era también, de acuerdo, por otra parte, con un precepto de Brecht, un teatro agradable: ni una perorata, ni una prédica nunca, ni siquiera ese maniqueísmo edificante que opone generalmente, en todo arte político, a los buenos proletarios frente a los malvados burgueses, y en cambio, siempre, un argumento inesperado, una crítica social que transcurre al margen de los estereotipos y moviliza el resorte más secreto del placer: la sutileza. Un teatro que era a la vez revolucionario, significante y voluptuoso, ¿quién podría pedir más?

Esta sorprendente conjunción no tenía, sin embargo, nada de mágica; no hubiera sido posible sin un dato material del que carecía —y aún carece— nuestro teatro. Durante mucho tiempo en nuestro país ha reinado la cómoda convicción, heredada de una tradición espiritualista que Copeau ha simbolizado perfectamente, de que se podía hacer un teatro excelente sin dinero: la pobreza de medios se convertía así en un valor sublime, y convertía en oficiantes a los actores. Ahora bien, el teatro de Brecht es un teatro caro, por el insólito cuidado de la puesta en escena, por la elaboración del vestuario —cuyo tratamiento reflexivo cuesta infinitamente más que el extremado lujo de los escenarios de gran espectáculo—, por la cantidad de los ensayos, por la seguridad profesional de los actores, tan necesaria para su arte. Este teatro, refinado y a la vez popular, es imposible que se dé dentro de una economía privada, en la que no podrían sostenerlo ni el público burgués, que proporciona el dinero, ni el público pequeñoburgués, que constituye el número. Tras el éxito del *Berliner*, tras la perfección de su trabajo, cosa que todos podían constatar, había que ver, además, toda una economía, toda una política.

No sé lo que ha sido del *Berliner* tras la muerte de Brecht, pero sí que el *Berliner* de 1954 me enseñó muchas cosas, y muchas de ellas situadas mucho más allá del teatro.

1971, *Le Monde*.

Un precioso regalo

Jakobson le ha regalado a la literatura algo precioso: le ha dado la lingüística. Bien es verdad que la Literatura no ha tenido que esperar a Jakobson para saber que es Lenguaje: testimonio de ello es toda la Retórica clásica, hasta Valéry; pero desde el mismo momento en que se pretendió hacer una ciencia del lenguaje (primero bajo la forma de una lingüística histórica y comparativa de las lenguas), esta ciencia se desinteresó curiosamente de los efectos de sentido, sucumbiendo también, en ese siglo positivista (el XIX), al tabú de los campos acotados: por un lado la Ciencia, la Razón, el Hecho; por el otro, el Arte, la Sensibilidad, la Impresión. Jakobson, desde joven, ha estado interesado en arreglar esta situación: porque es un lingüista que ha tenido a gala seguir siendo siempre un gran aficionado a la poesía, la pintura, el cine, porque, en el seno de su investigación científica, nunca ha censurado sus placeres de hombre cultivado, y ha sentido que el verdadero hecho científico de la modernidad no era el hecho, sino la relación. En los comienzos de la lingüística generalizada que él diseñó, tuvo un gesto decisivo de *apertura* de las clasificaciones, de las castas, de las disciplinas: estas palabras han perdido con él su talante separatista, penal, racista; ya no hay propietarios (de la Literatura, de la Lingüística), los perros guardianes han sido reducidos a su caseta.

Jakobson ha investido a la Literatura de tres maneras. En

primer lugar, ha creado dentro de la propia lingüística un departamento especial, la Poética; y no ha definido este sector (ahí reside la novedad de su trabajo, su aportación histórica) a partir de la Literatura (como si la Poética dependiera siempre de lo «poético» o de la «poesía»), sino a partir del análisis de las funciones del lenguaje: toda enunciación que haga hincapié en la forma del mensaje es poética; de esa manera, él ha podido llegar, *a partir de una posición lingüística,* a las formas vitales (y a menudo las más emancipadas) de la Literatura: el derecho a la ambigüedad de los sentidos, el sistema de las sustituciones, el código de las figuras (metáfora y metonimia).

En segundo lugar, y con más energía aún que Saussure, ha abogado en favor de una pansemiótica, de una ciencia generalizada (y no sólo general) de los signos; pero también aquí su posición es de vanguardia en dos sentidos: pues, por una parte, en esta ciencia concede al lenguaje articulado un lugar preeminente (él sabe perfectamente que el lenguaje está *en todas partes,* y no simplemente *al lado*) y, por otra parte, adjudica a la semiótica inmediatamente los dominios del Arte y la Literatura, postulando así a la vez que la semiología es la ciencia de la significación, y no de la simple comunicación (de esta manera aparta a la lingüística de cualquier riesgo de enfoque o utilización tecnocráticos).

Por último, su propia lingüística prepara admirablemente para lo que hoy podemos pensar del Texto: para saber que el sentido de un signo no es, de hecho, sino su traducción a otro signo, lo cual es definir el sentido, no como un significado último, sino como *otro* nivel significante; para saber, también, que el lenguaje más común conlleva un número importante de enunciados metalingüísticos, lo que atestigua la necesidad del hombre de pensar en su lenguaje en el mismo momento en que habla: actividad capital que la Literatura se limita a llevar a su grado de incandescencia más elevado.

El mismo estilo de su pensamiento, brillante, generoso, irónico, expansivo, cosmopolita, móvil y que podríamos calificar de *terriblemente inteligente,* predisponía a Jakobson a esa función histórica de apertura, de abolición de la propiedad disciplinar. Sin duda hay otro estilo posible, que se basa a la vez sobre una cultura más histórica y sobre una noción más filosófica del sujeto hablante: estoy pensando en la obra inolvidable (y, no obstante, me temo que un poco olvidada) de Benveniste, que nunca debemos disociar (y Jakobson estaría de acuerdo en ello) de cualquier *homenaje* al papel decisivo de la Lingüística en el nacimiento de esa *otra cosa* que nuestro siglo prepara. En cuanto a Jakobson, por medio de todas las nuevas e irreversibles propuestas de que está tejida su obra cincuentenaria, es, para nosotros, ese agente histórico que, con un solo golpe de su inteligencia, hace que se hundan definitivamente *en el pasado* algunas cosas respetabilísimas en que nos basábamos: convierte el prejuicio en anacronismo. Todo su trabajo nos recuerda que «todos nosotros hemos comprendido que un lingüista sordo para la función poética, al igual que un especialista de la literatura indiferente a los problemas e ignorante de los métodos lingüísticos, son, de ahora en adelante, flagrantes anacronismos».

1971, *Le Monde.*

Por qué me gusta Benveniste

1

Algunos se sienten molestos por la preeminencia actual de los problemas del lenguaje, en lo que ven una moda excesiva. Sin embargo, tendrán que tomar partido sobre el asunto: probablemente no hemos hecho más que empezar a hablar del lenguaje: la lingüística, acompañada de las ciencias que hoy en día tienden a aglutinarse con ella, está entrando en los albores de su historia: estamos descubriendo el lenguaje como estamos descubriendo el espacio: nuestro siglo quedará quizá marcado por estas dos exploraciones.

Así pues, todo libro de lingüística general responde hoy día a una necesidad imperiosa de la cultura, a una exigencia de saber formulada por todas las ciencias cuyo objeto, de cerca o de lejos, tiene algo que ver con el lenguaje. Ahora bien, la lingüística, dividida entre una especialización necesaria y un proyecto antropológico que está a punto de salir a la luz del día, es de difícil exposición. Además, los libros de lingüística general son poco numerosos, al menos los que están en francés; están los *Elementos* de Martinet y los *Ensayos* de Jakobson; pronto estarán traducidos los *Prolegómenos* de Hjemslev. A partir de hoy contamos también con la obra de Benveniste. Se trata de una colección de artículos (las unidades normales de la investigación lingüística), algunos de los cuales ya son célebres (sobre la arbitrariedad del signo, sobre la función del lenguaje en los descubrimientos de

Freud, sobre los niveles del análisis lingüístico). Los primeros textos constituyen una descripción de la lingüística actual: hemos de recomendar el bellísimo artículo que Benveniste consagra a Saussure, que, de hecho, no ha escrito nada después de su memoria sobre las vocales indoeuropeas, incapaz, según creía, de llevar a cabo, de una sola vez, la subversión total de la lingüística anterior que necesitaba para edificar su propia lingüística, y cuyo «silencio» tiene la grandeza y el alcance del silencio de un escritor. Los siguientes artículos ocupan los puntos cardinales del espacio lingüístico: la *comunicación*, o incluso el signo articulado, situado en relación con el pensamiento, el lenguaje animal y el lenguaje onírico; la *estructura* (ya he evocado el texto básico sobre los niveles del análisis lingüístico: hay que señalar también el texto, de fascinadora claridad, en el que Benveniste establece el sistema sublógico de las preposiciones en latín; cosa que no se nos explicó cuando traducíamos latín: todo se aclara gracias a la estructura); la *significación* (pues Benveniste siempre interroga al lenguaje desde el punto de vista del sentido); la *persona*, parte decisiva de la obra, a mi parecer, en la que Benveniste analiza esencialmente la organización de los pronombres y los tiempos. La obra termina con algunos estudios sobre el léxico.

Todo ello constituye el balance de un saber impecable, responde con claridad y energía a las cuestiones de hecho que todos los que tienen algún interés por el lenguaje pueden plantearse, pero eso no es todo. Es un libro que no sólo satisface una demanda actual de la cultura, sino que se adelanta a ella, la conforma, la dirige. En resumen, no es tan sólo un libro indispensable; es además un libro importante, inesperado: es un libro muy hermoso.

Es muy tentador defender celosamente la especialidad cuando la ciencia de la que se es especialista se encuentra desbordada por la curiosidad de los aficionados de todo tipo. Muy al contrario, Benveniste tiene la valentía de situar deliberadamente a la lingüística en el punto de partida de un movimiento muy amplio y de adivinar ya el futuro desarrollo de una auténtica ciencia de la cultura, en la medida en que la cultura es esencialmente lenguaje; no duda en señalar el nacimiento de una nueva objetividad, impuesta al sabio por la naturaleza simbólica de los fenómenos culturales; lejos de abandonar la lengua en los umbrales de la sociedad, como si no fuera más que uno de sus instrumentos, afirma con esperanza que «es la sociedad la que comienza a reconocerse como lenguaje». Ahora bien, es fundamental para todo un conjunto de investigaciones y de revoluciones que un lingüista tan riguroso como Benveniste sea consciente de los poderes de su disciplina y que, rehusando la idea de constituirse en su propietario, reconozca en ella el germen de una nueva configuración de las ciencias humanas.

Este valor va acompañado de una profunda visión. Benveniste —y ahí reside su éxito— capta siempre el lenguaje en ese nivel decisivo en el que, sin dejar de ser plenamente lenguaje, recoge todo lo que estamos habituados a considerar como exterior o anterior a él. Tomemos tres de sus más importantes contribuciones: una sobre la voz media de los verbos indoeuropeos, la segunda sobre la estructura de los pronombres personales, la tercera sobre el sistema de los tiempos en francés; las tres tratan de manera diversa de una noción fundamental de la psicología: la de persona. Ahora bien, Benveniste consigue de manera magistral *enraizar* esta noción en una descripción puramente lingüística. De una manera general, al colocar al sujeto (en el sentido filosófico del término) en el centro de las grandes categorías del lenguaje, al mostrar, con ocasión de diversos hechos, que este sujeto no puede distinguirse jamás de una «instancia del discurso», diferente de la instancia de la realidad, Benveniste fundamenta lingüísticamente, es decir, científicamente, la identidad del sujeto y de su lenguaje, posición que está en el puro centro de muchas de las investigaciones actuales y que interesa igualmente a la filosofía y a la literatura; tales análisis quizás están señalando hacia la salida de una antigua antinomia, mal resuelta: la de lo subjetivo y lo objetivo, el individuo y la sociedad, la ciencia y el discurso.

Los libros de saber, de investigación, también tienen su «estilo». El de este libro tiene una gran categoría. Hay una belleza, una experiencia del intelecto que da a la obra de ciertos sabios esa especie de *claridad inagotable* de la que también están hechas las grandes obras literarias. Todo está claro en el libro de Benveniste, todo puede reconocerse inmediatamente como cierto; y no obstante nada en él ha hecho otra cosa que empezar.

1966, *La Quinzaine littéraire.*
Con motivo de la aparición de los
Essais de linguistique générale

2

El lugar que ocupa Benveniste en el concierto de los grandes lingüistas que marcan con su influencia la totalidad del trabajo intelectual de nuestra época es completamente original (hasta el punto de ser, a veces, y según mi parecer, subestimado). Todavía hoy su obra resulta doblemente paradójica: respecto a la tradición y respecto a lo que yo llamaría la vanguardia fácil, la que, en lugar de investigar, repite.

Porque, ¿qué es lo que nos dice Benveniste? En primer lugar lo siguiente: que el lenguaje no se distingue nunca de una socialidad. Este lingüista puro, cuyos objetos de estudio parecen pertenecer al aparato de la lingüística general, trascendente, en realidad no para de tomar el lenguaje en lo que podríamos llamar sus *concomitancias*: el trabajo, la historia, la cultura, las instituciones, en resumen, todo lo que constituye la realidad del hombre. El *Vocabulario de las instituciones indoeuropeas*, los estudios sobre los nombres de agente, sobre los preverbos *prae-* o *vor-*, son textos que desnaturalizan la disciplina lingüística, que llevan a cabo ese movimiento subversivo gracias al cual se desmorona la división disciplinaria y aparece una nueva ciencia, sin nombre; es el momento en que la lingüística deja de detentar un liderato teatral y se convierte realmente en la «sociología» universal: la ciencia de la sociedad que habla, que es sociedad *precisamente porque habla*. A este nivel, el trabajo de Benveniste es siempre crítico; desmistificadoramente, se dedica de manera incansable a *derribar* los prejuicios sabios y a iluminar con un implacable fulgor (pues es un hombre de ciencia riguroso) el fondo social del lenguaje. Benveniste extrae ese poder de la situación exacta —aunque hoy en día rara, subestimada— de su trabajo: es un lingüista de las *lenguas*, y no solamente un lingüista del lenguaje.

En la otra punta de la cadena (el hiato sólo puede asombrar a los espíritus superficiales que continúan imperturbablemente oponiendo historia y estructura), Benveniste ha dotado de entidad científica a una noción que obtuvo su mayor importancia en el trabajo de la vanguardia: la noción de enunciación. La enunciación no es (desde luego) el enunciado, y tampoco es (proposición

más sutil y más revolucionaria) la simple presencia de la subjetividad en el discurso; es el acto, renovado, gracias al cual el
locutor toma posesión de la lengua (se la apropia, como dice
exactamente Benveniste): el individuo no es anterior al lenguaje;
tan sólo se convierte en individuo en cuanto que está hablando;
en suma, no hay «sujetos» (y, por lo tanto, tampoco «subjetividad»), no hay más que locutores; es más —ésta es la incesante
insistencia de Benveniste—, no hay más que *interlocutores*.

Desde este punto de vista, Benveniste ensancha considerable-
mente la noción de *shifter*, que Jakobson planteó briosamente;
funda una nueva lingüística, que no existe en otro que no sea él
(y sobre todo que no existe en Chomsky): la lingüística de la
interlocución; el lenguaje, y por tanto el mundo entero, se articula sobre la forma *yo/tú*. Así se comprende la insistencia de
Benveniste en el tratamiento, a lo largo de su obra, de los llamados pronombres personales, de la temporalidad, de la diátesis, la
composición (acto privilegiado de apropiación del léxico). Se
comprende también por qué, muy pronto, Benveniste ha sabido
establecer un puente entre la lingüística y el psicoanálisis; y también por qué este especialista en el persa antiguo ha sido capaz,
sin forzarse, de entender —o al menos prohibirse expresamente
censurar— las recientes investigaciones de la semiología (Metz,
Schefer) y el trabajo de la vanguardia sobre la lengua. El interés
directo del nuevo libro de Benveniste reside en lo siguiente: es
el libro de la enunciación.

Las dotes intelectuales de un sabio (no lo que le ha sido dado,
sino lo que nos da) proceden de una fuerza —estoy seguro de
ello— que no es tan sólo la del saber y el rigor, sino también la
de la escritura, o, para usar una palabra cuya acepción radical
ahora ya se conoce, de la enunciación. La lengua de la que se
apropia Benveniste (tal es su definición de la enunciación) no es
por completo la de los sabios corrientes, y este ligero desplazamiento basta para constituir una escritura. La escritura de Benveniste es muy difícil de transcribir porque es *casi* neutra; tan
sólo una palabra, de vez en cuando, a fuerza de ser exacta, podría
decirse, que la exactitud se acumula en ella hasta tal punto que
la hace fulgurar, arrebatar, como si fuera un encanto, arrastrada por una sintaxis cuya mesura, justeza y exactitud (cualidades
todas ellas propias de un ebanista) son testimonio del placer que
el sabio ha experimentado formando su frase. La escritura de

Benveniste presenta por tanto esa sutil mezcla de dispendio y reserva que es la base del texto, o mejor, de la música. Benveniste escribe *en silencio* (¿acaso la música no es el arte del silencio inteligente?), tal como tocan los grandes músicos: en Benveniste hay algo de Richter.

Al trabajar con él, con sus textos (que jamás son unos simples artículos), no podemos nunca dejar de reconocer la generosidad de un hombre que parece escuchar al lector y prestarle su inteligencia, incluso a los individuos más particulares, los más improbables. Leemos también a otros lingüistas (es absolutamente necesario), pero Benveniste nos gusta.

> 1974, *La Quinzaine littéraire.*
> Con motivo de la aparición de
> *Essais de linguistique générale.*

La extranjera

Aunque es reciente, la semiología ya tiene su historia. La semiología, derivada de una olímpica afirmación de Saussure («Se podría concebir una ciencia que estudiara la vida de los signos en el seno de la vida social»), no cesa de ponerse a prueba, de fraccionarse, de descolocarse, de entrar en el gran carnaval de los lenguajes descrito por Julia Kristeva. Su papel histórico actual consiste en ser la intrusa, la tercera, la que estropea, produciéndonos un quebradero de cabeza, los hogares ejemplares que forman, según parece, la Historia y la Revolución, el Estructuralismo y la Reacción, el determinismo y la ciencia, el progresismo y la crítica de los contenidos. Ya que se trata de matrimonios, el trabajo de Julia Kristeva es la orquestación final de este «escándalo matrimonial»: activa su empuje y le proporciona la teoría.

Aunque tengo ese trabajo ante los ojos hace ya mucho tiempo (y desde el principio), acabo de experimentar, una vez más, su fuerza, pero esta vez en su conjunto. En este caso, *fuerza* quiere decir *desplazamiento*. Julia Kristeva cambia las cosas de sitio: siempre está destruyendo *el último prejuicio*, aquel que podía tranquilizarnos y del que nos enorgullecíamos; lo que ella desplaza es *lo-ya-dicho*, es decir, la insistencia del significado, es decir, la estupidez; lo que ella subvierte es la autoridad, la de la ciencia monológica, la de la filiación. Su trabajo es enteramente nuevo, exacto, y no por puritanismo científico, sino porque llena por completo el lugar que ocupa, lo colma *exactamente*, obligando a todo el que de él se excluye a descubrirse en posición de resistencia o de censura (eso es lo que, con un aire muy sorprendido, se llama terrorismo).

Ya que estoy hablando de un *lugar* de la investigación, he de decir que la obra de Julia Kristeva supone para mí esta advertencia: que avanzamos demasiado lentamente siempre, que perdemos el tiempo «creyendo», es decir, repitiéndonos y regodeándonos, que a veces bastaría con un pequeño suplemento de libertad en un pensamiento nuevo para ganar años y años de trabajo. En el caso de Julia Kristeva, ese suplemento es teórico. ¿Y qué es la teoría? No es ni una abstracción, ni una generalización, ni una especulación, sino una reflexividad; en cierto modo, es la mirada de un lenguaje vuelta sobre sí misma (por eso, en una sociedad privada de la práctica socialista, condenada por tanto a *discurrir*, el discurso es transitoriamente necesario). Es en este sentido en el que, por primera vez, Julia Kristeva nos ofrece la teoría de la semiología: «*Ninguna semiótica es posible sino como crítica de la semiótica*». Semejante proposición no puede entenderse como un deseo piadoso e hipócrita («critiquemos a los semióticos que nos preceden»), sino como la afirmación de que, en su mismo discurso, y no sólo al nivel de determinadas cláusulas, el trabajo de la ciencia semiótica está entretejido de retrocesos destructores, de coexistencias contrariadas, de desfiguraciones productivas.

La ciencia de los lenguajes nunca puede ser olímpica, positiva (mucho menos positivista), in-diferente, adiafórica, como dice Nietzsche; es, en sí misma (puesto que es lenguaje del lenguaje), *dialógica*, una noción que Julia Kristeva ha sacado a la luz a partir de Bakhtine, al que hemos descubierto gracias a ella. El primer acto de este dialogismo es, para la semiótica, el de pensarse, a la vez y de manera contradictoria, como ciencia y como escritura, cosa que, según creo, ninguna ciencia ha hecho, salvo quizá la ciencia materialista de los presocráticos, y que, dicho sea de paso, nos permitiría quizá salir del callejón sin salida que es la oposición *ciencia burguesa* (hablada)/*ciencia proletaria* (escrita, al menos de manera postulatoria).

El valor del discurso de la Kristeva reside en que es un discurso homogéneo a la teoría que enuncia (y esta homogeneidad

es la propia teoría): en él la ciencia es escritura, el signo es dia-
lógico, el fundamento es destructor; si llega a parecerles «difícil»
a algunos, es precisamente porque es *escrito*. Y esto, ¿qué quiere
decir? En primer lugar, que afirma y a la vez practica la formalización y su desplazamiento, de manera que la matemática se
convierte, en suma, en algo bastante análogo al trabajo del sueño
(de ahí provienen muchos de los gritos de protesta). En segundo
lugar, porque asume en el mismo título de la teoría el deslizamiento terminológico de las definiciones llamadas científicas.
Por último, porque instala un nuevo tipo de transmisión del saber (no es el saber lo que produce problemas, es su transmisión):
la escritura de la Kristeva posee, a la vez, una discursividad, un
«desarrollo» (querríamos darle a esta palabra un sentido «ciclis-
ta» más que retórico) y una formulación, un cuño (huella de la
aprehensión y la inscripción), una germinación; es un discurso
cuya actuación se debe menos a que «representa» un pensamiento que a que, inmediatamente, sin la mediación de la «escribiduría» opaca, lo produce y lo destina. Lo cual quiere decir que el
semanálisis es algo que sólo Julia Kristeva puede hacer: su discurso no es propedéutico, no prepara para la posibilidad de una
«enseñanza»; pero eso también quiere decir, en sentido inverso,
que es un discurso que nos transforma, nos desplaza, nos proporciona palabras, sentidos, frases, que nos permiten trabajar y de-
sencadenar en nosotros el mismo movimiento creativo: la permutación.

En suma, lo que Julia Kristeva hace surgir es una crítica de la
comunicación (la primera, creo yo, después de la psicoanalítica).
La comunicación, según ella nos demuestra, tópico de las ciencias positivas (como la lingüística), de las filosofías y de las políticas del «diálogo», de la «participación» y del «intercambio», la
comunicación es una *mercancía*. ¿Acaso no se nos repite sin cesar
que un libro «claro» se compra mejor, que un temperamento
comunicativo se sitúa fácilmente? Así pues, el trabajo que hace
Julia Kristeva es un trabajo político: emprender la reducción
teórica de la comunicación al nivel mercantil de la relación humana, e integrarla como un simple nivel fluctuante de la significancia, del Texto, aparato al margen del sentido, afirmación vic-
toriosa del Dispendio sobre el Intercambio, de los Números sobre
la Contabilidad.

¿Tendrá continuidad todo ello? Eso depende de la incultura

francesa: hoy en día ésta parece chapotear suavemente, subiendo a nuestro alrededor. ¿Por qué? Por razones políticas, indudablemente; pero esas razones parecen impregnar a los que mejor deberían poder resistirlas: en la *intelligentsia* francesa se da un cierto nacionalismo; ese nacionalismo no tiene que ver, por supuesto, con las nacionalidades (después de todo, ¿no es Ionesco el Puro y Perfecto Pequeñoburgués Francés?), sino en el rechazo malhumorado de la *otra lengua*. La otra lengua es aquella de la que hablamos, la de un lugar política e ideológicamente inhabitable: lugar del intersticio, del borde, del bies, de la cojera: lugar *caballero*, porque atraviesa, cabalga, panoramiza y ofende. Aquella a la que debemos un saber nuevo, procedente del Este y del Extremo Oriente, y esos nuevos instrumentos de análisis y de compromiso que son el paragrama, el dialogismo, el texto, la productividad, la intertextualidad, el número y la fórmula, que nos enseña a trabajar en la diferencia, es decir, por encima de las diferencias en cuyo nombre nos prohíben hacer germinar juntas la escritura y la ciencia, la Historia y la forma, la ciencia de los signos y la destrucción del signo: todas esas bellas antítesis confortables, conformistas, obstinadas y suficientes son las que el trabajo de Julia Kristeva coge de soslayo, marcando a nuestra joven ciencia semiótica con un rasgo *extranjero* (lo que es mucho más difícil que *extraño*), de acuerdo con la primera frase de *Sèméiotikè*: «*Hacer de la lengua un trabajo,* laborar en la *materialidad* de lo que para la sociedad es un medio de contacto y de comprensión, ¿no es acaso, hacerse, de golpe, extranjero a la lengua?»

1970, *La Quinzaine littéraire.*
Con motivo de la aparición de *Sèméiotikè.*

El retorno de la Poética

Cuando se coloca frente a la obra literaria, el especialista en Poética no se pregunta: ¿qué quiere decir? ¿De dónde proviene? ¿Con qué se relaciona? Sino que, más simple y más difícilmente, se pregunta: *¿cómo está hecho esto?* Esta pregunta se ha planteado ya tres veces en nuestra historia; la Poética tiene tres patrones: Aristóteles (que en su Poética hizo el primer análisis estructural de los niveles y las partes de la obra trágica), Valéry (que pidió que se estableciera la literatura como un objeto del lenguaje), Jakobson (que llama *poético* a todo mensaje que hace hincapié en su propio significante verbal). Así pues, la Poética, es muy antigua (ligada con toda la cultura retórica de nuestra civilización) y, a la vez, muy nueva, en la medida en que hoy día puede sacar provecho de la importante renovación de las ciencias del lenguaje.

Genette —y esto define la personalidad de su trabajo— domina a la vez pasado y presente de la Poética: es a la vez retórico y semiótico; las *figuras* para él son formas lógicas, maneras del discurso, cuyo campo no es tan sólo un pequeño grupo de palabras sino la estructura del texto en su totalidad; así que con pleno derecho la obra escrita de Genette se llama *Figuras* (I, II, III); pues a la Figura no sólo pertenece la imagen poética sino también, por ejemplo, la forma del relato, actual objeto de la narratología. El trabajo de Genette se yergue así en un espacio amplio y

actual: es un trabajo crítico (emparentado con la crítica literaria), y a la vez teórico (pues milita en favor de una teoría de la
literatura, objeto muy abandonado en Francia), práctico (se aplica a obras concretas), epistemológico (propone, gracias al texto,
una nueva dialéctica de lo particular y de lo general) y pedagó-
gico (da impulso a la renovación de la enseñanza de la literatura,
proporcionando los medios para ello).

Hasta estos últimos tiempos, el especialista en Poética habría
podido pasar por el pariente pobre del poeta. Pero precisamente
la poética que practica Genette tiene por objeto toda la actuación
del lenguaje (o la actuación de todo el lenguaje). No es tan sólo
que la poética incluya hoy en su campo al relato (cuyo análisis
ha sido ya bien desarrollado) y sin duda incluirá mañana el ensayo, el discurso intelectual —en la medida en que éste quiere
ser *escrito*— sino que también, al volver los ojos hacia su propio
lenguaje, consiente y se obliga a considerarse a sí misma, en
cierto modo, como objeto de la poética. Este volverse, que es
mucho más importante que una simple ampliación, tiende a convertir al especialista en Poética en un escritor, a abolir la distancia jerárquica entre el «creador» y el «glosador». Dicho en otras
palabras, el especialista en Poética acepta el retorno del significante en su propio discurso. Al menos, éste es el caso de Genette.
Yo no estoy ahora juzgando la escritura en nombre del «estilo»
(que es perfecto en Genette, sin embargo), sino de acuerdo con
esa clase de poder fantasmático que hace que un escritor se deje
llevar por el demonio de la clasificación y la denominación, que
acepte sacar a escena su propio discurso. Genette posee este poder, bajo la apariencia de una extremada discreción, que, por
otra parte, sigue siendo lo suficientemente retorcida como para
volverse *glotona* (atributo capital del placer de escribir y de
leer).

Genette clasifica, vigorosa y rigurosamente (especialmente las
figuras del relato en Proust, que es el objeto principal de su
último libro): divide y subdivide formas, y éste es el primer punto en que el especialista en Poética se convierte en poeta, pues
eso es crear dentro del perfil de la obra (la novela de Proust en
este caso) un *segundo cuadro* que remite menos a un metalenguaje que, de manera mucho más sencilla, a un segundo lenguaje
(que no es el último, ya que yo mismo, entre otros, estoy ahora
escribiendo sobre Genette). La descripción que hace Genette de

los modos del relato proustiano me hace pensar en ese texto en que Edgar Poe describe, desmonta y *crea*, todo a la vez, al Jugador de ajedrez de Maetzel: un hombre se econde en el autómata, pero *no se ve*; el problema (para Poe y, por procuración, para Genette) no es describir al hombre (el objeto escondido) ni siquiera, hablando con propiedad, la manera como se esconde (puesto que el interior de la máquina aparentemente siempre es visible), sino el desplazamiento sutilísimo de pantallas, puertas y visillos que hace que el hombre *no esté nunca allá donde uno mira*; del mismo modo, Genette ve a Proust ahí donde nosotros no lo estamos mirando; y a partir de entonces, lo que menos importa es que esté ahí: no es el ocupante del sentido el que determina la obra, es *su sitio*; y también desde ese momento Proust, el aroma proustiano, vuelve con fuerza y circula por la máquina de Genette; las citas atraviesan bajo una nueva luz, engendran un diferente *vibrato* a aquel al que nos había acostumbrado una lectura compacta de la obra.

Y, además, Genette *denomina* lo que su clasificación encuentra: discute las acepciones usuales, crea neologismos, vivifica viejos nombres, construye una terminología, es decir, una trama de objetos verbales sutiles y nítidos; ahora bien, el cuidado (o la valentía) neológica es lo que fundamenta más directamente lo que yo llamaré la gran crítica novelesca. Hacer del trabajo de análisis una ficción elaborada, es hoy día quizás una empresa de vanguardia; no contra la verdad y en nombre de un impresionismo subjetivo, sino, por el contrario, porque la verdad del discurso crítico no es de orden referencial, sino del orden del lenguaje: en el lenguaje no hay otra verdad que confesarse lenguaje; los buenos críticos, los sabios útiles serán los que anuncien el color de su discurso, los que le añadan claramente la firma del significante. Y eso es lo que hace Genette (su epílogo* no deja la menor duda sobre su proyecto de escritura).

Veamos ahora por qué razón nos concierne el proyecto de Genette: porque lo que él destaca en Proust, con predilección (él mismo hace hincapié en ello), son las desviaciones narrativas (esos aspectos que hacen que el relato de Proust contradiga la idea que podamos tener de un relato sencillo, lineal, «lógico»).

___

* El autor lo llama «après-propos», en correlación con «avant-propos», que es el prólogo. [T.]

Ahora bien, las desviaciones (en relación a un código, a una gramática, a una norma) son siempre manifestaciones de la escritura: allí donde hay transgresión de la regla aparece la escritura como exceso, ya que toma a su cargo un lenguaje *que no estaba previsto*. En suma, lo que le interesa de Proust a Genette es la escritura, o, para precisar más, la diferencia que separa el estilo de la escritura. El término *desviación* sería indudablemente incómodo si entendiéramos que existe un modelo antropológico del relato (del cual «se desviaría» el creador), o incluso una ontología narrativa (de la que la obra sería un monstruoso vástago); en realidad, el «modelo» narrativo en sí mismo no es más que una «idea» (una ficción), un recuerdo de lectura. Preferiría decir que Genette explora en la reserva proustiana y expone los lugares en los que la historia «patina» (esta metáfora pretende respetar el movimiento, la productividad del texto). Ahora bien, ¿acaso no es necesaria *precisamente hoy en día* una teoría del «patinazo»? ¿Y por qué? Porque nos encontramos en un momento histórico de nuestra cultura en que el relato todavía no puede abandonar una mínima legibilidad, una determinada conformidad con la seudológica narrativa que la cultura ha introducido en nosotros y en la que, en consecuencia, las únicas innovaciones posibles consisten no en destruir la historia, la anécdota, sino en desviarla: en hacer patinar al código guardando la apariencia de respetarlo. Este estado fragilísimo del relato, conforme y a la vez desviado, es el que Genette ha sabido ver y hacernos ver en la obra de Proust. Su trabajo es estructural y a la vez histórico porque precisa las condiciones en las que es posible una innovación narrativa que no sea suicida.

1972, *La Quinzaine littéraire*.
Con motivo de la aparición de *Figures III*.

Aprender y enseñar

Incluso antes de que se levante el telón sobre su libro, Metz nos entrega su «carácter propio», todo lo que su voz tiene de inimitable. Vamos a escuchar la obertura de su última obra: «El tomo I de esta recopilación, elaborado en 1967 y aparecido en 1968 (2.ª ed., 1971), agrupaba artículos escritos entre 1964 y 1967, aparecidos entre 1964 y 1968. Este tomo II está formado por textos ulteriores (escritos entre 1967 y 1971, aparecidos entre 1968 y 1972), así como por dos artículos inéditos redactados en 1971 (los textos n.º 8 y 9)».[40]

Estas precisiones numéricas son ciertamente requisitos para el código científico —o al menos erudito— de la exactitud; pero, ¿quién puede dejar de sentir que en ellas, en esa mezcla de insistencia y elegancia que marca el enunciado, hay algo *más*? ¿Qué? Precisamente, la propia voz del individuo. Frente a cualquier mensaje, Metz, por decirlo así, *añade algo*; pero lo que añade no es ni ocioso, ni vago, ni digresivo ni verborreico: es un suplemento opaco, el empecinamiento de la idea en decirse completamente. El que conoce a Metz bajo el triple aspecto de escritor, enseñante y amigo está permanentemente sorprendido por esta paradoja que no lo es más que en apariencia: de una exigencia radical de precisión y de claridad nace un tono libre, como so-

40. *Essais sur la signification au cinéma*, t. II, París, Klincksieck, 1972.

ñador, y yo diría que hasta como drogado (¿no convertía Baudelaire la H en una fuente de insólita precisión?): en Metz reina una exactitud *rabiosa*. A partir de entonces nos instalamos en el Dispendio, y no en el simple saber: cuando Metz enuncia cifras, referencias, cuando resume, cuando clasifica, cuando clarifica, cuando inventa, cuando propone (en todas esas operaciones su labor es activa, incansable, eficaz), no hace otra cosa que comunicar, hace *donación*, en el sentido total de la palabra: se hace realmente *donación*, de saber, de lenguaje, del individuo, en la medida en que se toma a pecho el enunciar (¿Metz, cuyo trabajo proviene tan explícitamente de la lingüística, no nos está diciendo, a su manera, que el error de esta ciencia consiste en hacernos creer que los mensajes se «intercambian» —otra vez la ideología del Intercambio— mientras que la *realidad* de la palabra reside precisamente en darse o retomarse, en resumen, en *pedir*?). Hay dos maneras de subvertir la legalidad del saber (inscrita en la Institución): o dispersarlo o *donarlo*. Metz escoge la donación; la manera en que trata un problema de lenguaje y/o de cine es generosa siempre: no por la invocación de ideas «humanas», sino por la incesante solicitud de la que rodea al lector, previendo con paciencia su demanda de aclaraciones, que él sabe que en el fondo es siempre una demanda de amor.

*

Existen quizá dos maneras de evitar la maestría (¿no es acaso ésta la pretensión de toda enseñanza, de todo rol intelectual?): o bien producir un discurso agujereado, elíptico, que deriva y patina; o, por el contrario, sobrecargar el saber de un exceso de claridad. Este es el camino escogido (¿saboreado?) por Metz. Christian Metz es un maravilloso didáctico; al leerlo uno lo sabe todo, como si lo hubiera aprendido por sí mismo. No es difícil hallar el secreto de esta eficacia: cuando Metz enseña un saber, una clasificación, una síntesis, cuando expone conceptos nuevos pone siempre de manifiesto, gracias a la perfección didáctica del enunciado, que *se está enseñando a sí mismo* lo que se supone que debe comunicar a los otros. Su discurso —ahí reside su peculiaridad, su virtud idiolectal— llega a confundir dos tiempos: el de la asimilación y el de la exposición. Así podemos entender cómo puede ocurrir que la *transparencia* de este discurso no sea reductora: la sustancia (heteróclita) de un saber se ilumina ante nuestros ojos; lo que permanece no es ni un esquema ni un tipo, sino más bien una «solución» del problema, suspendida por un momento ante nuestros ojos con la única finalidad de que podamos atravesarla y habitarla nosotros mismos. Metz sabe e inventa muchas cosas, y esas cosas las dice muy bien: no por maestría (Metz no le está dando lecciones a nadie), sino por *talento*: por esa antigua palabra hemos de entender no una disposición innata, sino la feliz sumisión del sabio, del artista, al efecto que quiere producir, al encuentro que quiere suscitar: podríamos decir: al *transfert*, del que él acepta así, lúcidamente, al margen de todo imaginario científico, que es el principio mismo de la escritura.

*

Así vemos que una obra teórica —que apenas ha comenzado— se está edificando a partir de un impulso (en el sentido en que se puede hablar de impulsos del humor, de impulsos del corazón); Metz quería darle un meneo al cansancio del estereotipo: «*El cine es un lenguaje*». ¿Y si lo comprobamos? ¿Y si, de golpe, sometiéramos a la metáfora —irrisoria de tan repetida— a la luz implacable de la Letra? Y de esta apuesta, nueva y como inocente (¿acaso no lo es toda vuelta a la letra?), Metz ha extraído una obra cuyos círculos se amplían de acuerdo con un proyecto implacable y ligero: pues, en estos tiempos en que la sensibilidad hacia el lenguaje cambia a gran velocidad, Metz va siguiendo sus revueltas y estallidos; no es hombre de una sola semiología (de una cuadrícula), sino de un objeto: el texto fílmico, tejido irisado en el que se leen diferentes dibujos, según los momentos de nuestro discurso intelectual. Ese es, a mi entender, el lugar histórico de Metz (no hay historia pequeña): ha sabido darle a lo que no era (o corría el riesgo de no ser) más que una metáfora, la plenitud de una pertinencia científica: ha sido el fundador en esto, como lo atestigua el lugar singular y reconocido que ocupa en la semiótica general y en el análisis del hecho cinematográfico; no obstante, una vez que lo ha fundado, se retira: ahora se las tiene con el psicoanálisis. Quizás es en esto en lo que la semiología le debe y le deberá siempre mucho: en haber conquistado para ella, el dominio que él ha escogido, un derecho de mutación. A través de su trabajo, Metz nos deja entender que la semiología no es

una ciencia como la otras (lo que no le impide ser rigurosa) y
que no quiere en absoluto sustituir a las grandes *epistemes*, que
son algo así como la verdad histórica de nuestro siglo, sino más
bien ser su sirvienta: una sirvienta vigilante que a través de la
representación de las grandes trampas del Signo, les impide caer
en lo que esos grandes saberes nuevos pretenden denunciar: el
dogmatismo, la arrogancia, la teología, en resumen, ese monstruo
que es el Significado Ultimo.

1975, *Ça.*

VI

LECTURAS

Por razones estilísticas —más exactamente: metodológicas, y más exactamente aún: textuales—, estas lecturas *se han repartido en dos grupos, que separarán tres* relecturas *(de Michelet, de Brecht)* (Nota del editor).

(Falta un prefacio a la Bête humaine *de Zola, aparecido en italiano —Rizzoli, 1976—, cuyo original parece ser que se ha perdido.)*

La tachadura

> «*Jamás me llegará el tiempo, si he de
> tachar infinitamente lo que tengo que
> decir.*»

A lo largo de toda la obra de Cayrol *alguien nos está hablando*, pero no se sabe nunca quién. ¿Se trata de narradores particulares, cuya individualidad se renueva de novela en novela, y Gaspard es distinto de Armand como Fabrice de Julien Sorel? ¿O es un narrador único, que retoma su voz de libro en libro? ¿Quizás es el mismo Cayrol, apenas escondido detrás de ese otro que habla? En toda su obra, la persona del narrador permanece técnicamente indecisa; no encontraremos en ella ni la duplicidad narrativa de la novela clásica, ni la complejidad del *yo* proustiano, ni el «mí mismo» del poeta; en la literatura, por lo general, la persona es una idea acabada (incluso cuando llega a convertirse en algo ambiguo): ningún novelista puede empezar a escribir si no ha escogido la persona profunda de su relato: escribir, en definitiva, es decidir (poder decidir) *quién* será el que habla. Ahora bien, el hombre de Cayrol apenas es un personaje; no dispone de ninguna certeza pronominal; bien porque se queda mucho más acá de la identidad (en las primeras novelas), bien porque, aparentemente constituido, no cesa, sin embargo, de deshacer su persona gracias a una continua decepción del recuerdo y del relato, no es nunca sino una voz (que tampoco podemos llamar anónima, porque esto sería una calificación), y además una voz que no confía su indecisión originaria a ninguna técnica novelesca: al no ser colectiva, ni tampoco nombrada, es sólo la voz de *alguien*.

La persona del narrador, puesta y quitada sin cesar, no es, en efecto, en este caso, más que el soporte parsimoniosamente prestado a una palabra muy móvil, apenas *sujeta* a nada, y que va de lugar en lugar, de objetos en objetos, de recuerdos en recuerdos, y sigue siendo en todas partes una pura sustancia articulada. Esto casi no es una metáfora; en Cayrol hay una verdadera imaginación de la voz que sustituye a la sensibilidad visual de los escritores y los poetas. En primer lugar, la voz puede surgir, brotar sin que se sepa de dónde; sin situación fija, está no obstante ahí, en alguna parte, en torno a nosotros, detrás de nosotros, a nuestro lado, pero, en definitiva, nunca *delante*; la verdadera dimensión de la voz es la indirecta, la lateral; se acerca al otro de lado, lo roza y se va; puede tocar sin confesar su origen; es, pues, el propio signo de lo innominado, lo que nace o queda del hombre si le quitamos la materialidad del cuerpo, la identidad del rostro o la humanidad de la mirada; es, a la vez, la sustancia más humana y la más inhumana; sin ella no hay comunicación entre los hombres, pero con ella lo que hay es el malestar del *doble*, que llega insidiosamente de lo sobrenatural, «ctónico» o celeste, en resumen, de una descolocación; un conocido test dice que nadie resiste la audición de su propia voz (en el magnetófono) y que a menudo no la reconoce; y es que la voz, separada de su origen, instaura siempre una especie de extraña familiaridad, que es, en definitiva, la misma del mundo de Cayrol, de un mundo que se ofrece al reconocimiento por su precisión, y, no obstante, se hurta por su falta de raíces. La voz es además otro signo: el del tiempo; ninguna voz está inmóvil, ninguna voz cesa de *pasar*; es más, ese tiempo que la voz manifiesta no es un tiempo sereno; por igual y discreta que sea, por continuo que sea su flujo, toda voz está bajo amenaza; al ser la sustancia simbólica de la vida humana, hay siempre en su origen un grito y en su final un silencio; entre esos dos momentos se desarrolla el tiempo frágil de una palabra; sustancia fluida y amenazada, la voz es, así pues, la propia vida, y quizá porque una novela de Cayrol es siempre una novela de la voz pura y sola, es también, siempre, una novela de la vida frágil.

Se dice de algunas voces que son acariciadoras, La voz de
Cayrol acaricia al mundo con una caricia irrisoria, perdida. Como
la caricia, la palabra sigue estando en la superficie de las cosas,
sus dominios son la superficie. Esta descripción superficial de los
objetos se ha considerado un rasgo común con un cierto número
de novelistas contemporáneos; sin embargo, al revés que en un
escritor como Robbe-Grillet, en Cayrol la superficie no es objeto
de una percepción que agota la existencia; su manera de describir a menudo es *profunda*, da a las cosas una irradiación metafórica que no rompe con una determinada escritura romántica;
y eso es porque la superficie, para Cayrol, no es una cualidad
(óptica, por ejemplo), sino una *situación* de las cosas. Esta situación superficial de los objetos, los paisajes, los recuerdos incluso, es, por decirlo así, *baja*, como lo diríamos de un mundo
visto a ras del suelo; no encontraremos en él, por parte del escritor, ningún sentimiento de poder o de *elevación* con respecto
a las cosas descritas; la mirada y la voz que las siguen *al ras* permanecen prisioneras (y nosotros con ellas) de su superficie; todos
los objetos (y los hay en cantidad en las novelas de Cayrol) están
minuciosamente recorridos, pero esa minuciosidad está cautiva,
hay algo en ella que no puede elevarse, y el mundo completísimo
que la escritura acaricia sigue congelado por una especie de sub-
familiaridad; el hombre no acaba de entrar en el uso de las
cosas con las que se cruza en la vida, pero no porque las sublime
(como sería el caso en una novela tradicional, entregada a la psicología), sino, por el contrario, porque está condenado a un cierto estar *más acá* de los objetos a cuya exacta estatura no puede
llegar.

Esta *literatura del suelo* (el propio Cayrol ha empleado alguna vez esta expresión) podría tener al ratón como animal toté-
mico. Pues el ratón, como el hombre de Cayrol, arremete con las
cosas; pocas deja en paz a su paso, ya que se interesa por todo
lo que su mirada oblicua puede captar desde la tierra; una di-
minuta obstinación, nunca triunfante y nunca defraudada, lo
anima; permaneciendo al ras de las cosas las está viendo todas;
igual ocurre con la descripción cayroliana, que con su paso frágil
e insistente recorre los innumerables objetos que atiborran la
existencia del narrador, gracias a la vida moderna; ese trotecillo
del ratón, que es a la vez saltarín y deslizante, es lo que da su ambigüedad a la descripción cayroliana (muy importante, pues las

novelas de Cayrol son esencialmente *exteriores*); es una descripción que no perdona nada, se desliza por la superficie de todas las cosas, pero su deslizarse no tiene la euforia del vuelo o de la natación, no evoca ninguna resonancia por parte de las sustancias nobles del imaginario poético, lo aéreo o lo líquido; es un deslizamiento terrestre, un deslizamiento del suelo, cuyo movimiento aparente está hecho de pequeñas sacudidas, de una discontinuidad rápida y púdica: los «agujeros» de la descripción tampoco son en este caso pesados silencios sino tan sólo la impotencia del hombre para ligar los accidentes de las cosas: en ellos se siente la desgracia de Cayrol de no poder introducir una lógica familiar, un orden razonable, entre los fenómenos que el tiempo y el viaje hacen desfilar ante el narrador. En esto volvemos a encontrar, bajo una forma irrisoria, el tema de la caricia: hay que oponer al que acaricia, aunque también procede de él, una especie de percepción arañadora de las cosas, un tacto rechinante que se pasea por el mundo de los objetos (también la seda puede rechinar, y a menudo no hay nada más suntuoso, en su modestia, que una descripción de Cayrol); por eso hay tantas imágenes de lo áspero, de lo roído y de lo ácido, las formas irrisorias de una sensación que nunca llega a alcanzar la continuidad feliz de la caricia; lo *liso*, en otros tema milagroso de lo «inconsútil» aquí es un elemento que se «corta», se cubre de una especie de aspereza superficial: la superficie de las cosas se pone a vibrar, a rechinar ligeramente.

Este tema de lo áspero, de la caricia frustrada, esconde una imagen aún más desesperada, la de *una cierta frialdad*. El arañazo no es, en suma, sino el mundo activo de lo *friolero*. En Cayrol, en el que abundan las marinas, desde Dieppe a Biarritz, el viento siempre es un poco adusto; hiere suavemente, pero con más firmeza que el verdadero frío, hace tiritar continuamente sin alterar, sin embargo, la marcha de las cosas, sin *pasmarlas*; el mundo continúa familiar, cercano, y sin embargo, se siente frío. Ese frío cayroliano no es el de las grandes inmovilidades, deja intacta, ágil incluso, a la vida, pero, sin embargo, la decolora, la envejece; el hombre cayroliano, por vulnerable que sea, nunca se queda transido, paralizado; camina siempre, pero su medio físico lo crispa sin cesar: el mundo está *por calentar*. Ese frío retenido, como en alguna parte dice Cayrol, es un viento olvidado. Toda la crispación friolenta del hábitat cayroliano es, en el fondo, la cris-

pación del olvido; para Cayrol no hay ruinas nobles, restos *en pie*,
fragmentos sólidos y bien plantados de antiguos y suntuosos edi-
ficios; ni siquiera hay —o en todo caso, muy pocas— moradas de-
rruidas, deshechas; por el contrario, todo está en su sitio, pero
abofeteado por una especie de olvido abierto que produce estre-
mecimientos (¿no es éste uno de los temas de *Muriel*?); *nada*
está estropeado en ese mundo cayroliano, los objetos funcionan,
pero todo está como *desheredado,* como esa habitación de *Corps
étrangers* que el narrador descubre un día en su propia casa, por
debajo del papel que cubre las paredes y en la que están los objetos del pasado (¿quizás incluso un cadáver?) inmóviles, olvida-
dos, encantados sin encantamiento, temblando bajo el viento
«agudo» de la chimenea.

Quizás es necesario ir algo más lejos, abandonar esa última
imagen, todavía demasiado poética, la de lo *friolero,* darles a esos
temas de la vida insistente y defraudada otro nombre, más vulgar y a la vez más terrible, el de la *fatiga.* La fatiga es una manera de existir mal conocida; se habla poco de ella; es un color de
la vida que no tiene tan siquiera el prestigio de lo atroz o lo maldito: ¿qué palabras usar para hablar de la fatiga? Sin embargo,
ella es la dimensión del tiempo: infinita, ella es la propia infinitud. La percepción superficial del hombre cayroliano, esa caricia interrumpida, estremecida, convertida tan aprisa en crispación, con la que intenta seguir al mundo no es quizá nada más
que un cierto contacto con la fatiga. («¿Por qué se complica todo
en cuanto lo tocamos?», dice en algún momento un personaje de
Cayrol.) Lo que intenta extraer es inagotable, quizás ésta es la
verdad de esa conciencia aguda, obstinada, que jamás abandona
al mundo y sin embargo no es capaz de reposar en él, jamás.
Fatiga, pero no cansancio: el hombre cayroliano no está ni de-
primido ni indiferente, no se apaga, no se va; vigila, combate, participa, tiene la misma energía de la fatiga. «Pareces dolorido»,
dice algún personaje en *La Gaffe,* «y sin embargo no conozco
a nadie en el mundo más duro ante el dolor que tú... Cuando se
tocan tus reservas secretas eres inatacable.» Ese mundo frágil,
sensible, es un mundo resistente; bajo la adustez y la acuidad del
viento, tras el olvido que decolora las cosas, tras esa andadura
atenta y crispada, algo (o alguien) está ardiendo, y sus reservas
siguen siendo sin embargo secretas, como una fuerza de la que
nunca se llega a conocer el nombre.

Es una fuerza secreta porque no está en el héroe descrito por el libro, sino en el mismo libro. Abreviando, podríamos decir que es la fuerza del mismo Cayrol, la fuerza que lo hace escribir. Durante años nos hemos interrogado, intentando saber qué es lo que pasa del autor a la obra; pero más que su vida o su tiempo, lo que pasa del escritor a la obra es su propia fuerza. Dicho en otras palabras, la literatura es en sí misma una dimensión moral del libro: poder escribir una historia es el sentido último de esa historia. Esto explica que Cayrol, de un mundo extremadamente desprovisto, pueda hacer un poder, una violencia incluso (estoy pensando en *Muriel*), pero este poder no es interior a ese mundo, es el poder del escritor Cayrol, el poder de la literatura: no es posible jamás separar el sentido de un mundo novelesco del propio sentido de la novela. Así que es vano preguntarse en función de qué filosofía, interior al hombre cayroliano, pero púdicamente callada, puede recuperarse la desherencia de ese mundo, pues basta con que la literatura tome a su cargo hasta el final «lo que va mal en el mundo» (como es en este caso) para que el absurdo cese. Todo lector de Cayrol, conducido hasta el borde del frío y de la inutilidad, se encuentra, *al mismo tiempo*, dotado de un calor y un sentido de la vida que le han dado el mismo espectáculo de alguien escribiendo. Así, lo que puede pedírsele a este lector es que se confíe a la obra, no por lo que ésta conlleva de filosofía, sino por lo que conlleva de literatura.

*

Del mismo modo que las sustancias no se ofrecen nunca más que a una especie de caricia frustrada, a una percepción discontinua y como a saltos, también el *tiempo* de Cayrol es un tiempo roído, mordisqueado insidiosamente a trozos. Y, cuando el objeto de este tiempo es una vida (como en *Corps étrangers*) sobreviene algo que está en la base de toda la novela de Cayrol (este tema será claro para los espectadores de *Muriel*): la mala fe del recuerdo.

Todas las novelas de Cayrol podrían llamarse *Memorias de un amnésico*. No es que el narrador se esfuerce mucho en recordar su vida: parece como si ésta le viniera con toda naturalidad a la memoria, como ocurre con las memorias corrientes; no obstante, cuanto más se va desarrollando el relato, más *agujereado* se muestra, hay episodios que se encadenan mal, algo rechina en la distribución de los actos (tratándose de una novela, deberíamos decir con más exactitud, en el *dispatching*); pero, sobre todo, sin que nunca pueda cogerse al narrador en flagrante delito de preterición (o de mentira), el conjunto de un relato aparentemente regular remite poco a poco a la sensación de un olvido de mayor importancia, situado en alguna parte de la existencia, y que irradia inoportunamente bajo ella, se la va comiendo, la marca con un cariz *falso*. Dicho en otras palabras, el relato de Cayrol está sometido a un montaje cuya rapidez y diseminación designan un desarreglo del tiempo muy particular, que el mismo Cayrol ha descrito de antemano en *Lazare* y que se encuentra ilustrado por el montaje de *Muriel*. Ese olvido en el que se debaten los personajes sin saberlo bien, es un olvido que no es una censura; el universo cayroliano no lleva la carga de un pecado oculto, nunca nombrado; ante ese mundo no hay nada que descifrar; lo que falta en él no son los fragmentos de un tiempo culpable, sino simplemente fragmentos de un tiempo puro, lo que al novelista le es necesario callar para separar un poco al hombre de su propia vida y de la vida de los otros, para volverlo familiar y, al mismo tiempo distanciado.

Otra forma que toma ese tiempo roído es cómo los recuerdos son intercambiables en el interior de una misma vida, cómo son objeto de un trueque, análogo al del traficante y encubridor Gaspard (un *camembert* a cambio de una cámara de aire): el recuerdo es a la vez objeto de encubrimiento y de tráfico; el héroe de *Corps étrangers* tiene pues dos infancias, que hace comparecer alternativamente a medida que necesita un origen campesino o abandonado; el tiempo de Cayrol está hecho de pedazos citados, podríamos decir que robados, y entre esos pedazos se da un *juego* que es lo que constituye toda la novela. *Corps étrangers* comienza por pasar revista a todos los objetos que pueden entrar indebidamente en un cuerpo, o bien por negligencia o bien por desgracia; pero, para el hombre cayroliano, el auténtico cuerpo extraño es, en definitiva, el tiempo: es un hombre que no está cortado de la misma duración que los otros hombres, el tiempo viene a añadírsele, a veces demasiado corto, cuando olvida, a veces, cuando inventa, demasiado largo. Hay que luchar contra ese tiempo injusto (in-ajustado), y toda la novela consiste en cierto modo en explicar los esfuerzos de un hombre para encontrar el tiempo exacto de los otros hombres. Así, a lo largo del monólogo cayroliano (sobre todo en *Corps étrangers*) nace una palabra denegadora cuya función no es negar las culpas, sino, de una manera más elemental, menos psicológica, tachar sin pausa el tiempo. La tachadura cayroliana es secundaria, sin embargo: el narrador no intenta borrar lo que existe, cubrir con el olvido lo que ha sido, sino, por el contrario, repintar el vacío del tiempo con algunos colores espesos, planchar sobre los agujeros de su memoria un recuerdo inventado, que está mucho menos destinado a volverlo inocente (aunque el colaborador Gaspard tenga tanta necesidad de un tiempo amañado) que a conseguir que alcance el tiempo de los otros, es decir, a *humanizarlo*.

Pues ése es, en el fondo, el interés de la novela cayroliana: decir —con todo el poder de recuperación de la literatura del que hemos hablado— cómo un hombre está separado de los otros hombres, no por la singularidad romántica de su destino, sino por una especie de vicio de su temporalidad. El color propio del mundo cayroliano es, efectivamente, que los seres en él son, por la misma razón, *mediocres e insólitos, naturales e incomprehensibles*. Tampoco sabemos nunca si el héroe de ese mundo es «simpático», si podemos quererlo hasta el final. Toda nuestra literatura tradicional se ha basado en el carácter positivo del héroe novelesco, pero en este caso nos sentimos desorientados ante un ser cuyo mundo conocemos bien, pero del que ignoramos el tiempo secreto: su tiempo no es el nuestro, y, sin embargo, nos habla familiarmente de los lugares, los objetos y las historias que tenemos en común con él: es nuestro paisano y, sin embargo, viene de «alguna parte» (¿pero de dónde?). Frente a este héroe ordinario y singular se produce entonces un sentimiento de soledad, pero esta soledad no es simple; porque, cuando la literatura nos presenta un héroe solitario comprendemos su propia soledad, nos gusta, y gracias a ello la hacemos cesar: ni el héroe ni el lector están ya solos, puesto que están solos en compañía. El arte de Cayrol llega más lejos: nos obliga a ver una soledad y, sin embargo, nos impide participar en ella; no es tan sólo que la literatura no recupere la soledad cayroliana, sino, además, que ésta se dedica a purificarla de toda complacencia positiva: no es que veamos vivir a un hombre solo (en cuyo caso ya no estaría completamente solo), sino que un hombre nos impone, cara a cara con él, esa *tenaz insensibilidad* de la que se habla en *Lazare*. Así, como una última consecución de la obra, el lector vive al héroe cayroliano exactamente como éste vive el mundo: sensible e insensible, instalado en la simpatía «parasitaria» que marca ese mundo en el que nunca se puede amar sino por poderes.

Sabemos de dónde viene esta obra, explícitamente: de los campos de concentración. La prueba de ello es que *Lazare parmi nous*, obra que opera la primera conjunción entre los campos de concentración y la reflexión literaria, contiene con una gran exactitud el germen de toda la obra posterior de Cayrol. *Pour un romanesque lazaréen* es un programa que aún hoy se está llevando a cabo de una manera casi literal: el mejor comentario de *Muriel* es *Lazare*. Lo que deberíamos sugerir, ya que no explicar, es cómo semejante obra, cuyo germen está en una historia con fecha, es sin embargo literatura enteramente actual.

Quizá la primera razón para ello es que el «Concentracionado» no ha muerto; en el mundo se dan extraños rebrotes concentracionarios, insidiosos, deformados, familiares, amputados de su modelo histórico, pero difusos, a la manera de un estilo; las novelas de Cayrol son el paso mismo del acontecimiento concentracionario a la cotidianeidad concentracionaria: veinte años después de los Campos, encontramos en ellos hoy en día una determinada forma del malestar humano, una determinada calidad de lo atroz, de lo grotesco o de lo absurdo, cuyo choque todavía recibimos ante ciertos sucesos o, aún peor, ante ciertas imágenes de nuestro tiempo.

La segunda razón es que la obra de Cayrol, desde su comienzo, ha sido inmediatamente moderna; todas las técnicas literarias que hoy día conferimos a la vanguardia, y de manera singular al «nouveau roman», se encuentran en el *Romanesque lazaréen* (texto que data de 1950): la ausencia de anécdota, la desaparición del héroe en beneficio de un personaje anónimo reducido a su voz o a su mirada, la promoción de los objetos, el silencio afectivo del que no sabemos si es pudor o insensibilidad, el carácter uliseano de la obra, que siempre es la larga marcha de un hombre a través de un espacio y un tiempo laberínticos. Sin embargo, si la obra de Cayrol se ha mantenido al margen de los debates teóricos de estos últimos años acerca de la novela es porque su autor se ha negado siempre a sistematizarla, y también porque la comunidad técnica de la que acabamos de hablar dista mucho de ser completa; el «nouveau roman» (suponiendo que pueda ser

unificado) establece descripciones *opacas,* la insensibilidad del
personaje se comunica a las cosas de las que habla, de manera
que el mundo del «nouveau roman» (que gustosamente yo redu-
ciría al mundo de Robbe-Grillet) es un mundo neutro. El mundo
de Cayrol, por el contrario, incluso aunque el amor no sea en él
más que algo parasitario (según la expresión del autor), es un
mundo vibrante de adjetivos, radiante de metáforas; es verdad
que los objetos se elevan a una categoría novelesca nueva, pero
el hombre continúa tocándolos incesantemente con un lenguaje
subjetivo, les concede inmediatamente, no sólo un nombre, sino
incluso un motivo, un efecto, una relación, una imagen. Este *comentario* sobre el mundo, que en este caso no se limita a ser
enunciado, sino que está *adornado,* es lo que convierte a la obra
de Cayrol en una comunicación muy particular: privada de toda
intención experimental, y no obstante audaz, emancipada y a la
vez integrada, violenta sin el teatro de la violencia, concentracionaria y actual, se trata de un obra que *huye* sin cesar hacia
adelante, empujada por su propia fidelidad a sí misma, en dirección a la *novedad* que reclama nuestro tiempo.

Comentario final de *Corps étrangers,*
de Jean Cayrol. © U.G.E., 1964.

Bloy

Al abandonar la Gran Cartuja, en la que acaba de pasar una temporada de retiro, Marchenoir (alias Léon Bloy) recibe del Padre General un billete de mil francos. Es algo extraño: por lo general, la caridad se hace *en especie*, no *en metálico*; Marchenoir no está equivocado; en ese gesto del cartujo percibe un justo escándalo: el que consiste en mirar el dinero de frente, como metal, y no como símbolo.

Bloy siempre ha considerado el dinero no desde sus causas, sus consecuencias, sus transformaciones y sus sustituciones, sino en su opacidad misma, como un objeto terco, sometido al más doloroso de los movimientos: la repetición. El *Journal* de Bloy tiene, a decir verdad, un único interlocutor: el dinero. Consiste en lamentos, invectivas, gestiones, fracasos, carreras tras los pocos luises necesarios para el fuego, la alimentación, el alquiler; la miseria del hombre de letras no es en este caso simbólica, en absoluto; es una miseria contable, cuya incansable descripción concuerda perfectamente con uno de los momentos más duros de la sociedad burguesa. Este carácter deseable del dinero (y no de la riqueza) aparece enunciado por Bloy por medio de un comportamiento cuya confesión resulta singular: con seguridad, incluso con orgullo, el escritor no para de «dar sablazos» a todo el mundo, amigos, conocidos, desconocidos. Como es natural, al «sablista» Léon Bloy le corresponde una armada entera de «escurridizos» («yo soy aquel ante el que hay que escurrir el bulto»): inmóvil, atascado, el dinero se niega a la más elemental de las transformaciones: la circulación.

A base de amontonar peticiones y rechazos, Bloy llega a edificar una experiencia profunda (por lo arcaica) del dinero: al ser el objeto de una demanda inmediata y repetida (al psicoanálisis no le costaría mucho trabajo encontrar en ello una relación maternal), el dinero, para Bloy, se resiste a toda razón. Bourget se había atrevido a escribir que «no es la falta de dinero lo que hace pobres a los pobres, sino que es su carácter el que los ha hecho así y es imposible hacerlos cambiar». Bloy no deja pasar sin destacar vivamente esas frases bastante ignominiosas. Para Bloy la pobreza no puede disminuir gracias a ningún discurso (psicológico, político o moral), se empecina en no ser sino ella misma y rechaza despiadadamente cualquier sublimación. «La pobreza verdadera es involuntaria y su esencia consiste en no poder ser nunca deseada.» Bloy ha sido capaz de decir estas profundas palabras justamente porque, en el fondo, el dinero ha sido la gran y única idea de su obra: retorna siempre al secreto del metal («... nunca se ha podido expresar la sensación de misterio que se desprende de esa asombrosa palabra»), no ha parado nunca de tocar su opacidad, explorando con sus palabras, como todo poeta, igual que un hombre que recorre una pared con sus manos, eso que no comprendía y que lo fascinaba.

El dinero, en la obra de Bloy, tiene dos caras: una de ellas, ya que no positiva (eso sería sublimarla), al menos interrogativa, manifestada en la Prostitución «... esa prostitución figurativa del Sexo, de la cual hasta las mismas pesadillas presentan un ostensible horror y que me obstino en creer que es misteriosa e inexplicada»; la otra cara es estúpida: «¿Habéis observado la prodigiosa imbecilidad del dinero, la infalible estupidez, la eterna mala pata de todos los que lo poseen?» Bajo esta doble cara, el dinero forma el argumento explícito del *Désespéré*, libro que es el blasón de Bloy, y que se articula sobre la desfiguración de la prostituta (que se realiza simbólicamente en cuanto ella deja de prostituirse) y sobre la atroz miseria del artista (cuando rehúsa prostituirse).

Entramos así en contacto con la idea esencial de todas las obras de Bloy: la separación entre el artista y su sociedad, que es la burguesía. Todos las crónicas de Bloy dibujan una especie

de pandemónium del escritor que ha llegado, es decir, del que
se ha prostituido a la burguesía («... esa burguesía feroz, adiposa
y cobarde que se nos presenta como la vomitona de los siglos»).
Es cosa sabida que, a fines de siglo, la palabra burguesía designaba una enfermedad estética, una vulgaridad desesperante, into-
lerable para el artista; esta visión ha resultado, más tarde, parcial, y toda la literatura de esa época (desde Flaubert) se ha encontrado comprometida por la ceguera que le impedía ver al capitalista en el burgués. La literatura, no obstante, ¿no puede ser
de otra manera que indirectamente lúcida? Para constituir su
palabra, para inventarla y desarrollarla en su misma verdad, el
escritor no puede hablar más que de lo que a él mismo lo aliena,
pues no se puede escribir por poderes; y lo que aliena al escritor es el burgués, es la estupidez; la vulgaridad burguesa no es,
indudablemente, más que un signo de una enfermedad más profunda, pero el escritor está condenado a trabajar con signos, para
diversificarlos, para abrirlos, no para desflorarlos: su forma es
la metáfora, no la definición.

La labor de Bloy, por tanto, ha consistido en metaforizar a la
burguesía. Sus repugnancias designan siempre con mano segura
al escritor advenedizo, al que la burguesía recupera y en el que
delega. Basta con ser *reconocido* por la institución burguesa (la
prensa, los salones, la Iglesia) para quedar condenado por el
arte. Las desmistificaciones virulentas enunciadas por Bloy se
enfrentan indiferentemente con todas las ideologías, desde el
momento en que éstas aparecen *afianzadas*, desde Veuillot hasta
Richepin, desde el Padre Didon hasta Renan. Bloy no encuentra
diferencias entre el populismo de Vallès y las caridades de la duquesa de Galliera, vulgarmente ensalzada por la prensa por su
fabulosa donación de millones, que según Bloy no ha hecho más
que *restituir*. En cambio, ninguno de los escritores que él ha apo-
yado está del lado del Haber; o, más exactamente, la mirada de
Bloy dirigida a Barbey d'Aurevilly, a Baudelaire o a Verlaine es
una especie de intento de galvanizarlos, de hacerlos inadecuados
para cualquier utilización burguesa. La palabra de Léon Bloy no
está hecha de ideas; sin embargo, su obra es crítica en la medida
en que ha sabido discernir en la literatura de su tiempo sus resistencias al orden, su poder de irrecuperación, el escándalo permanente que ha podido constituir para las colectividades y las
instituciones, en resumen, el retroceso infinito de las cuestiones

que plantea, en una palabra, aún más breve: su *ironía*. Como
siempre ha visto en el arte un antidinero, no se ha equivocado
casi nunca: los escritores que ha destrozado (Dumas hijo, Dau-
det, Bourget, Sarcey) se nos aparecen hoy como fantoches defi-
nitivos; en cambio, Bloy ha sido uno de los primeros que han
reconocido el valor de Lautréamont, profecía singularmente penetrante, la transgresión sin vuelta atrás de la misma literatura:
«En cuanto a la forma literaria, eso no existe. Es lava líquida.
Es algo insensato, negro, devorador.» ¿No ha visto acaso en Sade
«un hambre rabiosa de absoluto», prefigurando así, con unas palabras, únicas, sin duda, en su época, toda la teología invertida
de la que Sade ha sido objeto más tarde?

   ¿Quién sabe? Quizás el mismo Bloy buscaba ese estado negativo de la palabra literaria a través de ese estilo apresurado y
arrebatado que, en definitiva, nunca dice otra cosa que la pasión
de las palabras. A finales de ese siglo burgués, la destrucción
del estilo quizá no podía llevarse a cabo más que a través del
exceso de estilo. La invectiva sistemática, manejada sin límite en
cuanto a los objetos (la bofetada surrealista al cadáver de Anato-
le France es enormemente tímida después de las profanaciones
de Bloy), constituye, en cierto modo, una experiencia radical del
lenguaje: la felicidad de la invectiva no es más que una variedad
de la *expresión feliz* que Maurice Blanchot ha dado vuelta y
convertido en expresión de la felicidad. Frente a una sociedad
contable, en la que el dinero sólo se entrega bajo el régimen de
la compensación (de la prostitución), la palabra del escritor pobre es esencialmente dispendiosa; en Bloy se entrega, infinitamente placentera, *a cambio de un salario nulo*; así aparece, no como un sacerdocio, un arte o tan siquiera un instrumento, sino
como una actividad ligada a las zonas profundas del deseo y del
placer. Sin duda, es esa voluptuosidad invencible del lenguaje,
atestiguada por una extraordinaria «riqueza» de expresiones, lo
que choca con las opciones ideológicas de Bloy con una especie
de irrealismo inconsecuente: el que Bloy haya sido furiosamente
católico, el que haya injuriado, mezclándolo todo, a la Iglesia
conformista y modernista, a los protestantes, a los francmaso-
nes, a los ingleses y a los demócratas, el que ese enloquecido de
la incongruencia se haya apasionado por Luis XVIII o por Mé-
lanie (la pastora de la Salette), eso no es nada más que una materia variable, recusable, que no engaña a ningún lector de Bloy;

la ilusión son los contenidos, las ideas, las opciones, las creen-
cias, las profesiones, las causas; la realidad son las palabras, la
erótica del lenguaje, que este escritor pobre, *de salario nulo*, ha
practicado con furor y en cuyo arrebato aún hoy nos obliga a
participar.

1966, en *Tableau de la littérature française.*
© Gallimard, 1974.

Michelet, hoy en día

Hace veinte años, mientras leía a Michelet ya me llamó la atención la insistencia temática de su obra: todas las figuras vuelven a aparecer continuamente, dotadas de los mismos epítetos, que provienen de una lectura que es a la vez corporal y moral; son, en definitiva, «epítetos de naturaleza», que emparentan la Historia de Michelet con la epopeya homérica: Bonaparte es céreo y fantasmagórico, exactamente de la misma manera que Atenea es la diosa de los ojos garzos. Hoy en día, sin duda porque mi lectura está impregnada de ideas que han modificado mi concepción del texto de hace veinte años (podemos llamar al conjunto de esas ideas, *grosso modo*, «estructuralismo» o «semiología»), lo que me llama la atención es otra cosa (junto a la evidencia temática, que sigue siendo tan vivaz); esa otra cosa es un determinado trastorno de la discursividad. Si nos atenemos a la impresión de su lectura, cuando Michelet cuenta una historia (la Historia), a menudo *no es claro* (estoy pensando en su última obra, la *Histoire du XIXe siècle*, que de hecho es tan sólo la historia del Consulado y del Imperio); no se entiende demasiado bien, al menos a primera vista, el encadenamiento de los hechos; desafío a cualquiera que no tenga de la Historia de Francia más que un viejísimo conocimiento escolar a que entienda lo que sea del escenario del 18 de Brumario, tal como Michelet lo esboza: ¿quiénes fueron los actores? ¿Dónde estaban? ¿En qué orden se

sucedieron las operaciones? La escena está completamente llena
de lagunas: aunque inteligible al nivel de cada frase por separado (no hay nada más claro que el estilo de Michelet), se torna
enigmática al nivel del discurso.

Tres son los motivos de ese trastorno. En primer lugar la discursividad de Michelet es continuamente elíptica; Michelet practica a ultranza el asíndeton, la ruptura, se salta los enlaces, se
cuida poco de la distancia que establece entre sus frases (eso es
lo que se ha llamado su estilo vertical); se trata de una estructura *errática* —fenómeno estilístico muy interesante y poco estudiado, según me parece— que privilegia a los enunciados-bloque,
sin que el autor se preocupe de la visibilidad de los intersticios,
de los vanos: cada idea aparece presentada sin ese excipiente
anodino del que rellenamos generalmente nuestro discurso; es
una estructura evidentemente «poética» (se encuentra en la poesía y en los aforismos) y concuerda por completo con la estructura temática de la que hablé al principio; lo que el análisis temático había encontrado, el análisis semiológico lo tiene que
confirmar, lo tiene que prolongar, indudablemente.

En segundo lugar, como es sabido, la enunciación está reple-
ta de juicios; Michelet no expone primero para juzgar a continuación: opera una confusión inmediata, un auténtico *aplastamiento*,
entre lo *anotable* y lo condenable (o alabable): «Dos hombres muy
sinceros, Daunou y Dupont de l'Eure...»; «Por último, para acabar con una ridícula comedia...»; «Sieyès respondió con valentía...»; etc. El relato de Michelet pertenece abiertamente al segundo grado; es una narración (mejor sería llamarlo una enunciación) que se injerta sobre un relato subyacente que se supone
ya conocido, también en esto encontramos una constante: lo que
a Michelet le interesa es el *predicado*, que es lo que se añade al
hecho (al «tema»); se diría que para Michelet el discurso no comienza de pleno derecho sino en el atributo; el ser del lenguaje
no es lo constatador (lo tético) sino lo apreciativo (lo epitético):
toda la gramática de Michelet es optativa; sabemos perfectamente
que el Indicativo, al que la enseñanza ha convertido en un modo
simple, un modo fundamental —todos los verbos se conjugan primero en indicativo— es de hecho un modo complicado (el grado
cero del subjuntivo y del optativo, se ha podido decir), que probablemente se adquirió muy tarde; el «lirismo» de Michelet proviene menos de su subjetividad que de la estructura lógica de su

enunciación: piensa con atributos —predicados— no con entidades, atestiguaciones; y eso es lo que explica esos trastornos de su
racionalidad discursiva; el razonamiento, la exposición racional,
«clara», consiste en progresar de tesis en tesis (de verbo en verbo)
y no en desplegar en seguida un torbellino de adjetivos; para
Michelet, los predicados, al no estar sostenidos por el ser del
sujeto, pueden ser contradictorios: si un determinado héroe
«malo» (Bonaparte) realiza una acción «buena», Michelet se limita a decir que es «inexplicable»; y es que la tiranía del predicado arrastra una especie de carencia del sujeto (en el sentido
lógico; pero, tratándose del discurso, el sentido lógico no está
lejos del sentido psicológico: el discurso puramente predicativo
¿no es precisamente el del delirio paranoico?).

Por último, y esto es quizá lo más preocupante, no sólo el
encadenamiento de los hechos vacila en Michelet, sino los mismos hechos. *¿Qué es un hecho?* Es éste un problema de dimensión filosófica, el punto clave de la epistemología histórica. Michelet, por su parte, acepta el carácter turbio de la noción. No es
que su Historia carezca de «hechos», y a menudo de lo más precisos, es que esos hechos no están nunca allí donde uno espera
encontrarlos; o, es más, lo que se evalúa es su resonancia moral,
no su talla; el hecho de Michelet oscila entre el exceso de precisión y el exceso de evanescencia; jamás tiene su dimensión *exacta*: Michelet nos dice que en el 18 de Brumario (10 de noviembre)
se habían encendido estufas en la gran sala de la Orangerie y
que había delante de la puerta un tambor de tapicería: pero
¿y la dimisión de Barras?, ¿y los dos tiempos de la operación?, ¿y
el papel de Sieyès, de Talleyrand? No hay la menor mención de
estos hechos, o al menos, no hay ninguna mención que «extraiga»
de un discurso extraño (para nuestros hábitos de lectura histórica) algún elemento francamente narrativo. En suma, lo que trastorna Michelet es la *proporción* de los hechos (¿es necesario que
recordemos que la crítica de las *relaciones* es mucho más subversiva que la de las *nociones*?). Filosóficamente, o al menos desde
el punto de vista de una determinada filosofía, Michelet es quien
tiene razón. Lo encontramos, en esto, paradójicamente próximo
a Nietzsche: «No hay hechos en sí. Lo que sucede es un grupo
de fenómenos, elegidos y agrupados por un ser que los interpreta... No hay un estado de hecho en sí, por el contrario, hay que
introducir *un sentido incluso antes de que pueda haber un estado*

de hecho.» Michelet es en definitiva el escritor (el historiador) del *incluso antes*: su historia resulta arrebatada, no porque el discurso sea rápido, impaciente, no porque su autor sea apasionado, sino porque no detiene el lenguaje en el hecho, porque, en esa inmensa puesta en escena de una realidad milenaria, *el lenguaje precede al hecho hasta el infinito*: proposición brutal para un historiador clásico (pero, desde el momento en que la Historia se estructuraliza, ¿no empieza a aproximarse a la filosofía actual del lenguaje?), proposición bienhechora para un teórico moderno que piensa que, como toda ciencia (ahí reside el problema de las «ciencias humanas»), la ciencia histórica, al no ser algorítmica, tropieza fatalmente con un discurso, y *es entonces cuando todo empieza*. Deberíamos agradecer a Michelet (entre otros dones que nos ha hecho, dones ignorados, rechazados) el que nos haya representado, a través del *pathos* de su época, las *condiciones reales* del discurso histórico y el hecho de que nos haya invitado a superar la oposición mítica entre la «subjetividad» y la «objetividad» (ésta es una distinción tan sólo propedéutica: necesaria al nivel de la investigación), para sustituirla por la oposición entre el *enunciado* y la *enunciación*, entre el producto de la investigación y la producción del texto.

*

El proceso llevado a cabo contra Michelet por numerosos historiadores, y por la simple opinión común —proceso del que Lucien Febvre ha señalado irónicamente los argumentos—,[41] no es, por supuesto, solamente un proceso científico (que afecta a las informaciones y las interpretaciones del historiador) sino también un proceso de escritura: Michelet es, para muchos (no para todos: la prueba es el propio Lucien Febvre), un mal historiador, porque *escribe* en lugar de limitarse a «redactar». Hoy en día ya no entendemos la escritura como el simple producto de un dominio del estilo. Lo que convierte a Michelet en un escritor (practicante de la escritura, operador del texto) no es su estilo (que no siempre es muy bueno, y a veces es precisamente la *muestra* del estilo), es lo que hoy llamaríamos *el exceso del significante*. Este

41. Lucien Febvre, *Michelet*, «Traits», Ginebra-París, Éd. des Trois Collines, 1946.

exceso se deja leer *en los márgenes de la representación*. Ciertamente, Michelet es un escritor clásico (legible): cuenta lo que
sabe, describe lo que ve, su lenguaje imita a la realidad, ajusta
el significante al referente y produce así signos *claros* (no hay
«claridad» sin una concepción clásica del signo, con el significante por un lado y el referente por otro, el primero al servicio del
segundo). La legibilidad de Michelet, sin embargo, no es segura;
a veces es arriesgada, está comprometida por excesos, confusio-
nes, rupturas, fugas; entre lo que Michelet pretende ver (el referente) y su descripción (el tejido de los significantes), queda
a menudo un residuo, o un agujero. Ya se ha visto que su narra-
tividad está fácilmente trastornada por elipsis, asíndeton, por la
misma indecisión del concepto de «hecho». El significante (en el
sentido semanalítico de la palabra: medio semiológico, medio
psicoanalítico) ejerce su presión en muchos otros puntos. A esta
realeza del significante le podríamos dar por emblema el reino
de lo que se podría llamar la tentación etimológica. La etimología
de un nombre es, desde el punto de vista del significado, un objeto privilegiado, porque representa, a la vez, la *letra* y el *origen*
(está por hacer toda una historia de la ciencia etimológica, de la
filosofía etimológica, desde Cratilo hasta el Brichot de Proust);
y, de la misma manera que toda una parte de *En busca del tiempo perdido* surge del nombre de *Guermantes,* toda la Historia de
Michelet del siglo XIX surge de un juego de palabras etimológico: *Buonaparte,* la Buena Parte, el premio gordo; Napoleón se
reduce a su nombre, su nombre a su etimología, y esta etimología, como si fuera un signo mágico, arrastra al portador del
nombre a una temática fatal: la de la lotería, la del siniestro
azar, el jugador, figura fantasmagórica por la que Michelet sustituye sin matices al héroe nacional; veinte años de nuestra Historia dependen de este *origen* de Bonaparte: origen (en ello está
el exceso enloquecido del texto) que no es en absoluto histórico,
político (de ese modo hubiera sido un origen referencial) sino
literal: las letras del Nombre son la base del relato de Michelet;
ese relato es, por tanto, un auténtico *sueño,* hasta el punto que
podría ser analizado por el psicoanálisis actual.

Cuando leemos a Michelet no debemos utilizar contra él ese
peso, esa fuerza de arrastre del significante. Quizá sabemos —o
al menos lo sabemos hoy mejor que ayer— lo que es la ciencia
histórica, pero ¿qué sabemos del discurso histórico? La Historia,

hoy en día, ya no se *narra*, su relación con el discurso es diferente. Michelet resulta condenado en nombre de una discursividad nueva, que no podría ser la suya, la de su tiempo; en resumen, hay una heterogeneidad completa entre las dos Historias (y no tan sólo defectos, carencias de la primera con respecto a la segunda). Michelet tiene razón contra todos los historiadores de su tiempo, y esa razón representa en su obra la parte que hoy en día nos parece bien. Michelet no ha «deformado» la «realidad» (o ha hecho mucho más que eso), ha situado el punto de contacto entre esa «realidad» y su discurso en un lugar inesperado; ha desplazado el nivel de la percepción de la Historia; en su obra histórica, abundarían ejemplos de ello (hechos de la mentalidad colectiva, costumbres, realidades ecológicas, historia material, todo lo que en la Historia posterior se ha desarrollado), pero el ejemplo que yo quiero dar de esta «decisión perceptiva» lo voy a tomar de su historia natural *(La Mer)*. Cuando tiene que describir la terrible tempestad de octubre de 1859, con una osadía que lo aproxima a los poetas simbolistas, Michelet la describe *desde dentro*; pero en lo que llega más lejos es en que ese interior no es en este caso metafórico, subjetivo, sino literal, espacial: la descripción está desarrollada por completo desde el interior de una habitación en que la tormenta lo mantiene encerrado; en otras palabras, describe *lo que no está viendo*, y no *como si lo viera* (lo cual sería una videncia poética bastante trivial), sino como si la realidad de la tempestad fuera una materia insólita, llegada de otro mundo, perceptible por todos nuestros órganos, salvo por la vista. Tenemos en ella una percepción auténticamente de drogado, con un trastrueque de la economía de todos nuestros cinco sentidos. Por otra parte, Michelet era consciente de la apuesta fisiológica que hay en su descripción: la tempestad lo provoca a realizar una experiencia *sobre su propio cuerpo*, como un adicto cualquiera al *hachis* o a la mescalina: «Yo persistía en mi trabajo, con la curiosidad de ver si esa fuerza salvaje conseguiría oprimir, atenazar a un espíritu libre. Mantuve mi pensamiento en actividad, dueño de sí mismo. Iba escribiendo y observándome. Tan sólo a la larga la fatiga y la privación de sueño llegaron a afectar en mí una capacidad, la más delicada, a mi parecer, en el escritor, que es el sentido del ritmo. Las frases me llegaban inarmónicas. Esa es la primera cuerda que se rompió en mi instrumento.» La alucinación no se encuentra lejos: «(Las olas)... me producían el efecto de un espantoso *mob*, de un horrible populacho, pero no de hombres, sino de perros ladrando, un millón, mil millones de dogos encarnizados, o más bien, enloquecidos... Pero, ¿qué estoy diciendo?, ¿perros, dogos?, ni siquiera eran eso. Eran apariciones execrables e innominadas, animales sin ojos ni orejas, enteramente hechos de fauces espumeantes.» Cuando decimos que toda la Historia de Michelet está igualmente alucinada, no estamos despreciando su sentido histórico, sino exaltando la modernidad de su lenguaje: esta intuición o esa osadía que ha tenido de hacer *como si* nuestro discurso atravesara el mundo, el tiempo, de parte a parte, hasta el infinito, como si las alucinaciones de ayer fueran las verdades de mañana, y así sucesivamente.

*

Hay dos maneras de desmistificar a un gran hombre: rebajarlo como individuo, o disolverlo en una generalidad histórica, convertirlo en el producto determinado de una situación, de un momento, el delegado de una clase. Michelet no ha ignorado esta segunda manera: en varias ocasiones ha recalcado las relaciones entre Bonaparte y las Finanzas, procedimiento que apunta ya a la crítica marxista; pero el fondo —o la obsesión— de su demostración es la depreciación *del cuerpo* de Bonaparte. El cuerpo humano —mejor sería decir el cuerpo histórico, tal como lo ve Michelet— no existe, como sabemos, sino en proporción a los afectos y repugnancias que provoca; es, a la vez, un cuerpo erótico (que implica deseo o repulsión: pulsión) y un cuerpo moral (Michelet está *a favor* o *en contra*, de acuerdo con unos principios morales que él confiesa). Podemos decir que es un cuerpo que cabe por completo en el espacio de una metáfora: por ejemplo, la de la *náusea*, espasmo físico y rechazo filosófico. Al releer a Michelet, al cabo de muchos años, me siento cautivado de nuevo por el carácter *imperioso* de esos retratos. Sin embargo, el retrato es un género que fácilmente aburre, pues no basta con describir un cuerpo para hacerlo existir (desear); por ejemplo, Balzac jamás obtiene una relación erótica entre él (y por lo tanto, nosotros) y sus personajes; sus retratos son mortales. Michelet, por su parte, no describe (al menos en el retrato en el que estoy pensando, el de Bonaparte): del cuerpo entero (pesa-

damente recorrido por Balzac, órgano tras órgano), apunta sólo
y vivamente a dos o tres puntos y los remacha; en Bonaparte
(*sobre** Bonaparte, deberíamos decir), esos puntos son el cabello,
castaño, pero tan brillante de pomada que parece negro, la cara
amarilla, como de cera, *sin cejas ni pestañas,* los ojos grises como
el vidrio de un vaso, y los dientes blancos, muy blancos. («¡Qué
negro es ese Bonaparte!... Es negro, pero ¡qué dientes tan blancos!») Es un retrato cautivador, pero lo que da fe de la capacidad
de Michelet (el exceso de su texto, su escapatoria, lejos de toda
retórica) es que no conseguimos llegar a decir por qué lo es; no
es que su arte sea inefable, misterioso, que se esconda en un
«toque», en un «no sé qué»; más bien es que se trata de un arte
pulsional, que injerta directamente el cuerpo (el de Bonaparte
y el de Michelet) en el lenguaje, sin pasar por ningún intermedia-
rio racional (por ello entendemos la sujeción de la descripción
a una pauta, ya sea anatómica —que es la que observa Balzac—
ya sea retórica; ya sabemos que el retrato responde tradicionalmente a un código fuerte, la prosopografía). Ahora bien, de las
pulsiones no es posible nunca hablar directamente; todo lo que
podemos hacer es adivinar el lugar que ocupan; en Michelet ese
lugar se deja situar gradualmente: es, en sentido muy amplio
—que incluye estados de la materia, medio visuales, medio tácti-
les—, *el color.* Los colores de Bonaparte son siniestros (negro,
blanco, gris, amarillo); en otras partes —fuera de la Historia, en
la Naturaleza— el color es jubiloso; veamos la descripción de los
insectos: «... seres encantadores, seres extraños, monstruos admirables, con alas de fuego, corazas de esmeralda, vestidos de esmal-
tes de cien tipos, armados de extraños aparatos, tan brillantes
como amenazadores, unos de acero pulido, glaseados de oro,
otros con sedosos penachos, forrados de terciopelo negro: igual
que delgados pinceles de seda salvaje sobre un rico fondo de cao-
ba; éste, de terciopelo granate moteado de oro; otros, insólitos y
lustrosos azules, salpicados de lunares aterciopelados; en otra
parte, rayas metálicas, alternando con terciopelos mates»; presión, pulsión del color múltiple (tal como se percibe tras los
párpados cerrados), que llega hasta la transgresión perceptiva:
«Sucumbí, cerré los ojos y pedí gracia; pues mi cerebro se soli-

* Uso «sobre» en español porque parece aludir de una manera muy
clara a una superficie. [T.]

dificaba, se cegaba, se volvía obtuso.» Y siempre la facultad de
hacer significar la pulsión sin desenraizarla nunca del cuerpo; en
este caso, el abigarramiento remite a la profusión inagotable de
la naturaleza generadora de insectos; pero en otro, de repente, es
lo contrario, la reducción audaz a un color obsesivo: la cadena de
los Pirineos ¿qué es? *El verde*: «En los Pirineos, los verdes de
agua tan singulares de sus torrentes, ciertas praderas de esmeralda... el mármol verde...» No hay que calificar a Michelet de
«pintor»: el color va mucho más allá de la pintura (remito a las
recientes observaciones de J. L. Schefer y de Julia Kristeva); el
color pertenece al orden de la suculencia, pertenece al cuerpo
profundo; el color introduce en el texto de Michelet zonas, terri-
torios, que se ofrecen a una lectura que se podría calificar de
nutritiva.

*

En efecto, el significante, en Michelet, es suntuoso. Y no obstante, a Michelet no se lo lee. Quizás el significante es demasiado
fuerte (auténtico veneno), si se lee a Michelet como historiador
o como moralista, que es el papel público que tuvo hasta que
cayó en el olvido. No hay que olvidar que nuestros lenguajes están codificados: la sociedad se prohíbe a sí misma, con mil procedimientos, mezclarlos, transgredir su separación y su jerarquía;
el discurso de la Historia, el de la gran ideología moral (o el de
la filosofía) se mantienen puros de todo deseo; al no leer a Michelet, es su deseo lo que censuramos. De esa manera, embrollan-
do la ley discriminatoria de los «géneros» es como Michelet falta
por primera vez de su sitio: la gente seria, conformista, lo ex-
cluirá de su lectura. Pero, gracias a un segundo desplazamiento,
este príncipe del significante tampoco recibe el reconocimiento
de ninguna vanguardia (o, más simplemente, de la literatura).
Esta segunda exclusión es más interesante, y también más actual;
hay que decir algunas palabras sobre ella, pues en este punto
es en el que se comprende por qué a Michelet no lo leen los lectores activos, productivos (los jóvenes, por llamarlos así), pero
también el punto en que se comprende cuáles son algunas de las
intolerancias de la lectura contemporánea.

Lo que no toleramos es el *pathos* (habría sin embargo que
averiguar si no tenemos también el nuestro). El discurso de Mi-

chelet está evidentemente lleno de esas palabras aparentemente
vagas y sublimes, de esas frases nobles y emotivas, de esos pensamientos engalanados y conformistas en los que nosotros ya no
vemos sino objetos distantes, curiosidades bastante indigestas
del romanticismo francés: un *vibrato* que ya no es capaz de con-
mover nada en nosotros (Acción, Naturaleza, Educación, Pueblo, etc.); ¿cómo recibiríamos hoy una frase (tomada al azar)
como: «El Padre es para el niño una revelación de la justicia»,
etcétera? Ese lenguaje mayúsculo ya no cuela, por razones diversas, que a la vez provienen de la Historia[42] y del lenguaje
(nada más importante y menos estudiado que las modas de las
palabras); y, como no cuela, se acumula en el discurso de Michelet y forma una barrera: si el libro no se nos cae de las manos
—pues el significante está ahí, para relanzarlo—, al menos tenemos que estar continuamente decantando, *laminando* a Michelet, y, lo que es peor que todo lo demás, *excusándolo*.

Ese residuo patético es muy fuerte en Michelet. Paradójicamente, podemos afirmar lo siguiente: lo más sincero es lo que
envejece más aprisa (la razón, de orden psicoanalítico, es que la
«sinceridad» pertenece al orden del imaginario: el punto en que
el inconsciente más se ignora a sí mismo). Además, hay que acep-
tarlo, no hay ningún escritor que produzca jamás un discurso
puro (irreprochable, íntegramente incorruptible): la obra se fractura bajo el tiempo, a la manera de un relieve kárstico; siempre,
en los más grandes, en los más audaces, en los que más nos gus-
tan, hay lugares del discurso perfectamente antipáticos. Aceptar-
lo es una sabiduría (o, de una manera más viva, más agresiva,
la pluralidad misma de la escritura es la que nos obliga a ello).
Sin embargo, no podemos librarnos de Michelet con este simple
liberalismo, hay que ir más lejos. Esas palabras, cuya magia está
muerta ya para nosotros, es posible renovarlas.

En primer lugar, esas palabras, en su época, han tenido un
sentido vivo, a veces incluso ásperamente combativo. Michelet
las empleaba con pasión *contra* otras palabras, también activas,
opresoras (el lenguaje siempre camina con andadura polémica).
Para ello la cultura histórica tiene que ayudar a nuestra lectura:
hemos de adivinar cuál era el juego del lenguaje en la época en

42. Cuando pongo incluso aquí Historia con mayúscula no es para di-
vinizarla; es para distinguir la Historia, ciencia y materia de esta ciencia,
de la historia, la anécdota.

que escribía Michelet. El sentido histórico de una palabra (no en la estricta acepción de la filología, sino en la acepción, mucho más amplia, de la lexicología: estoy pensando en la palabra «civilización» estudiada por Lucien Febvre) es un sentido que debe valorarse *dialécticamente*: pues a veces la llamada de la Historia estorba y limita la lectura presente, la somete a una igualdad intempestiva, y entonces hay que liberarla con la mayor desenvoltura; y a veces, por el contrario, la Historia sirve para reavivar la palabra, y entonces, ese sentido histórico hay que buscarlo como un elemento sabroso, en absoluto autoritario, testigo de una verdad, pero libre, plural, consumido en el placer mismo de una *ficción* (la de nuestra lectura). En definitiva, al tratarse de un *texto*, hemos de usar la referencia histórica *con cinismo*: rechazarla cuando reduce y disminuye nuestra lectura; aceptarla, por el contrario, cuando la extiende y la hace más deleitosa.

Cuanto mayor es el uso mágico de un palabra, más móvil es su función: se la puede emplear para todo. Una palabra de ese tipo es algo así como una palabra-maná, una palabra-comodín: puede estar vacía, ciertamente, pero, al mismo tiempo, ocupa *el mayor espacio*; y la justificación de una palabra está menos en su sentido que en el lugar que ocupa, en su relación con las otras palabras. La palabra no vive más que en función de su contexto, y ese contexto ha de entenderse de una manera ilimitada: constituye todo el sistema temático e ideológico del escritor y también nuestra propia situación de lector, en toda su extensión y su fragilidad. La palabra «Libertad» está gastada (¿a fuerza de haber sido usada por impostores?). Pero la Historia puede aportarnos su terrible actualidad; hoy en día somos conscientes de que la libertad, en el sentido que la palabra tenía a partir de la Revolución Francesa, era una entidad demasiado abstracta (demasiado particular también: libertad de prensa, de pensamiento) para satisfacer las exigencias concretas de un trabajador alienado en su trabajo y en su ocio; pero tal crisis puede llevar a replegarse en la propia abstracción de la palabra; esta abstracción se convertirá en una fuerza, y Michelet tornará a ser legible de nuevo (no hay nada en contra de que el alza de ciertos peligros «ecológicos» reavive la palabra de Michelet «Naturaleza»: es algo que ya está comenzando). En definitiva, las palabras nunca mueren, porque no son «seres», sino funciones: simplemente sufren avatares (en sentido propio), reencarnaciones (el texto de Febvre, publicado a la mañana siguiente de la ocupación nazi, muestra a la perfección cómo *entonces*, en 1946, la obra de Michelet de nuevo hacia eco bruscamente a los sufrimientos de los franceses oprimidos por la ocupación extranjera y el fascismo).

*

Con toda evidencia, lo que nos separa de Michelet principalmente es el paso del marxismo: no tan sólo el advenimiento de un nuevo tipo de análisis político, sino también toda una implacable serie de desmistificaciones conceptuales y verbales. Michelet, sin duda, no habría entendido nada de la racionalidad marxista (dudo que ni siquiera haya tenido conocimiento de ella, aunque murió en 1874); su ideología, en el sentido propio de la palabra, era pequeñoburguesa; pero asumió claramente la moral (aunque la palabra sea desagradable) que está presente, como un monto inevitable, en toda opción política: su obra es, en efecto, *política*, no por sus procedimientos de análisis, poco realistas, poco dialécticos, sino por el *proyecto*, que era relacionar despiadadamente todos los elementos *intolerables* de la Historia y de la socialidad. La palabra «Pueblo», tan importante para él (era una palabra de la Revolución), no puede analizarse ya como en sus tiempos; no hablamos ya del Pueblo; pero todavía decimos: «las fuerzas, las masas populares»; y Michelet tuvo una relación viva, una relación justa con lo «popular», pues supo situar esta relación en el centro mismo de su situación de escritor (es decir, de su oficio). Como prueba aportaré la que hoy en día me conmueve más: no todos sus testimonios sobre la condición obrera (que no son de despreciar) sino estas graves palabras: «Nací pueblo, llevé al pueblo en el corazón... Pero en cuanto a su lengua, me resultó inaccesible. No pude hacerlo hablar.» Michelet plantea ahí el problema actual, el problema candente, de la separación social de los lenguajes. En tiempos de Michelet, lo que él llamaba el Pueblo no carecía de lenguaje (lo cual sería inconcebible), sino, que, al menos, ese lenguaje del Pueblo (de hecho, ¿cuál era?), falto de medios de comunicación de masas, falto de escuelas, estaba situado al margen de la presión de los modelos burgueses y pequeñoburgueses; querer hablar «popularmente» —incluso si no se conseguía— era pretender con verosimilitud alcanzar una cierta «espontaneidad», un estado extraideológico del lenguaje (claramente perceptible en las exquisitas canciones populares); hoy en día, esta materia romántica ha sido destruida: el lenguaje «popular» no es más que un lenguaje burgués degenerado, generalizado, vulgarizado, envuelto en una especie de «sentido común», y del cual la prensa, la televisión, la radio son el punto de difusión, reunidas en ellas todas las clases sociales. Para Michelet, el lenguaje-pueblo era una tierra prometida; para nosotros es un purgatorio que hay que atravesar (de ahí que algunos rechacen *revolucionariamente* emprender ese camino). No hay nada más trágico ni más anonadante, para Michelet y para nosotros —tantas son las dificultades que él anuncia—, que este texto que da fin a un capítulo de un libro de Michelet (*Nos Fils*, 1869), lleno de *pathos*, sin embargo: «Tras el horrible y siniestro asunto del 24 de junio de 1848, doblado y abrumado por los dolores, le dije a Béranger: "Oh, ¿quién sabrá hablar al pueblo?... Sin eso moriremos todos." Esa mente firme y fría me respondió: "¡Paciencia! Son ellos los que escribirán sus libros." Han pasado dieciocho años. ¿Y dónde están esos libros?»

Es posible que este problema, que nos viene del viejo Michelet, sea el problema de *mañana*.

1972, *L'Arc.*

Modernidad de Michelet

Michelet no está de moda, Michelet no es moderno. También el gran historiador ha desaparecido por la trampilla de la Historia. ¿Y eso por qué?

Se trata de una pregunta seria, incluso dramática, al menos para un individuo que ama profundamente la obra de Michelet y al mismo tiempo quiere participar en el advenimiento de esos nuevos valores cuya ofensiva forma lo que cómodamente llamamos la vanguardia. Este individuo cree entonces vivir en la contradicción, algo que nuestra civilización, desde Sócrates, tiene por la más grave de las heridas que un individuo humano pueda recibir de los otros o de sí mismo. Pero: ¿y si no fuera el individuo aquel el contradictorio, sino la misma Modernidad? La evidente censura que la vanguardia impone a Michelet se volvería entonces contra ella con el pretexto de una ilusión, una fantasmagoría negativa que se hace necesario explicar: la Historia —de la que la Modernidad forma parte— puede ser injusta, ¿me atrevería a decir que a veces hasta imbécil? El mismo Michelet es quien nos lo ha enseñado.

La Modernidad de Michelet —me refiero a su modernidad efectiva, escandalosa y no a su modernidad humanista, en cuyo nombre lo invitaríamos a seguir siendo siempre joven en la historia de las letras francesas—, la modernidad de Michelet se ve brillar al menos en tres puntos.

El primero interesa a los historiadores. Michelet, como sabemos, ha fundado lo que hoy día se llama tímidamente la etnología de Francia: una manera de insertar a los hombres muertos del pasado no en una cronología o en una Razón, sino en una red de comportamientos carnales, en un sistema de alimentos, de vestidos, de prácticas cotidianas, de representaciones míticas, de actos amorosos. Michelet desvela lo que podríamos llamar la *sensualidad* de la Historia: con él el cuerpo se convierte en el fundamento mismo del saber y el discurso, del saber como discurso. Es la instancia del cuerpo lo que unifica toda su obra, desde el cuerpo medieval —ese cuerpo con sabor a lágrimas— hasta el cuerpo grácil de la Bruja: la misma Naturaleza, mar, montaña, animalidad, no es nunca más que el cuerpo humano en expansión, y, me atrevería a decir que en contacto. Su obra corresponde a un nivel de percepción inédito que todavía ha estado ampliamente ocultado por las ciencias que se llaman del hombre. Esta manera de desterrar lo inteligible histórico sigue siendo muy singular, pues contradice la creencia que continúa diciéndonos que para comprender hay que abstraer, y, en cierto modo, descorporeizar el conocimiento.

La segunda modernidad de Michelet interesa a la epistemología. Toda la obra de Michelet postula —y a menudo alcanza— una ciencia verdaderamente nueva, por la que aún hoy combatimos. No la llamaremos aún ciencia del Inconsciente, ni siquiera, más ampliamente, *Simbólica*; la llamaremos con el nombre más general que Freud le dio en su *Moisés, ciencia del desplazamiento: Entstellungwissenschaft*. ¿Cómo la podríamos llamar (sin miedo al neologismo)? ¿*Metabología*? No importa cómo. Sin duda las operaciones de desplazamiento, de sustitución, metafórica o metonímica, han marcado en todos los tiempos el *logos* humano, incluso cuando este *logos* se ha convertido en ciencia positiva. Pero lo que asigna a Michelet un lugar grandioso en este nuevo discurso de la Ciencia, es que en toda su obra —quizá bajo la influencia de Vico, que, no lo olvidemos, mucho antes del estructuralismo contemporáneo ha dado las grandes figuras de la Retórica como cifras de la Historia humana— la sustitución, la equivalencia simbólica es una vía sistemática de conocimiento, o, si lo preferimos, el conocimiento no se separa de las vías, de la estructura misma del lenguaje. Cuando Michelet nos dice, por ejemplo, literalmente, que «el café es la excusa del sexo», está

formulando bajo mano una nueva lógica que hoy día se expande
en todo saber: el freudiano, el estructuralista, y, no dudo en
afirmarlo, el marxista, todos ellos usuarios de esa ciencia de las
sustituciones, deberían sentirse a gusto con la obra de Michelet.

La tercera modernidad de Michelet es la más difícil de percibir, incluso quizá de admitir, porque se ofrece bajo un nombre
irrisorio, el del «parti pris». Michelet es el hombre del «parti
pris», ¡cuántos críticos, historiadores, soberbiamente instalados
en el confort de la ciencia objetiva, se lo han reprochado! Para
escribir, me atrevería a decir que hay que tomar partido: todo
discurso procede claramente de una opción, de una evaluación
del mundo, de las sustancias, de los cuerpos; no hay hecho que
no esté precedido de su propio valor: el sentido y el hecho se
dan al mismo tiempo, proposición insólita ante los ojos de la
Ciencia. Un filósofo la ha asumido: Nietzsche. Nietzsche y Michelet están separados por la más implacable de las distancias, la
del estilo. Y, sin embargo, ved como Michelet *evalúa* su siglo, el
siglo xix: bajo una figura bien conocida por Nietzsche, y más
tarde por Bataille (avisado lector de Michelet, no lo olvidemos):
la del Aburrimiento, el achatamiento de los valores. Lo sobre-
cogedor de Michelet en su siglo, siglo que juzgaba en cierto modo como «apagado», consiste en haber blandido obstinadamente
el Valor como una especie de llama apocalíptica, pues la idea
más moderna —idea que comparte precisamente con Nietzsche
y Bataille— es que estamos al final de la Historia, y esta idea,
¿qué vanguardia se atrevería aún a cargarla en su cuenta? Está
candente, es peligrosa.

No obstante, como ya he dicho, la modernidad de Michelet
no se manifiesta. ¿Por qué? En Michelet, el obstáculo es un determinado lenguaje que pesa como una piel muerta sobre su
obra y le impide difundirse. En el combate de la modernidad, la
fuerza histórica de un autor se mide por la dispersión de las
citas que se hacen de su obra. Ahora bien, Michelet se dispersa
mal, no se lo cita.

Es a ese lenguaje al que habría que llamar el *pathos* de Michelet. Es un *pathos* que no es constante, porque Michelet es
felizmente heteróclito, hasta el barroquismo (la modernidad tendría en ello una razón suplementaria para recuperar el texto de
Michelet), pero que *vuelve siempre*, encierra a Michelet en la repetición, lo pone en jaque. Ahora bien, en un lenguaje ¿qué es

lo que se repite? La firma. Realmente Michelet refulge sin cesar, es incesantemente nuevo, pero el poder enorme y continuo de su escritura está también firmado sin cesar por una marca ideológica, y lo que rechaza la modernidad es esta marca, esta firma. Michelet escribe ingenuamente su ideología y eso es lo que lo pierde. Donde Michelet cree ser auténtico, sincero, ardiente, inspirado, ahí es donde hoy día se nos aparece como muerto, embalsamado: *pasado de moda* hasta el fondo.

La potencia actual de un escritor pasado se mide por los *desvíos* que ha sabido imponer a la ideología de su clase. El escritor jamás puede destruir su ideología original, lo único que puede es hacer trampas con ella. Michelet no ha sabido o no ha querido hacer trampas con el lenguaje heredado del Padre: pequeño impresor, gerente más tarde de un sanatorio, republicano, volteriano, pequeñoburgués, en una palabra. Ahora bien, la ideología pequeñoburguesa, mostrada al desnudo, como es el caso de Michelet, es de las que hoy día no tienen perdón, pues sigue aún siendo ampliamente la nuestra, la de nuestras instituciones, la de nuestras escuelas, y, en esa medida, no podemos tomárnosla *a contrapelo*, como podemos hacer con la ideología progresista de la burguesía del siglo XVIII. Desde un punto de vista *moderno*, Diderot es legible, Michelet casi no lo es. Todo su *pathos* le viene a Michelet de hecho de su ideología de clase, de la idea, de la ficción, podríamos decir, según la cual las instituciones republicanas tienen como finalidad, no la supresión de la división del capital y el asalariado, sino la atenuación y en algún caso, la armonización de su antagonismo. De ahí, por una parte, todo un discurso unitario (diríamos hoy: un discurso de significado) que no puede sino alienar a Michelet de toda la lectura psicoanalítica, y, por otra parte, un pensamiento organicista de la Historia que no puede sino cerrarlo a toda lectura marxista.

¿Qué hacer, entonces? Nada. Que cada cual se las arregle con el texto de Michelet como Dios le dé a entender. Es evidente que no estamos aún maduros para una lectura *discriminatoria*, que acepte fragmentar, distribuir, pluralizar, despegar, disociar el texto de un autor de acuerdo con la ley del Placer. Todavía somos teólogos, dialécticos. Preferimos arrojar el niño con el agua de la bañera antes que mancharnos. No estamos aún bastante «educados» como para leer a Michelet.

1974, *Revue d'histoire littéraire de la France*.

Brecht y el discurso: contribución al estudio de la discursividad

El tercer discurso

Pobre B.B. es el título de un poema de Bertolt Brecht, escrito en 1921 (Brecht tiene veintitrés años). No son las iniciales de la gloria; es la persona reducida a dos mojones; esas dos letras (que además son repetitivas) enmarcan un vacío, y ese vacío es el apocalipsis de la Alemania de Weimar; de ese vacío surgirá (hacia 1928-1930) el marxismo brechtiano. Así pues, en la obra de Brecht hay dos discursos: en primer lugar, un discurso apocalíptico (anarquizante); se trata de expresar y producir la destrucción, sin buscar qué es lo que viene *«después»*, pues ese *«después»* es también totalmente indeseable; de ese discurso proceden las primeras obras de Brecht (*Baal, Tambores en la noche, En la jungla de las ciudades*); en segundo lugar, un discurso escatológico: se edifica una crítica *en vistas a* hacer que cese la fatalidad de la alienación social (o la creencia en esa fatalidad): lo que va mal en el mundo (la guerra, la explotación) es *remediable*: se puede concebir un tiempo para esa curación; de este discurso procede toda la obra de Brecht posterior a *La ópera de cuatro cuartos.*

Falta el tercer discurso: un discurso apologético. En Brecht no aparece ningún catecismo marxista: ningún estereotipo, ningún recurso a la *vulgata.* Indudablemente, la forma teatral lo ha protegido de ese peligro, ya que, en el teatro, como en todo texto, el origen de la enunciación es ilocalizable: imposible la colusión, sádica, entre individuo y significado (esta colusión produce el discurso fanático), o la colusión, mistificadora, entre signo y referente (la que produce el discurso dogmático); pero ni siquiera en sus ensayos[43] se concede Brecht la facilidad de *firmar* el origen de su discurso, de estampar el sello del imperio marxista: su lenguaje no es una moneda. Dentro del mismo marxismo, Brecht es un inventor permanente; reinventa las citas, accede al intertexto: «El pensaba dentro de otras cabezas; y en la suya, otras cabezas lo pensaban. El verdadero pensamiento es esto.» El pensamiento verdadero es más importante que el pensamiento (idealista) de la verdad. Dicho en otras palabras, en el terreno marxista, el discurso de Marx nunca es el discurso de un sacerdote.

La sacudida

Todo lo que leemos y oímos nos recubre como un baño, nos rodea y nos envuelve como un medio: es la logosfera. Esta logosfera nos la proporciona nuestra época, nuestra clase, nuestro oficio: es un «dato» de nuestro sujeto. Ahora bien, el desplazamiento de lo que está dado ya no puede ser sino el resultado de una sacudida; hay que derrumbar la masa equilibrada de las palabras, hay que agrietar el baño, trastornar el orden trabado de las frases, romper las estructuras del lenguaje (toda estructura es un edificio en varios niveles). La obra de Brecht pretende elaborar una práctica de la sacudida (no de la subversión: la sacudida es mucho más «realista» que la subversión); el arte crítico es el que da entrada a una crisis: el que desgarra, el que resquebraja el baño, el que abre fisuras en la costra de los lenguajes, diluye y licua el enviscamiento de la logosfera; es un arte *épico*: el que crea discontinuidad en los tejidos de las palabras y aleja la representación sin anularla.

¿En qué consiste este alejamiento, esta discontinuidad que provoca la sacudida brechtiana? Se trata simplemente de una lec-

---

43. Estoy pensando en este momento —y continuamente a lo largo de este texto— en *Écrits sur la politique et la société*, París, L'Arche, 1970, obra fundamental y que me parece que ha pasado desapercibida.

tura que separa el signo de su efecto. ¿Sabéis lo que es un alfiler japonés? Es un alfiler de costura cuya cabeza está adornada
por un minúsculo cascabel, para que no pueda quedar olvidado
una vez terminado el vestido. Brecht rehace la logosfera dejando
en ella los alfileres con cascabel, los signos provistos de su minúsculo tintineo: así, cuando oímos un lenguaje, no olvidamos
nunca de dónde proviene, cómo se ha elaborado: la sacudida es
una *re-producción*: no es una imitación, sino una producción des-
pegada, desplazada: una producción *que hace ruido*.

Así pues, mejor que una semiología, lo que habría que retener de Brecht es una sismología. ¿Qué es una sacudida, estructuralmente? Un momento difícil de soportar (y por lo tanto anti-
pático respecto a la misma idea de «estructura»); Brecht no
quiere que caigamos bajo la placa de otro recubrimiento, de otra
«naturaleza» de lenguaje: no hay héroe positivo (el héroe positivo siempre está enviscado), no hay práctica histérica de la sacudida: la sacudida es neta, *discreta* (en los dos sentidos de la palabra), rápida, repetida si hace falta, pero nunca está *instalada*
(no es un teatro de la subversión: no hay una gran máquina
contestataria). Por ejemplo: si existe un terreno que haya quedado completamente sumergido bajo la capa de la logosfera cotidiana, este terreno es el de las relaciones de clases; ahora bien,
Brecht no lo subvierte (no es ése el papel que asigna a su dra-
maturgia: y, por otra parte, ¿cómo podría subvertir esas relaciones un *discurso*?), le imprime una sacudida, le clava un alfiler con cascabel: por ejemplo, la embriaguez de Puntila, desgarramiento pasajero y recurrente, impuesto al sociolecto del grueso propietario; al contrario de tantas escenas del teatro y el
cine burgués, Brecht no trata en absoluto la embriaguez en sí
(aburrimiento enviscado de las escenas de borrachos): no es nunca nada más que el agente que modifica una relación, y, en consecuencia, *permite leerlo* (una relación no puede leerse más que
retrospectivamente, cuando en alguna parte, en un punto cualquiera, por alejado y tenue que sea, esa relación se ha movido).
Al lado de un tratamiento tan exacto (en cuanto reducido a su
estricta economía), ¡qué irrisorias se nos aparecen tantas y tantas
películas sobre la «droga»! Con la excusa del *underground* se
representa siempre a la droga «en sí», sus efectos, sus malas
consecuencias, sus éxtasis, su estilo, en resumen, sus «atributos»,
no sus funciones: ¿es que permite la droga *leer* de una manera

crítica alguna configuración presuntamente «natural» de las relaciones humanas? ¿Dónde hay una sacudida de la lectura?

Repetir en voz baja

En sus *Escritos sobre política*, Brecht nos ofrece un ejercicio de lectura: lee ante nuestros ojos un discurso nazi (de Hess), y sugiere las reglas de lectura verídica de tal género de escrito.[44]

De esa manera, Brecht entra en el grupo de los Dadores de Ejercicios, de los «*Reguladores*»; los que no dan reglamentaciones, sino medios regulados para llegar a un fin; de la misma manera, Sade ha dado las reglas del placer (es un verdadero ejercicio el que Juliette impone a la bella condesa de Donis); Fourier, las de la felicidad; Loyola, las de la comunicación divina. Las reglas enseñadas por Brecht están encaminadas a restablecer la verdad de un escrito: no su verdad metafísica (o filológica), sino su verdad histórica: la verdad de un escrito gubernamental en un país fascista: verdad-acción, verdad *producida*, y no aseverada.

El ejercicio consiste en saturar el escrito mentiroso intercalando entre sus frases el complemento crítico que desmistifica cada una de esas frases: «Legítimamente orgullosos del espíritu de sacrificio...», comenzaba pomposamente Hess en nombre de «Alemania»; y Brecht, en voz baja, completa: «Orgullosos de la generosidad de esos propietarios que han sacrificado un poco de lo que los no-propietarios les habían sacrificado...», etc. A cada frase se le da vuelta, al suplementarla: la crítica no recorta, no suprime, sino que añade.

Para producir el suplemento verídico, Brecht recomienda que *se repita en voz baja el escrito, el ejercicio*. La crítica primero se produce en una especie de clandestinidad: lo que se lee es el texto *para sí*, no *en sí*; la voz baja es *lo que me concierne*: voz reflexiva (y a veces erótica), productora de lo inteligible, voz original de la lectura. Repetir el ejercicio (leer varias veces el escrito) es liberar poco a poco sus «suplementos»; así el haiku compensa su brevedad insigne con la repetición: el minúsculo poema se salmodia tres veces, en eco; esta práctica está tan bien codificada que la amplitud de los suplementos (la «amplitud de re-

44. *Op. cit.*, pág. 150.

sonancia») tiene un nombre: el *hibiki*; en cuanto a la infinitud
de asociaciones liberadas por la repetición llevan el nombre de
utsuri.

Lo que es admirable hasta el límite soportable de la paradoja
es que a esta práctica refinada, estrechamente ligada a una erótica
del texto, Brecht la aplica a la lectura de un escrito odioso. La
destrucción del discurso monstruoso se lleva a cabo de acuerdo
con una técnica amorosa; ésta no moviliza las armas reductoras
de la desmistificación, sino más bien las caricias, las amplificacio-
nes, las sutilezas ancestrales del mandarinado literario, no como
si estuvieran, a un lado el rigor vengativo de la ciencia marxista
(la que conoce lo real en los discursos fascistas) y al otro lado
las complacencias del hombre de letras, sino como si, por el contrario, fuera natural *obtener placer de la verdad*, como si se tuviera el derecho, simplicísimo, el derecho *inmoral* de someter el
escrito burgués a una crítica formada en sí misma por las técnicas de lectura de un determinado pasado burgués; y, en efecto,
¿de dónde puede venir la crítica del discurso burgués sino del
mismo discurso burgués? La discursividad, hasta el momento, no
tiene alternativa.

El encadenamiento

Por el hecho de encadenarse, dice Brecht, los errores producen una ilusión de verdad; el discurso de Brecht puede parecer
verdadero, en la medida en que es un discurso *seguido*. Brecht
somete a un proceso al encadenamiento, al discurso encadenado
(conservemos el juego de palabras); toda la seudológica del discurso —las ilaciones, las transiciones, el recubrimiento de la elocución, en resumen, la continuidad de la palabra— detenta una
especie de fuerza, engendra una ilusión de seguridad: el discurso encadenado es indestructible, triunfante. El primer ataque
consiste entonces en romper su continuidad: hacer pedazos, literalmente, el escrito erróneo es un acto polémico. «Desvelar» no
es tanto retirar el velo como romperlo; normalmente, del velo
sólo se comenta la imagen de lo escondido o disimulado; pero
también es importante otro sentido de la imagen: el *recubrimiento*, lo *sostenido*, lo *continuo*; atacar el discurso embustero es
abrir el tejido, convertir el velo en pliegues separados.

La crítica del *continuum* (aplicada aquí al discurso) es una constante en Brecht. Una de sus primeras piezas teatrales, *En la jungla de las ciudades*, les parece aún enigmática a muchos comentadores porque en ella dos personajes se entregan a un *match* incomprensible, no al nivel de cada una de las peripecias, sino al nivel del conjunto, es decir, *según una lectura continua*; desde ese momento, el teatro de Brecht es una serie (no una secuencia) de fragmentos cortados, privados de lo que en música se llama el efecto Zeigarnik (efecto que proviene de que la resolución final de una secuencia musical le da sentido retroactivamente). La discontinuidad del discurso impide que «cuaje» el sentido final: la producción crítica no espera; quiere ser instantánea y repetida: ésta es la definición misma del teatro épico, según Brecht. La épica es lo que corta (como una cizalla) el velo, lo que disgrega la pez de la mistificación (véase el prefacio de *Mahagonny*).

La máxima

El elogio del fragmento (de la escena que llega «por sí misma») no es el elogio de la máxima. La máxima no es un fragmento; primero porque la máxima, en general, es el punto de partida de un razonamiento implícito, el comienzo de una continuidad que se desarrolla subrepticiamente en el intertexto de sabiduría que habita en el lector; seguidamente, porque el fragmento brechtiano nunca es generalizador, no es «conciso», no «aprieta»; puede ser flojísimo, distendido, repleto de contingencias, de especificaciones, de datos dialécticos; la máxima, en cambio, es un enunciado del que se ha sustraído a la Historia: lo que queda es el *bluff* de la «Naturaleza.»

De ahí la vigilancia incesante a la que somete Brecht a la máxima. El Héroe se condena, se podría decir, porque la máxima es su lenguaje «natural» («En todos los sitios en que se encuentran grandes virtudes puede uno estar seguro de que hay algo que va mal»); lo mismo ocurre con la Gran Costumbre, ya que ésta se apoya sobre verdades gnómicas: «Quien da el primer paso tiene también que dar el segundo»; ¿quién afirma esto, y bajo esta forma? Es el código cultural, cuya falsa lógica es abusiva, pues el que da el primer paso no debe dar necesariamente el segundo. Romper la costumbre consiste en, primero, romper la má-

xima, el estereotipo: bajo la regla, descubramos el abuso; bajo
la máxima, descubramos el encadenamiento; bajo la Naturaleza,
descubramos la Historia.

La metonimia

En su discurso, Hess habla sin cesar de Alemania. Pero Alemania no es otra cosa en su texto que los propietarios alemanes.
Abusivamente se da el Todo por la parte. La sinécdoque es totalitaria: es un abuso de autoridad. «El todo por la parte», esta definición de la metonimia quiere decir: una parte *contra* otra parte,
los propietarios alemanes *contra* el resto de Alemania. El predicado («alemanes») se convierte en sujeto («los Alemanes»): se
produce una especie de *putsch* lógico; la metonimia se convierte
en un arma de clase.

¿Cómo luchar contra la metonimia? ¿Cómo, al nivel del discurso, reducir la suma a sus partes, cómo desmontar el Nombre
abusivo? Es éste un problema muy brechtiano. En el teatro es
fácil la defección del Nombre, porque por fuerza está tan sólo
representado por cuerpos. Si se tiene que hablar del «Pueblo»
en escena (puesto que esta palabra también puede ser metonímica, engendrar abusos), hay que dividir a la fuerza el concepto:
en *Lucullus*, el «Pueblo» es la reunión de un campesino, un esclavo, un maestro de escuela, una pescadera, un panadero, una
cortesana. En algún lado Brecht dice que la Razón no es nunca
otra cosa sino lo que piensa el conjunto de las personas razonables: el concepto (¿siempre abusivo?) se reduce a una suma de
cuerpos históricos.

Sin embargo, la des-nominación —o la ex-nominación— es
difícil de mantener *por lo que tiene de infinitamente subversiva*.
Es tentador volver inocente una Causa, excusar los errores y las
estupideces de sus partidarios, separando la excelencia del Nombre de la imbecilidad de los individuos. En otro tiempo, Berdiaeff
escribió un folleto titulado *De la dignidad del cristianismo y de
la indignidad de los cristianos*; ¡ay, si pudiéramos de la misma
manera purificar el discurso marxista del dogmatismo de los individuos marxistas, la Revolución de la histeria de los individuos
revolucionarios, y de una manera general, la Idea de la neurosis

de sus partidarios! Pero es inútil: el discurso político es fundamentalmente metonímico, pues no puede establecerse más que
sobre la fuerza del lenguaje, y esta fuerza es la misma metonimia.
Por eso vuelve sin cesar al discurso la figura religiosa máxima,
la del Contagio, la de la Culpa, la del Terror. Es decir, en todos
esos casos, la sujeción por medio de la violencia de la parte al
todo, del cuerpo al Nombre; el discurso religioso es realmente el
modelo de todo discurso político: ninguna teología podría reconocer que la Fe es el conjunto de la gente que cree. Ahora bien,
desde el punto de vista de la «costumbre» marxista, Brecht resulta en esto muy herético: se resiste a todas las metonimias; hay
una especie de individualismo brechtiano: el «Pueblo» es una
colección de individuos reunidos en la escena; la «Burguesía» es
un propietario por aquí, un rico por allá, etc. El teatro obliga a
desmontar el Nombre. Me imagino perfectamente a un teórico,
vencido a la larga por el asco a los Nombres, y sin embargo nada
resignado a caer en el rechazo de todo lenguaje, me imagino
pues a este epígono brechtiano renunciando a sus pasados discursos y decidiendo no escribir ya más que novelas.

El signo

Sí, el teatro de Brecht es un teatro del Signo. Pero si se quiere
comprender por qué esta semiología puede ser, a mayor profundidad, una sismología, hay que recordar siempre que la originalidad del signo brechtiano consiste en *ser leído dos veces*: lo que
Brecht nos da a leer es, gracias a un desencajamiento, la mirada de un lector, no directamente el objeto de su lectura; ya que
ese objeto no nos llega sino a través del acto de intelección (acto
alienado) de un primer lector que ya está sobre la escena. El mejor ejemplo de este «giro», paradójicamente, no lo tomaré de
Brecht sino de mi experiencia personal (una copia es fácilmente
más ejemplar que el original; «el estilo Brecht» puede resultar
más brechtiano que «Brecht»).

Contaré una «escena callejera» de la que fui espectador. La
gran playa de Tánger, en verano, está muy vigilada; está prohibido desnudarse, no por pudor, indudablemente, sino más bien para
obligar a los bañistas a utilizar las casetas de alquiler que bordean
el paseo, o sea, para que los «pobres» (categoría que existe en

Marruecos) no puedan tener acceso a la playa, que así queda
reservada a los burgueses y a los turistas. En el paseo, un adolescente solo, triste y desvalido (signos, evidentemente, para mí,
lo reconozco, que proceden de una lectura *simple* que aún no es
brechtiana) está deambulando; un policía (casi tan mugriento
como él) se cruza con él y lo sigue con la mirada, yo *veo* la mirada, la veo llegar a los *zapatos* y detenerse en ellos; entonces, el
policía le da al chico la orden de abandonar inmediatamente la
playa.

Esta escena conlleva dos comentarios. El primero se ocupará
de la indignación que suscita en nosotros la militarización de las
playas, la triste sumisión del muchacho, la arbitrariedad de la
policía, la segregación del dinero, el régimen marroquí; ahora
bien, este comentario no sería el de Brecht (aunque sí sería ciertamente su «reacción»). El segundo comentario establecerá el
juego especular de los signos; comprenderá primero que, en la
ropa del muchacho hay un rasgo que es el signo principal de la
miseria: el calzado; ahí es donde estalla en toda su violencia el
signo social (no hace mucho, en nuestro país, en la época en que
había «pobres», había una mitología del calzado destrozado: si
bien el intelectual se empieza a pudrir por la cabeza, como los
peces, el pobre, en cambio, se empieza a pudrir por los pies, y
ésa es la razón por la que Fourier, cuando quiere invertir el orden
civilizado, imagina un cuerpo de flamantes zapateros); y en zapatos, el extremo de la miseria es el zapato de básquet viejo, sin
cintas, con la caña aplastada por el talón, exactamente como los
llevaba nuestro muchacho. Pero, sobre todo, lo que observará
este segundo comentario es que es el policía el que interpreta
ese signo: cuando, al bajar a lo largo del cuerpo, su mirada percibe la infame zapatilla, entonces es el momento en que el policía, de un solo golpe, gracias a un verdadero salto paradigmáti-
co, sitúa al desvalido en la categoría de los expulsados: comprendemos que ha comprendido, y por qué ha comprendido. El
juego quizá no se detiene ahí: el policía va casi tan desastrado
como él, salvo en cuanto al calzado, ¡precisamente! Sus zapatos
son redondeados, relucientes, sólidos, pasados de moda, como
todos los zapatos de policía. Y es entonces cuando leemos *dos
alienaciones que se contemplan* (situación esbozada en una escena de una obra de Sartre poco conocida, *Nékrassov*). Nuestra
exterioridad no es simple: en ella se basa una crítica *dialéctica*

(y no maniqueísta). La «verdad-acción» consistiría en despertar al muchacho, pero también en despertar al policía.

El placer

El teatro debe producir placer, eso es algo que Brecht ha dicho mil veces: las grandes tareas críticas (liquidación, teorización, puesta en crisis) no excluyen el placer.

El placer brechtiano es ante todo un sensualismo; no tiene nada de orgiástico, es más oral que erótico, es el «buen vivir» (más que el «vivir bien»), el «buen comer», no en el sentido francés, sino en el sentido rural, campestre, bávaro. En la mayor parte de las obras de Brecht se pasean alimentos (observemos que los alimentos están en la encrucijada entre la Necesidad y el Deseo; así que es un tema alternativamente realista y utopista); el más complejo de los héroes brechtianos (no es un «héroe» en absoluto), Galileo, es un hombre sensual: después de haber abdicado de todo, solo, al fondo del escenario, está comiendo pato y lentejas a pesar de que ante nuestros ojos, lejos de él, se están empaquetando febrilmente sus libros, que atravesarán las fronteras y difundirán el espíritu científico, antiteológico.

El sensualismo de Brecht no se opone al intelectualismo; existe una circulación entre el uno y el otro: «Por un pensamiento vigoroso yo daría cualquier mujer, casi cualquiera. Hay menos pensamientos que mujeres. La política no es buena más que cuando hay bastantes pensamientos (¡qué aburridos son los tiempos muertos también en la política!)...» La dialéctica es un goce. Así que es posible concebir, *revolucionariamente,* una cultura del placer; el aprendizaje del «gusto» es progresista; Paul Vlassov, el hijo militante de la Madre, se diferencia de su padre en esto (según dice su madre): lee libros y le pone peros a la sopa. En las *Proposiciones para la paz* (1954), Brecht esboza el programa de una Escuela de estética: los objetos usuales (los utensilios) deben ser espacios de belleza, es lícito recuperar los estilos antiguos (no se prima progresistamente al mueble «moderno»). En otras palabras, la estética queda absorbida en un arte de vivir: «Todas las artes contribuyen a la más importante de todas: el arte de vivir»; así que no se trata tanto de hacer cuadros como

de hacer muebles, ropa, cubiertos, que recogerían la sustancia
de las artes «puras»; el porvenir socialista del arte no estaría así
en la obra (más que a título de juego productivo), sino en el objeto de uso, punto de expansión *ambiguo* (medio funcional, medio lúdico) del significante. El puro es un emblema capitalista,
vale; pero, *¿y si produce placer?* ¿No hay que fumarlo, hay que
entrar en la metonimia de la Culpa social, hay que rechazar el
compromiso con el Signo? Sería poco dialéctico pensar así: sería
tirar al niño con el agua de la bañera. Una de las tareas de la
era crítica es precisamente la de pluralizar el objeto, separar el
placer del signo; hay que desemantizar al objeto (lo cual no quiere decir desimbolizarlo), hay que darle una sacudida al signo:
que el signo *caiga*, como una piel muerta. Esta sacudida es el
fruto mismo de la libertad dialéctica: la que juzga todas las
cosas en términos de realidad y toma los signos conjuntamente
como operadores de análisis y como juegos, jamás como leyes.

1975, *L'Autre Scène.*

F. B.[45]

1. Añicos de lenguaje

Los textos de F. B. bien podrían ser los signos precursores de una gran obra *trabada*, el autor no obliga a nada a su lector y lo que cada uno de esos textos nos está diciendo es su realización completa. Lo que en ellos aparece realizado es la escritura. Entre todos los materiales de la obra, la escritura es el único, efectivamente, que puede dividirse sin cesar de ser total: un fragmento de escritura siempre es una esencia de escritura. Por esa razón, nos guste o no nos guste, todo fragmento, desde el momento en que se escribe, está ya terminado; por eso no puede compararse una obra fragmentaria a una obra seguida; en fin, por esa razón es por lo que nadie se atreve a negar la grandeza de las obras fragmentarias: grandeza, no de la ruina o de la promesa, sino del silencio que sigue a toda terminación (tan sólo la eru-

---

45. Este texto, inédito, está escrito al margen de unos fragmentos de un joven escritor que parece que no prosiguió después en esa vía, la de la literatura, y que no publicó nada. Es un texto, por tanto, escrito al margen de aquel cuya andadura toma como testigo y para él. A ello debe el tono y la intención, claramente lúdicas. Lo cual no es obstáculo —sino todo lo contrario— para que constituya un sistema de proposiciones muy agudas sobre un nuevo tipo de lo novelesco —no hemos dicho: de novela— en el que no podemos dejar de reconocer *in nucleo*, ya en 1964, ciertos rasgos de la práctica última —las últimas y más nuevas realizaciones— de Barthes como escritor. (Nota del editor francés.)

dición, que es lo contrario de la lectura, puede mirar los *Pensées* de Pascal como una obra inacabada). En la medida en que están escritos, los textos de F. B. no son ni esbozos, ni notas, ni materiales, ni ejercicios: son *pedazos de lenguaje*. Edgar Poe pretendía que no existe ningún poema largo; en el *Paraíso perdido*, por ejemplo, veía «una serie de excitaciones poéticas interrumpidas *inevitablemente* por depresiones». F. B. se ahorra las depresiones; su escritura es de un lujo sin pérdida, es decir, *sin duración*; la escritura, y no la historia, es lo que en este caso deja de ser desigual, luego aburrida, luego periódicamente fea, como con tantas hermosas obras ocurre: todo se remite a la escritura, pero esta delegación no tiene nada que ver con el trabajo de la forma; la artesanía ya no es la condición necesaria del estilo; ya Stendhal se burlaba de Chateaubriand y puede decirse que no corregía nada. El escritor dedica en este caso su esfuerzo, no a la materia verbal, sino a la decisión de escribir: todo ocurre *antes* de la escritura. El menor de los textos de F. B. nos habla de esta «trasunción» anterior; el lujo tierno y suntuoso de una escritura *absolutamente libre*, en la que no hay ni un átomo de muerte, invulnerable a fuerza de gracia, nos habla de la decisión primitiva que convierte al lenguaje en la frágil salud de un *cierto* sufrimiento.

2. Incidentes

Poder de la escritura: estos textos son también, a su manera, añicos de novela. Los textos de F. B. tienen dos signos indestructibles de la novela: en primer lugar, la incertidumbre de la conciencia narrativa, que nunca dice francamente *él* o *yo*, después, una manera cursiva, es decir, una continuidad que emparenta la escritura con las formas trabadas de la naturaleza (agua, planta o melodía); de una novela no escogemos nada, la «devoramos» (lo cual quiere decir que la trabazón de la lectura novelesca no proviene del cuidado que podríamos tener de leerlo todo, sino, por el contrario, de la rápida carrera que nos hace *olvidar* determinados fragmentos del itinerario: la continuidad de la escritura es una consecuencia de la *rapidez* y esta rapidez, en definitiva, no puede ser más que la de la mano). Así ocurre con los textos de F. B.: también los «devoramos»: un pequeño espacio de pa-

labras encierra en este caso (paradoja de la escritura) la esencia
de la continuidad. La escritura de F. B., por pronto que se acabe
(siempre demasiado pronto), sin embargo, *ya* ha fluido: ligera,
profunda, luminiscente como el mar del que habla a menudo, a
menudo nos arrastra, nos da a la vez la idea de la meta y del
desvío; nunca está encerrada, *cuajada** (palabra que se refiere al
hielo, a la herida, al asombro, cosas todas ellas extrañas a la es-
criatura de F. B.); físicamente sutil, esa escritura participa de la
esencia novelesca porque su fin (en el doble sentido del término)
nunca es aforístico; su brevedad (material) no induce a ningún
gnomismo; esos textos constatan, no juzgan, situación que resulta paradójica en los textos cortos: tienen la profunda *amoralidad*
de la novela; en ellos reina el tiempo fundamental de las literaturas libres, la última conquista del lenguaje (si creemos en su
prehistoria): el *indicativo*. Por esta razón, a los textos de F. B.
se los podría llamar, no fragmentos, sino *incidentes*, cosas que
caen, sin golpe y sin embargo con un movimiento que no es infinito: continuidad discontinua del copo de nieve. Se podría decir
esto de otra manera: la brevedad de la máxima tiene como función instalar en nosotros una cierta ambigüedad y reversibilidad
del sentido, su figura es la elipse; los textos de F. B. están en el
extremo opuesto a este régimen de escritura: no son «breves»,
doblados y vueltos sobre sí mismos; tienen el *desarrollo* de la
metáfora infinita (como podríamos hablar del «desarrollo» de
una rueda); tienen la longitud y el impulso de la línea (esa idea
vestimentaria); el autor puede detenerlos muy aprisa, pero *ya*
llevan el aliento del tiempo: aunque rechace el tiempo de la novela, es una escritura *que tiene tiempo*. Lo que en ella reina no
es la ambigüedad, sino el misterio.

3. La descripción

Las «descripciones» de la novela son necesarias y, por lo mismo, ingratas; son «servicios», o mejor dicho, «servidumbres»;
la anécdota le obliga al autor a proporcionar ciertas informaciones sobre los lugares y los personajes; al comunicar un estatuto,

* Evidentemente, cualquier traducción de «frappé» deja de encajar en
la variedad de contextos que el autor menciona. [T.]

son como una especie de paradas y a menudo ocurre que se leen
con aburrimiento. Aunque renunciando a la novela, F. B. toma,
no obstante, las partes muertas de la novela y las convierte en
materia activa. Así pues, en uno de sus textos más hermosos,
F. B. describe a un muchacho que camina por las calles de Roma;
no se sabe, nunca se sabrá, de dónde viene, adónde va, para qué
sirve este muchacho, no está ligado a ninguna lógica narrativa;
no obstante, su creador consigue darle un *suspense*; cuando mejor descrito está el muchacho, más curiosos nos sentimos de su
esencia, más tensos hacia *algo que debemos comprender*. F. B.
sustituye así la gramática de la anécdota por una nueva inteligibilidad: la del deseo. El mismo deseo se vuelve historia e inteligencia, por fin se da una coincidencia de la descripción y el
suspenso. En una descripción novelesca, si no es muy mala, la
historia la está penetrando en todos sus detalles, y los pone así
al servicio de un sentido general (la pobreza de una morada, la
austeridad de un personaje); el deseo, del mismo modo, hace
«profunda» a esta descripción, o, si así lo preferimos, *alienada*:
el deseo se convierte en *ratio*, *logos*: un poder que no puede extraer de su satisfacción, sino tan sólo de la palabra, y toda la
literatura queda justificada. Al igual que la anécdota se desborda
siempre en un determinado sentido, que durante mucho tiempo
se llamó *destino*, así el deseo narrado pierde misteriosamente su
contingencia: el malestar, la tristeza, la lucidez, el sueño, la ciudad, el mar, se convierten en los nombres del deseo. De ahí proviene esta nueva literatura que juega a la vez con la metáfora y
el relato, con la variación del ser y el encadenamiento de los
actos: algo así como unos nuevos *Caracteres*, esta vez no de las
costumbres, sino de los cuerpos.

4. Sublimación

De manera que F. B. no sólo calla la moralidad del relato sino
también su lógica (quizá son la misma cosa); sus descripciones
son subversiones, no inducen, sino que separan y «sobrepasan».
¿Cómo lo consiguen? Cada uno de los textos *empieza* como una
novela, cada texto es un simulacro de novela: hay objetos, personajes, una situación, un narrador, en resumen, una instancia realista; pero en seguida (es decir, de golpe y a la vez insensible-

mente, como si despegáramos de tierra) toda esta familiaridad
de la novela se pone a vibrar *en otra parte*: nos sentimos eleva-
dos a otro sentido (lo que nos será dado de este sentido tan sólo
es su ser *otro*; una pura alteridad, que es la definición suficiente
de lo extraño): un personaje llega a una estación; se describe la
estación, de repente, éste es el *lugar*, o, mejor dicho, el triunfo
del deseo; ahora bien, esta identidad es inmediata: la estación
no *se convierte* en nada distinto a sí misma, no hay ninguna metáfora, ningún arrebato de la visión; gracias a un ilogismo especial, recibimos la sucesión y la coincidencia de los dos lugares.
Este montaje muy particular está borrando algo de lo que la literatura difícilmente puede desembarazarse: el asombro ante
sus propias observaciones; la escritura de F. B. nunca es en
ningún grado cómplice del efecto que produce; es una escritura
sin guiño al espectador. Otro texto empieza a la manera de una
novela de aventuras: un hombre penetra en un hangar de avio-
nes y mata al piloto que se había quedado dormido; en seguida,
una descripción «demasiado» amorosa del joven piloto (todo reside en este «demasiado») descoloca este comienzo clásico; el
fantasma «cuaja» y, sin abandonar el marco del relato tradicional, la escena de evasión cambia de ser *y se convierte* en escena
erótica. Para F. B., la novela está *a merced* de lo otro; presta al
deseo sus puntos de partida; la narración es como una rampa
de vuelo; pero lo que pasa en el fondo no es del orden de la sucesión de acontecimientos, dicho de otra manera, del suspense,
sino del orden de las esencias. En la novela (la auténtica), el deseo es fuerte por sus actos, sus consecuencias, las situaciones que
produce; está siempre tratado de acuerdo con una lógica causal
(que es lo que la moraliza siempre); en las breves novelas simu-
ladas de F. B. todo se detiene en el deseo, todo lo glorifica (teo-
lógicamente, la glorificación es la manifestación de la esencia);
la novela se esfuma como un telón que se abre para mostrar al
deseo en su «gloria». Verdad de las inversiones: el deseo sublima
a la razón.

5. Eros

Es cierto que el deseo merodea por toda literatura, desde que
el lenguaje, convertido en soberano, inútil, se ha puesto a *decir*

algo que ha sido llamado la *belleza*; pero este deseo escrito, hasta el momento, no ha sido nunca más que el elemento de un álgebra moral, psicológica, teológica: la literatura servía para comprender el deseo, en nombre de un conjunto más vasto; toda literatura tendía así a la moral, es decir, a una economía del bien y del mal, de lo oscuro y de lo luminoso: Eros narrado quiere decir algo distinto a Eros. En los textos de F. B. el movimiento es el inverso: Eros es el que «comprende»; no hay nada que no tenga que ver con él; el amor de los muchachos forma un círculo puro fuera del cual no hay nada; toda la trascendencia está concentrada; sin embargo, este círculo es formal; su cerrazón no proviene de la sociedad, ni siquiera de una opción existencial, como en otras obras con el mismo objeto: solamente es la escritura la que lo traza; el deseo de los muchachos en estos textos no está nunca culturalizado, tiene la naturalidad de lo que no tiene causa ni efecto, carece a la vez de libertad y de fatalidad. Esta naturalidad tiene grandes consecuencias en la escritura (al menos antes de salir de ella): lo que está escrito no está reclamando *otra cosa*; al mismo tiempo suave y rica, la escritura es, sin embargo, *opaca*; de acuerdo con los lenguajes más nuevos de hoy en día, pero sin su frialdad, se prohíbe y nos prohíbe toda *inducción*; como en ellos no hay ninguna elipsis, no podemos inferir nada de estos textos. Ahora bien, el precio de un arte, en un mundo atestado, se define por las operaciones privativas a que le lleva su audacia: no para satisfacer una estética de la exigencia (de modelo clásico), sino para someter plenamente al sentido, para quitarle toda salida secundaria. Se podría decir que, al aparecer al término de una tradición de enorme peso, una literatura del deseo es la cosa más difícil posible. La de F. B. no extrae su esencia erótica del realismo de las figuras, sino de una sumisión incondicionada a Eros, elegido como el único dios de la obra (Satanás ha sido eliminado, y, por lo tanto, Dios también). Una vez asegurado este reino, nada parecería más *desplazado* que un repertorio de gestos eróticos. Los textos de F. B. no están, así pues, dentro de la tradición erótica (en el sentido corriente del término), en la medida misma en que Eros no es en ellos una recopilación y una nominación (de «posturas») sino un principio soberano de escritura. Hay pues que oponer a las *eróticas* tradicionales un *erotismo* nuevo; en el primer caso, el escritor se siente arrastrado a sobrepujar la descripción de «lo sucedido» hasta que le encuentra una trascendencia a Eros —Dios, Satanás o El Innominado—, mientras que en los «incidentes» escritos por F. B., al ser Eros la última inteligencia, no puede conocer ningún paroxismo. Otra diferencia: toda erótica es pesada, o crispada; por el contrario, en estos textos el erotismo es ligero (la escritura corre por la superficie de los encuentros sin llegar a alcanzarlos) y profundo (la escritura es el pensamiento de las cosas); es un aire, un espacio, se podría decir que una geometría, puesto que tenemos ahora ya geometrías que sutilizan el cosmos; está ahí, sin provocación y sin complicidad: no es ingenuo, pues Eros todo lo sabe, es *sabio*; y quizás ahí está la nota extrema de esta escritura, que el deseo en ella sea una figura de la *sofrosine*. La gracia y la sabiduría: esta *imposibilidad* es lo que los Antiguos consideraban la perfección, representándola en el bellísimo mito del *puer senilis*, del adolescente dueño de todas las edades. Desde hace ya mucho tiempo, nuestra literatura, en el mejor de los casos, arrebata, pero no seduce; así que tal encanto resulta algo muy nuevo.

6. General, individual, particular

Temblor de la *Sehnsucht* romántica, hecha de una ensoñadora confusión de lo sensual y lo sensible, y no obstante profundo silencio metafísico: F. B. no toma del lenguaje, categoría de lo general, más que el borde extremo particular, no induciendo jamás a una sentencia, no resumiendo jamás la descripción bajo esa palabra lírica o moral que la antigua retórica había reconocido bajo el nombre de epifonema: en la escritura de F. B. nada viene jamás a posarse *sobre* lo que está escrito: metal sedoso e indúctil. F. B. ocupa una posición *peligrosa* en medio de las escrituras. Al ser el lenguaje general (y por tanto moral), la literatura está condenada a lo universal; todo lo que llega a la literatura es originalmente cultural: las pulsiones sólo nacen en ella revestidas de un lenguaje anterior; la generalidad que se le concede al escritor desde hace siglos, felicitándole sin fin por el hecho de convertir en humano lo individual, es, en realidad, una terrible servidumbre: ¿cómo alabarse de una exigencia impuesta por la propia naturaleza del lenguaje? El problema del escritor es, por el contrario, encontrar una particularidad última a pesar del instrumento general y moral que le ha sido dado. Este es el

problema que se *trata* (pero no se discute) en los textos de F. B.;
en ellos el autor se enseña a sí mismo y nos enseña a nosotros que
lo particular no es lo individual. Por el contrario, es, por decirlo
así, la parte impersonal e incolectiva del hombre; en estos textos
no se encontrará nada que tenga relación con una historia, una
vida, un carácter; pero tampoco se encontrará ningún espejo de
la humanidad. En otros términos, la sustancia de esta escritura
no es lo «vivido» (lo «vivido» es trivial y eso es precisamente lo
que el escritor debe combatir), pero tampoco es la razón (categoría general adoptada bajo diversas artimañas por todas las literaturas fáciles); en cuanto a este célebre conflicto, tan irreductible aparentemente ante los ojos de algunos que hasta les impide escribir, F. B. rechaza sus términos, y gracias a este rechazo
inocente consigue situarse a punto de alcanzar la utopía de un
lenguaje particular. Esta acción tiene una enorme consecuencia
crítica: aunque los textos de F. B. pueden describirse como
estando, no hay nada en el mundo que les impida *devenir*: objeto
perfecto y sin embargo aún por hacer, de acuerdo con procedimientos que sólo al autor pertenecen; alcanzado por la escritura,
lo particular lucha en estos textos con la *obra* que toda sociedad,
moral, exige del que escribe.

7. Técnica

La materia de la literatura es la categoría general del lenguaje;
para llegar a ser, no solamente ha de matar al que la ha engendrado sino, que es más, para ese asesinato no tiene a su disposición más que el mismo lenguaje que debe destruir. Este re-
torcimiento *casi* imposible es el que consiguen los textos de F. B.:
este *casi* es el estrecho espacio en que escribe el autor. Esto no
puede hacerse sin una *técnica*, que no es forzosamente un aprendizaje, sino, de acuerdo con la definición de Aristóteles, la facultad de producir lo que puede ser o no ser. La finalidad de esta
técnica es describir un mundo escogido, no como mundo deseable, sino como lo deseable en sí mismo; el deseo no es así atributo de una creación que le preexistiría, sino que es inmediatamente una sustancia; dicho en otras palabras, una vez más, el
autor no descubre (bajo la acción de una subjetividad privile-
giada) que el mundo es deseable, él lo determina deseable; así

pues, lo que aquí se elude es el tiempo del juicio, el tiempo psicológico: particular, pero en absoluto individual, el autor no
cuenta lo que ve, lo que siente, no despliega los preciosos epítetos que ha tenido la suerte de encontrar, no actúa como el psi-
cólogo, que se serviría de un lenguaje acertado para enumerar los
atributos originales de su visión, actúa inmediatamente como
escritor; no hace a los cuerpos deseables, hace al deseo corporal,
invirtiendo gracias a la paradoja misma de la escritura la sustancia y el atributo: todo queda transportado a los objetos, no
para decir lo que son (¿qué son?), sino la esencia del deseo que
los constituye, exactamente como la luminiscencia constituye el
fósforo; en los textos de F. B. no hay nunca un objeto *in-deseable*.
El autor crea así una vasta metonimia del deseo: escritura *con-
tagiosa* que vuelve a verter sobre el lector el mismo deseo del
cual ha formado las cosas.

8. Signum facere

La antigua retórica distinguía la *disposición* de la *elocución*.
De la disposición *(taxis)* dependían las grandes unidades de la
obra, el montaje de su conjunto, su «desarrollo»; de la elocución
(lexis), las figuras, los giros, lo que hoy día llamaríamos la escritura, es decir, una clase (y no una suma) de «detalles». Los
textos de F. B. son plenamente (al menos por el momento) textos
de *elocución*. La unidad de la elocución tiene un nombre muy
antiguo: es el *canto*. El canto no es una eufonía o una cualidad
de las imágenes; es, según el mito órfico, una manera de *mantener* el mundo bajo su lenguaje. Lo que aquí está cantando no son
directamente las palabras, sino esa segunda escritura, esa escritura mental que se forma y avanza «entre las cosas y las palabras». Se trata, así pues, de una especie de canto anterior (como
se puede hablar de una vida anterior). En un determinado momento, Vico habla de los *universales de la imaginación*: éste es
el espacio en el que F. B. forma una escritura *particular*, sin tradición y sin provocación; ni adornada, ni tampoco «natural»,
esta escritura elude todos los modelos sin revestir en ningún momento la pesada signalética de la originalidad. De ahí quizá procede su desnuda amistad, recortada de todo humanismo. Leer
a F. B. es ir formando constantemente adjetivos en uno mismo:

fresco, simple, sedoso, ligero, sensible, exacto, inteligente, deseable, fuerte, rico (Valéry: «*Después de todo, el objeto del artista,
el único objeto, se reduce a obtener un epíteto*»), pero, para acabar, estos adjetivos se alojan unos dentro de otros, la verdad
sólo está en el conjunto y el conjunto no puede soportar ninguna definición; la misma función de esta escritura es decir lo que
nunca podremos decir de ella: si pudiéramos, perdería su justificación. F. B. se mantiene en el punto exacto de una doble postulación: por una parte, su escritura *tiene sentido*, y es en esto
en lo que no podemos nombrarla, pues este sentido es infinitamente más lejano que nosotros; y, por otra parte, *forma signo*.
Signum facere, ésta podría ser la divisa de estos textos: esas frases, ese conjunto de frases, flotan en la cabeza como una memoria
futura, predeterminando la palabra de la última modernidad.

1964.

La cara barroca

La cultura francesa ha concedido siempre, parece ser, un fortísimo privilegio a las «ideas», o, para hablar de una manera más neutra, al contenido de los mensajes. Al francés le importa ese «algo que decir», eso que se designa comúnmente con una palabra fónicamente ambigua, monetaria, comercial y literaria: el fondo (o los fondos). En cuanto al significante (esperamos poder de ahora en adelante usar esta palabra sin tener que pedir excusas), lo único que ha conocido la cultura francesa durante siglos es el trabajo del estilo, las exigencias de la retórica aristotélico-jesuita, los valores del «escribir bien», que por otra parte, también estaban centrados, con una obstinada vuelta atrás, en la transparencia y la distinción del «fondo». Ha sido necesario esperar a Mallarmé para que nuestra literatura concibiera un significante libre, sobre el que ya no pesaría la censura del falso significado, e intentara la experiencia de una escritura finalmente desembarazada del rechazo histórico en que la mantenían los privilegios del «pensamiento». La empresa de Mallarmé —hasta tal punto la resistencia es fuerte— todavía no ha podido ser, y de forma dispersa, más que «variada», es decir, repetida, a través de obras raras, todas ellas de combate: la escritura francesa, ahogada dos veces, en el momento del brote barroco y en el de la poética de Mallarmé, siempre está en situación de rechazo.

Un libro viene a recordarnos que, fuera de los casos de comunicación transitiva y moral *(Alcánzame el queso* o *Deseamos sinceramente la paz en Vietnam)*, existe un placer del lenguaje, de la misma estofa, de la misma seda que el placer erótico, y que este placer del lenguaje es su verdad. Es un libro que viene, no de Cuba (no se trata de folklore, ni siquiera castrista), sino de la lengua de Cuba, de ese texto cubano (ciudades, palabras, bebidas, vestimenta, cuerpos, olores, etc.) que es en sí mismo inscripción de culturas y de épocas diversas. Ahora bien, sucede lo siguiente, que nos debe importar a nosotros, franceses:* transportada a nuestra lengua, esa lengua cubana subvierte su paisaje: es una de esas raras veces en que una traducción llega a desplazar a su lengua de origen, en lugar, simplemente, de alcanzarla. Si bien el barroquismo verbal es español, de acuerdo con la historia, gongorino o quevedesco, y si bien esta historia está presente en el texto de Severo Sarduy, nacional y «maternal» como toda lengua, este texto nos revela también la cara barroca que hay en el idioma francés, sugiriéndonos de ese modo que la escritura puede conseguirlo todo de una lengua, y lo primero de todo, puede devolverle la libertad.

Este barroquismo (palabra provisionalmente útil en tanto que permite provocar al clasicismo inveterado de las letras francesas), en la medida en que manifiesta la ubicuidad del significante, presente en todos los niveles del texto, y no, como se dice comúnmente, en su simple superficie, modifica la misma identidad de lo que llamamos un relato, sin que nunca se pierda el placer del cuento. *Écrit en dansant* se compone de tres episodios, tres *gestos* —palabra que retoma aquí el título del primer libro de Severo Sarduy y que se puede entender igual de bien en masculino o en femenino—,* pero no encontraremos en él ninguna de esas prótesis narrativas (personalidad de los protagonistas, situación de los lugares y los tiempos, guiños al lector por parte del narrador, y Dios, que ve el corazón de los personajes) que señalan de ordinario el derecho abusivo (y por otra parte ilusorio) de la realidad sobre el lenguaje. Severo Sarduy cuenta bien «cualquier cosa» que tira de nosotros hasta su fin y se dirige hacia la muerte de la escritura, pero esta «cualquier cosa» está libremente desplazada, «seducida» por la *soberanía* del lenguaje, que ya Platón oyó recusar a Gorgias, inaugurando ese rechazo de la escritura que

* Téngase en cuenta que es Barthes quien escribe. [T.]

marca nuestra cultura occidental. En *Écrit en dansant*, texto hedonista y por ello mismo revolucionario, vemos así cómo se despliega el gran tema propio del significante, el único predicado de esencia que puede soportar sin faltar a la verdad, que es la metamorfosis: cubanas, chinas, españolas, católicas, drogadas, teatrales, paganas, haciendo circular carabelas por los *self-services* y pasando de un texto al otro, las criaturas de Severo Sarduy pasan y vuelven a pasar a través del vidrio de un parloteo depurado que ellas le «endosan» al autor, demostrando así que ese vidrio no existe, que no hay nada que ver *detrás* del lenguaje, y que la palabra, lejos de ser el atributo final y el último toque de la estatua humana, como se dice en el engañoso mito de Pigmalión, nunca es más que su irreductible extensión.

No obstante, los humanistas pueden tranquilizarse, al menos a medias. El juramento de fidelidad hecho a la escritura por todo individuo, el que escribe y el que lee, acto que no guarda ninguna relación con lo que el rechazo clásico, por desconocimiento interesado, llama «verbalismo» o, más noblemente, «poesía», no suprime ninguno de los placeres de la lectura, a poco que se encuentre el ritmo exacto. El texto de Severo Sarduy merece todos los adjetivos que forman el léxico del valor literario: es un texto brillante, alegre, sensible, gracioso, inventivo, inesperado y, sin embargo, claro, cultural incluso, continuamente afectuoso. Me temo, sin embargo, que para ser recibido sin dificultad en la buena sociedad de las letras le falta esa pizca de remordimiento, esa migaja de culpa, esa sombra de significado que transforma a la escritura en lección y de ese modo la recupera, bajo el nombre de «obra bella», como mercancía útil para la economía de lo «humano». Quizás este texto tiene también algo de más, que causará incomodidad: la energía de la palabra, que es lo que basta al escritor para sentirse seguro.

1967, *La Quinzaine littéraire*.
Con motivo de la aparición de
Écrit en dansant.

Lo que le sucede al Significante

Éden, Éden, Éden es un texto libre: libre de todo tema, de todo objeto, de todo símbolo: está escrito en esa oquedad (ese golfo o esa ciega mancha) en la que los constituyentes tradicionales del discurso (el que habla, lo que cuenta, la manera en que se expresa) están *de más*. La consecuencia inmediata es que la crítica, al no poder hablar del autor, ni de su tema, ni de su estilo, no puede ya hacer nada con ese texto: en el lenguaje de Guyotat hay que «entrar»; no se trata de creerle, de ser cómplice de una ilusión, de participar de un fantasma, sino de escribir ese lenguaje con él, puesto en su lugar, de firmarlo a la vez que él lo firma.

Estar en el lenguaje (como si dijéramos: estar en el ajo): cosa que es posible porque Guyotat no produce una manera, un género, un objeto literario, sino un elemento nuevo (¿no se le podría añadir a los cuatro elementos de la cosmogonía?); este elemento es una frase: sustancia de palabra que tiene el carácter especial de una tela, de un alimento, frase única que no se acaba nunca, cuya belleza no procede de aquello sobre lo que «informa» (la realidad a la cual se supone que remite), sino de su aliento, cortado, repetido, como si el autor no tratara de representar para nosotros escenas imaginadas, sino la escena del lenguaje, de manera que el modelo de esta nueva *mimesis* ya no es la aventura de un héroe, sino la propia aventura del significante: lo que le sucede.

Éden, Éden, Éden constituye (o debería constituir) una especie de empujón, de topetazo histórico: toda una acción anterior, doble aparentemente, pero cuya coincidencia vemos cada vez mejor, de Sade a Genet, de Mallarmé a Artaud, queda ahí recogida, desplazada, purificada de sus circunstancias de época; ya no hay ni Relato ni Culpa (sin duda son lo mismo), lo único que queda es el deseo y el lenguaje, y no éste expresando a aquél, sino ambos situados en una metonimia recíproca, indisoluble.

La fuerza de esta metonimia, soberana en el texto de Guyotat, permite prever una fuerte censura que encontrará aquí reunidos los dos alimentos en que se ceba habitualmente, el lenguaje y el sexo; pero, también esta censura, que podrá tomar muchas formas, quedará inmediatamente desenmascarada, gracias a su propia fuerza: condenada a ser excesiva si censura el sexo y el lenguaje *a la vez*, condenada a ser hipócrita si pretende censurar tan sólo el tema y no la forma, o viceversa: en los dos casos, condenada a declarar su esencia de censura.

No obstante, cualesquiera que sean las peripecias institucionales, es importante la publicación de este texto: todo el trabajo crítico, teórico, avanzará gracias a él, sin que el texto deje nunca de ser seductor: inclasificable y a la vez indudable, nuevo hito y nuevo punto de partida de la escritura.

Prefacio de *Éden, Édén, Éden*,
de Paul Guyotat.
© Gallimard, 1970.

Las salidas del texto

Tenemos delante un texto de Bataille: *Le Gros Orteil.*[46]

No tengo intención de explicar este texto. Quiero solamente enunciar algunos fragmentos que serán algo así como las *salidas* del texto. Esos fragmentos estarán en estado de ruptura más o menos acentuada unos con respecto a otros: no intentaré enlazar, organizar esas salidas; y para estar seguro de burlar cualquier enlace (toda planificación del comentario), para evitar toda retórica del «desarrollo», del tema desarrollado, he dado un nombre a cada uno de los fragmentos, y he puesto esos nombres (esos fragmentos) por orden alfabético,* que, como todo el mundo sabe, es a la vez un orden y un desorden, un orden privado de sentido, el grado cero del orden. Será una especie de diccionario (Bataille proporciona uno al final de *Documents*) que rozará de refilón al texto tutor.

Achatamiento de los valores

Existe un tema que se repite en Nietzsche y en Bataille: el tema de la Nostalgia. Una determinada forma del presente apare-

46. Georges Bataille, *Documents*, París, Mercure de France, 1968, páginas 75-82. [Recogido en el t. I de las *Oeuvres complètes*, París, Gallimard, 1970.]

* He conservado el orden dado por el autor a los fragmentos, aunque en español ya no resulta alfabético. [T.]

ce depreciada, una determinada forma del pasado, exaltada; ni
ese presente ni ese pasado son, a decir verdad, históricos; ambos
se leen siguiendo el movimiento ambiguo, formal, de una *decadencia*. Y nace así la posibilidad de una nostalgia *progresista*. La
decadencia no debe leerse, contrariamente a la connotación corriente de la palabra, como un estado sofisticado, hipercultural,
sino, por el contrario, como un *achatamiento de los valores*: retroceso de la tragedia en bloque (Marx), clandestinidad del dispendio festivo en la sociedad burguesa (Bataille), crítica de Alemania, enfermedad, agotamiento de Europa, tema del *último
hombre*, del pulgarcito que lo *empequeñece todo* (Nietzsche).
Podríamos añadir las diatribas de Michelet contra el siglo XIX
—su siglo—, el siglo del Aburrimiento. En todos aparece el mismo descorazonamiento suscitado por el achatamiento burgués: el
burgués no destruye un valor, lo *achata*, lo empequeñece, instaura
el sistema de la mezquindad. Este tema es a la vez histórico y
ético: caída del mundo alejado de lo trágico, alza de la pequeña
burguesía, escrita bajo especie de un advenimiento: la revolución (en Marx) y el superhombre (en Nietzsche) son calambres
vitales que se le aplican al achatamiento; toda la heterología de
Bataille es de ese mismo orden: eléctrica. En esta historia apocalíptica del valor, *Le Gros Orteil* remite a dos tiempos: un tiempo
etnológico (marcado en el texto por los verbos en presente), el
tiempo «de los hombres», «de las gentes», que, antropológicamente, desprecian lo bajo y exaltan lo alto, y un tiempo histérico (marcado por los episodios en pasado) que es el tiempo de la
cristiandad y de su quintaesencia, España, que censura lo bajo
pura y escrupulosamente (el pudor). Esta es la dialéctica del valor: cuando éste es antropológico, la reducción del pie a un des-
perdicio (a un escupitajo) designa el lugar propio de una seducción: la seducción está en el lugar que se esconde *salvajemente*,
el valor está en la transgresión salvaje de la prohibición; pero,
cuando es histórico, sublimado bajo la figura del pudor, la con-
denación del pie se convierte en un valor inhibido, achatado, que
exige el mentís de la Risa.

Códigos del saber

En el texto de Bataille hay numerosos códigos «poéticos»: temáticos (alto/bajo, noble/innoble, ligero/pastoso), anfibológico (la palabra «erección», por ejemplo), metafórico («el hombre es un árbol»); hay también códigos del saber: anatómico, zoológico, etnológico, histórico. Por supuesto que el texto *excede* al saber, por el valor; pero, incluso en el interior del campo del saber, hay diferencias de presión, de «seriedad», y esas diferencias producen una heterología. Bataille pone en escena dos saberes. Un saber endoxal: el de Salomon Reinach, y los señores del comité de redacción de *Documents* (revista de la que procede el texto considerado); un saber citacional, referencial, reverencial. Y un saber más lejano, producido por Bataille (por su cultura personal). El código de este saber es etnológico; se corresponde bastante bien con lo que en otros tiempos se llamaba *Magasin pittoresque*, una recopilación de «curiosidades» (lingüísticas, etnográficas); en ese discurso del segundo saber hay una doble referencia: la de lo *extraño* (de *otra parte*) y la del *detalle*; se produce así un principio de derrumbamiento del saber (de su ley) por medio de su futilización, su miniaturización; en el punto extremo de ese código está el *asombro* («desorbitar los ojos»); es el saber paradójico, en cuanto que se asombra, se des-naturaliza, rompe con el «por supuesto». Esta cacería del hecho etnológico se aproxima mucho, ciertamente, a la cacería novelesca: en efecto, la novela es una *mathesis* trucada, encaminada a una *desviación* del saber. Este roce entre códigos de diverso origen, de diversos estilos, es contrario a la monología del saber, que consagra a los «especialistas» y desdeña a los polígrafos (los aficionados). Se produce, en suma, un saber burlesco, heteróclito (etimológicamente: que cuelga de ambos lados): es ya una operación de escritura (la «*escribiduría*», en cambio, impone la separación de los saberes —como si dijéramos: la separación de los géneros—); procedente de una mezcla de saberes, la escritura tiene en jaque a «las arrogancias científicas»[47] y, al mismo tiempo, mantiene una aparente legibilidad: un discurso dialéctico que podría ser el del periodismo, si éste no estuviera achatado por la ideología de las comunicaciones de masas.

47. *Documents*, pág. 23.

Comienzo

La idea de «comienzo» es una idea retórica: ¿cómo empezar un discurso? Durante siglos se ha debatido este problema. Bataille plantea la cuestión allí donde nunca se había planteado: *¿dónde comienza el cuerpo humano?* El animal comienza por la boca: «la boca es el comienzo, o, si se quiere, la proa de los animales... Pero el hombre no tiene una arquitectura simple como los animales, y ni siquiera es posible decir por dónde comienza».[48] Lo cual plantea la cuestión del sentido del cuerpo (no hay que olvidar que en francés —preciosa ambigüedad—* *sens* quiere decir a la vez *significación* y *vectorización*). Vamos a dar tres estados de esta cuestión.

1. En el cuerpo animal hay un solo elemento marcado, el *comienzo*, la boca (las fauces, el hocico, las mandíbulas, el órgano de predación); al ser el único observable (u observado), *este elemento no puede ser un término* (un *relatum*): no hay, pues, paradigma, y, por tanto, no hay sentido. El animal está en cierto modo provisto de un comienzo mitológico: por decirlo así, hay ontogénesis a partir de un ser, el ser de la manducación.

2. Cuando el cuerpo humano aparece en el discurso psicoanalítico, hay semantización («sentido»), porque hay paradigma, oposición de dos «términos»: la boca, el ano. Esos dos términos permiten dos trayectos, dos «relatos»; por una parte, el trayecto de la alimentación, que va de la suculencia al excremento: el sentido en este caso nace de una temporalidad, la de la transformación alimentaria (el alimento sirve de referencia exterior); por otra parte, el trayecto de la génesis libidinal; a la oposición (semántica) de lo oral y lo anal se superpone una extensión sintagmática: el estadio anal viene después del estadio oral; la que da su sentido al cuerpo humano es, pues, otra historia, una historia filogenética: como especie, realidad antropológica, el cuerpo se da a sí mismo sentido al desarrollarse.

3. Bataille no excluye el psicoanálisis, pero no es ésa su referencia; un texto sobre el pie, como el que nos ocupa, reclamaría naturalmente una inmensa referencia al fetichismo. Ahora bien, en este caso no hay más que una rápida alusión al «feti-

---

48. *Ibíd.*, pág. 171.
* En español «*sentido*» tiene la misma ambigüedad. [T.]

chismo clásico». Para Bataille el cuerpo no empieza en ninguna parte, es el espacio del «no importa dónde»; no se puede reconocer en él un sentido más que a cambio de una operación violenta: *subjetivo-colectiva*; el sentido surge gracias a la intrusión de un *valor*: lo *noble* y lo *innoble* (lo alto y lo bajo, la mano y el pie).

Burlar

El texto de Bataille enseña cómo hay que comportarse con el saber. No se lo debe rechazar, incluso a veces es necesario fingir que se lo pone en el primer plano. A Bataille no le incomodaba en absoluto que el comité de redacción de *Documents* estuviera compuesto por profesores, por sabios, por bibliotecarios. Hay que hacer que el saber brote allí donde no se lo espera. Ya lo hemos dicho, este texto, que concierne a una parte del cuerpo humano, evita discreta pero obstinadamente el psicoanálisis; el juego (discursivo) del saber es caprichoso, retorcido: los «tacones altos» aparecen en el escenario del texto, y no obstante, Bataille elude el estereotipo esperado a propósito del tacón-falo (¡que los guardianes de los museos cortan a las mujeres que percuten con ellos los hermosos parquets encerados!); y sin embargo, con un tercer giro, Bataille aún habla a renglón seguido de la sexualidad, a la que trae a colación por medio de una transición («además») falsamente ingenua. El saber se desmigaja, se pluraliza, como si el *uno* del saber estuviera sin cesar condenado a dividirse en dos: la síntesis está falseada, burlada; el saber está ahí, no destruido, sino desplazado; su nuevo lugar es —según una frase de Nietzsche— el de una *ficción*: el sentido precede y predetermina al hecho, el valor precede y predetermina al saber. Nietzsche: «No hay hechos en sí. Lo que sucede es un grupo de fenómenos escogidos y agrupados por un ser que los interpreta... No hay estado de hecho en sí; por el contrario, primero hay que introducir un sentido incluso antes de que pueda haber un hecho.» El saber sería, en definitiva, una ficción interpretativa. Así pues, Bataille asegura el trucaje del saber por medio de un desmigajamiento de los códigos, pero sobre todo, por una irrupción del valor (lo *noble* y lo *innoble*, lo *seductor* y lo *vulgar*). El papel del valor no es un papel de destrucción, ni siquiera de dialectización, ni siquiera de subjetivización; quizás es, simplemente, un papel de *descanso*: «... me basta con saber que la verdad posee un *gran poder*. Pero es necesario que pueda *luchar*, y que haya una oposición, y que de vez en cuando se pueda *descansar* de ella en la no-verdad. De otro modo se volvería aburrida, desabrida y sin fuerza y nos volvería así también a nosotros» (Nietzsche). En suma, el saber se conserva en cuanto poder, pero se combate en cuanto aburrimiento; el valor no es lo que desprecia, relativiza o rechaza el saber, sino lo que le quita el aburrimiento, lo que descansa de él; no se opone al saber desde una perspectiva polémica, sino desde un sentido estructural; hay una alternancia del saber y del valor, descanso del uno en el otro, de acuerdo con una especie de *ritmo amoroso*. Y esto es, en definitiva, la escritura, y singularmente la escritura de ensayo (estamos hablando de Bataille), el ritmo amoroso de la ciencia y del valor: heterología, goce.

Vestir

Entre los chinos, el marido no debe ver los pies desnudos de su mujer: «Los turcos del Volga consideran inmoral mostrar los pies desnudos e incluso se acuestan con medias.» Habría que prolongar el pequeño *dossier* etnográfico constituido por Bataille; recordar las «*petting-parties*» de los estadounidenses, la costumbre en ciertas poblaciones árabes de que la mujer no se desvista para hacer el amor: el tic, aportado por un autor contemporáneo, de ciertos *gigolos*, que se quitan toda la ropa, salvo los calcetines. Todo ello conduciría a establecer las relaciones entre la vestimenta y la práctica amorosa; no se trata del problema, abundantemente tratado, del *strip-tease*; pues nuestra sociedad que se cree «erótica», nunca habla de las prácticas reales del amor, del cuerpo en estado de amor: es el aspecto que menos conocemos unos de otros (y quizá no por un tabú moral, sino por un tabú de futilidad). En suma, habría que replantearse la *desnudez* (lo cual no sería tan trivial como parece). De hecho, para nosotros el *desnudo* es un valor plástico, o incluso erótico-plástico; dicho de otra manera, el *desnudo* está siempre en posición de *figuración* (serviría el mismo ejemplo del *strip-tease*); estrechamente ligado a la ideología de la representación, es la figura por excelencia, la figura de la figura. Replantearse el *desnudo* querría así decir, por una parte, concebir la desnudez como un concepto histórico, cultural, occidental (¿griego?), y, por otra parte, hacerla pasar del *Cuadro* de los cuerpos al orden de las prácticas eróticas. Ahora bien, a partir del momento en que se comienza a entrever la complicidad del *desnudo* y de la representación, uno se ve impelido a sospechar de su poder de provocar goce: el desnudo sería un objeto cultural (quizá ligado a un orden del *placer*, pero no al de la pérdida de sentido, al del goce), y, en consecuencia, finalmente sería un objeto moral: el desnudo no es perverso.

Idiomático

¿Cómo hacer hablar al cuerpo? Se pueden trasladar al texto los códigos del saber (de ese saber que tiene a raya al cuerpo); se puede también dar cuenta de la *doxa*, de la opinión de la gente sobre el cuerpo (lo que dicen de él). Hay un tercer modo, al que Bataille recurre sistemáticamente (y que es interesante desde el punto de vista del trabajo actual sobre el texto): consiste en articular el cuerpo no sobre el discurso (el de los otros, el del saber, o incluso el mío propio), sino sobre la lengua: dejar que intervengan los locuciones, explorarlas, desplegarlas, representar su literalidad (es decir, su significancia); *bouche**** arrastrará hasta «bouche à feu» (expresión caníbal del cañón), «bouche close» («bella como una caja fuerte»); *oeil* suscitará una exploración completa de todos los idiotismos en los que entra esa palabra; lo mismo sucede con *pied* («pied plat», «bête comme un pied», etc.). Por este camino, el cuerpo resulta engendrado en la misma lengua: idiomatismo y etimologismo son los dos grandes recursos del significante (una prueba *a contrario*: la «escribiduría», que no es la escritura, censura normalmente el trabajo del que, en la lengua, es a la vez su centro ponderante y su exceso; ¿habéis visto alguna vez una metáfora en un estudio de sociología o en un artículo de *Le Monde*?). En la obra de Bataille hay un trabajo textual del mismo tipo, de la misma energía productora que se puede ver en la obra, en el trabajo, en la escena, de *Lois* de Philippe Sollers.

* *Bouche*, en francés, porque las locuciones de «boca» varían mucho. [T.]

Dedo del pie

Hay que recordar, antes que nada —pues ya hay ahí toda una riqueza— la lexicografía de la palabra. *Orteil* es un dedo del pie, cualquiera de ellos; la palabra viene de *articulus*, pequeño miembro; es decir *das Kleines*, la cosita, el falo infantil. En la expresión «le gros orteil», el significado se refuerza: por una parte, *gros* es repulsivo (*grand* no lo es), por otra, el diminutivo *(articulus)* puede serlo también (el enanismo produce turbación): el dedo del pie es seductor-repugnante; fascinador como una contradicción: la del falo tumescente y miniaturizado.

Paradigma

Se ha hablado del *valor*. Esta palabra la hemos tomado en un sentido nietzscheano; el valor es la fatalidad de un paradigma intratable: *noble/vil*. Ahora bien, en Bataille, el valor —que es lo que rige todo el discurso— descansa sobre un paradigma muy particular, anómico, en cuanto ternario. Por decirlo así, hay tres polos: lo *noble*/lo *innoble*/lo *bajo*. Reduzcamos a moneda terminológica a estos tres términos (los ejemplos proceden de nuestro texto y del artículo sobre la noción del Dispendio).[49]
1. Polo «*Noble*»: «formas sociales grandes y libres»; «generoso, orgiástico, desmesurado»; «luz demasiado fuerte, esplendor acrecentado»; «la generosidad»; «la nobleza».
2. Polo «*Innoble*»: «enfermedad, agotamiento. Vergüenza de sí mismo. Hipocresía mezquina. Oscuridad. Eructos vergonzosos. Andares desdibujados. Detrás de los tabiques. Convenciones cargadas de aburrimiento y deprimentes. Envilecer. Rencores fastidiosos. Melindres. Sociedad enmohecida. Apariencias. Un industrial siniestro y su anciana esposa, todavía más siniestra. Servicios inconfesables. Parejas de tenderos. El alelamiento y la idiocia más baja. Puro y superficial. La cocina poética.»
3. Polo «*Bajo*»: «Escupitajo, barro. La sangre corre. La rabia. Juego de caprichos y de espantos. Las oleadas ruidosas de las

---

49. Georges Bataille, *La Part maudite*, Éd. de Minuit, col. «Critique», 1967.

vísceras. Espantosamente cadavérico. Orgulloso y chillón. La discordia violenta de los órganos.»

La heterología de Bataille consiste en lo siguiente: hay contradicción, paradigma simple, canónico, entre los dos primeros términos: *noble* e *innoble* («la división fundamental de las clases de
hombres en nobles e innobles»); *pero* el tercer término no es
regular: *bajo* no es el término neutro (ni noble ni innoble) y
tampoco es el término mixto (noble e innoble). Es un término
independiente, pleno, excéntrico, irreductible: el término de la
seducción *fuera de la ley* (estructural).

Lo *bajo* es, en efecto, valor en dos sentidos: por una parte, es
lo que está fuera de la imitación de la autoridad;[50] por otra parte,
está inserto en el paradigma *alto/bajo*, es decir, en la simulación
de un sentido, de una forma, y de esa manera burla al *en-sí* de la
materia: «... el materialismo actual, yo entiendo un materialismo
que no implica más que la materia y la cosa en sí».[51] En resumen,
el auténtico paradigma es el que pone cara a cara dos valores
positivos (lo *noble*/lo *bajo*) en el propio campo del materialismo;
y el término normalmente contradictorio (lo *innoble*) es el que
pasa a ser el neutro, el mediocre (el valor negativo, cuya negación no es contrariedad, sino vulgaridad). Otra vez Nietzsche:
«¿Qué es lo que es mediocre en el hombre medio? Que no comprende que el *revés de las cosas* es necesario.» Dicho de otra manera, de nuevo: el aparato del sentido no queda destruido (se
evita el balbuceo, pero sí *ex-centrado*, cojo (éste es el sentido etimológico de «escandaloso»). Dos operaciones aseguran este juego: por una parte, el sujeto (de la escritura) desvía el paradigma *in extremis*: el *pudor*, por ejemplo, no se niega en provecho
de su contrario esperado, legal y estructural (el exhibicionismo);
surge un tercer término: la Risa, que burla al Pudor, el *sentido*
del Pudor; y por otra parte, la lengua, la lengua misma, se dis-

50. «Pues se trata ante todo de no someterse, y de no someter con uno
la propia razón, a lo que haya de más elevado, a aquello, sea lo que sea,
que pueda darle al ser que yo soy, a la razón de que este ser está armado,
una autoridad prestada. Este ser y su razón no pueden someterse en
efecto a lo que está situado más *bajo*, a lo que en ningún caso puede servir para fingir una autoridad cualquiera... La materia baja es exterior y
extraña a las aspiraciones ideales humanas y rechaza el dejarse reducir a
las grandes máquinas ontológicas que resultan de tales aspiraciones.»
(*Documents*, pág. 103.)

51. *Ibíd.*, pág. 102.

tiende audazmente: *bas* se emplea como valor positivo, laudato-
rio («el bajo materialismo de la gnosis»), pero su adverbio corre-
lativo, *bassement*, que según la lengua debería tener el mismo
valor que el adjetivo original, se emplea negativa, despectiva-
mente («la orientación bajamente idealista del Surrealismo»): es
el tema del achatamiento lo que separa, como un valor violento,
cortante, a la palabra-tocón de su brote.

¿Qué y quién?

El saber ante todas las cosas dice: *¿Qué es eso?* ¿Qué es el
dedo gordo del pie? ¿Qué es este texto? ¿Quién es Bataille? Pero
el valor, según la consigna nietzscheana, prolonga la pregunta
así: *¿Qué es eso para mí?*

El texto de Bataille responde de una manera nietzscheana a la
pregunta: *¿qué es para mí, Bataille, el dedo gordo del pie?* Y, por
desplazamiento: ¿qué es este texto, *para mí*, que lo estoy leyendo? (Respuesta: es el texto que me habría gustado escribir.)

Así pues, es necesario —y quizás urgente— reivindicar de
manera abierta en favor de una *determinada* subjetividad: la
subjetividad del no-sujeto opuesta al mismo tiempo a la subjetividad del sujeto (impresionismo) y a la no-subjetividad del sujeto (objetivismo). Esta revisión se puede concebir bajo dos formas: primero, reivindicar en favor del *para-mí* que está en todo
«¿Qué es esto?», pedir y proteger la intrusión del valor en el discurso del saber. A continuación, atacar al *quién*, al sujeto de la
interpretación; a este propósito, otra vez Nietzsche: «¿No se tiene derecho a preguntar *quién* interpreta? Es la misma interpretación, forma de la voluntad de poder, que existe (no como un
"ser", sino como un proceso, un devenir) en tanto que pasión...»;
«No un sujeto, sino una actividad, una invención creadora, ni
"causas" ni "efectos".»

Vocablos

El valor surge incluso en ciertas palabras, ciertos términos, ciertos *vocablos* («vocable»* está bien, pues quiere decir a la vez apelación y patronazgo de un santo: ahora bien, se trata de *palabras-numen*, de palabras-signos, de palabras-avisos). Estos vocablos hacen irrupción en el discurso del saber: el vocablo sería esa marca que discriminaría a la escritura de la «escribiduría» (así pasaría con una expresión como «la suciedad más desalentadora», que ningún discurso «científico» toleraría). Sin duda haría falta —la hará un día— una teoría, de las palabras-valores (de los vocablos). Mientras esperamos el momento, podemos observar lo siguiente: los vocablos son palabras sensibles, palabras sutiles, palabras amorosas, que denotan seducciones o repulsiones (gritos de placer); otro morfema del valor es a veces la letra bastardilla o el entrecomillado; las comillas sirven para enmarcar el código (para desnaturalizar, desmistificar la palabra), la bastardilla, por el contrario, es el trazo de la presión subjetiva que se impone a la palabra, con una insistencia que sustituya a su sustancia semántica (en Nietzsche son muchas las palabras en bastardilla). Esta oposición entre las palabras-saber y las palabras-valor (nombres y vocablos) es algo de lo que el mismo Bataille parece haber tenido una conciencia teórica. Pero, en su exposición[52] parece haber un entrecruzamiento terminológico: la «palabra» es el elemento del análisis filosófico, del sistema ontológico, «que denota las propiedades que permiten una acción exterior», mientras que el «aspecto» (nuestro «vocablo») es el que «introduce los valores decisivos de las cosas», y proviene «de los movimientos decisivos de la naturaleza».

Hay así pues en el texto (de Bataille y según Bataille) todo un tejido del valor (a base de vocablos, de grafismos), todo «un esplendor verbal». ¿Qué serían esos vocablos, desde un punto de vista lingüístico? (Por supuesto, la lingüística ni lo sabe ni lo quiere saber; es adiafórica, indiferente.) Me limitaré a indicar algunas hipótesis.

1. En contra de todos los prejuicios modernistas que tan

---

* «*Vocable*», en francés, porque no coinciden todas las acepciones con las de «vocablo». [T.]
52. *Documents*, pág. 45.

sólo prestan atención a la sintaxis, como si la lengua no pudiera emanciparse (entrar en la vanguardia) más que a ese nivel, hay que reconocer un cierto erratismo a las palabras: algunas son como bloques erráticos en la frase; el papel de la palabra (en la escritura) puede ser el de cortar la frase, con su brillo, con su diferencia, su capacidad de fisura, de separación, por su situación de fetiche. El «estilo» es más palpable de lo que suele creerse.

2. Bataille dice: «Un diccionario debería comenzar a partir del momento en que ya no se da el sentido sino las tareas de las palabras».[53] Se trata de una idea muy lingüística (Bloomfield, Wittgenstein); pero *tarea* va más lejos (por otra parte, es una palabra-valor); pasamos del *uso*, del *empleo* (nociones funcionales) al trabajo de la palabra, al goce de la palabra: como la palabra «hurga» en el intertexto, en la connotación actúa trabajándose a sí misma; en suma, se trata del *para-mí* nietzscheano de la palabra.

3. El tejido de las palabras-valores constituye un *aparato* terminológico, a la manera en que decimos «aparato del poder»: hay una fuerza de rapto en la palabra; la palabra forma parte de una guerra de los lenguajes.

4. ¿Por qué no habríamos de concebir (algún día) una «lingüística» del valor —no en el sentido saussuriano (*valedero-por*, como elemento en un sistema de intercambio), sino en el sentido cuasi moral, guerrero (o hasta erótico)? Las palabras-valores (los vocablos) introducen el deseo en el texto (en el tejido de la enunciación) y lo hacen salir de él; el deseo no está en el texto gracias a las palabras que lo «representan», que lo narran, sino gracias a palabras lo bastante destacadas, lo bastante brillantes, triunfantes, para hacerse amar, a la manera de los fetiches.

Coloquio de Cerisy-la-Salle, 1972.
De *Bataille*, col. 10/18.
© U.G.E., 1973.

53. *Documents*, pág. 177.

Lectura de Brillat-Savarin

Grados

Brillat-Savarin (al que de ahora en adelante llamaremos B.-S.) constata que el champaña es excitante en cuanto a sus primeros efectos y entorpecedor en los siguientes (yo no estoy tan seguro: por mi parte, yo más bien lo diría del whisky). A propósito de una nadería (pero el gusto implica una filosofía de la nadería), mira por dónde se plantea una de las categorías formales más importantes de la modernidad: la del *escalonamiento* de los fenómenos. Se trata de una forma del tiempo, mucho menos conocida que el ritmo, pero presente en un número tan grande de producciones humanas que no estaría de más tener un neologismo para designarla: a este «desencajamiento», a esta escala del champaña, lo llamaremos una «bathmología». La bathmología sería el campo del discurso sometido a un juego de «grados». Ciertos lenguajes son como el champaña: desarrollan una significación posterior a su primera escucha, y en ese retroceso es donde nace la literatura. El escalonamiento de los efectos del champaña es grosero, fisiológico, y lleva de la excitación al entumecimiento; pero es exactamente este principio de diferencia, depurado, el que regula la cualidad del gusto: el gusto es ese sentido que conoce y practica aprehensiones múltiples y sucesivas: entradas, marchas atrás, solapamientos, todo un contrapunto de la sensación: a la *disposición en pisos* de la vista (en los grandes placeres panorámicos) le corresponde un *escalonamiento* en el gusto. B.-S. descompone así *en el tiempo* (pues no se trata de un análisis simple) la sensación gustativa: 1) *directa* (cuando el sabor también impresiona la parte anterior de la lengua); 2) *completa* (cuando el sabor pasa a la parte posterior de la boca); 3) *refleja* (en el momento final del juicio). Todo el *lujo* del gusto está en esta escala; la sumisión de la sensación gustativa al tiempo permite, efectivamente, desarrollarla a la manera de un relato, o de un lenguaje: temporalizado, el gusto conoce sorpresas y sutilezas; los perfumes y las fragancias, constituidos de antemano, por decirlo así, como recuerdos: nada hubiera impedido a B.-S. analizar la magdalena de Proust.

Necesidad/deseo

Si B.-S. hubiera escrito su libro hoy, no hubiera dejado de añadir al número de las perversiones ese gusto por la comida que él defendía e ilustraba. La perversión, por decirlo así, es el ejercicio de un deseo que no sirve para nada, como el del cuerpo que se entrega al amor sin deseo de procreación. Ahora bien, B.-S. ha señalado siempre, en el plano de la comida, la distinción entre necesidad y deseo: «El placer de la comida exige, si no el hambre, al menos el apetito; el placer de la mesa es la mayor parte de las veces independiente de lo uno y de lo otro.» En una época en que la burguesía no sentía ninguna culpabilidad social, B.-S. utiliza una proposición cínica: por un lado está el *apetito natural*, que pertenece al orden de la necesidad, y por otro el *apetito de lujo*, que pertenece al orden del deseo. Efectivamente, todo está ahí: la especie tiene *necesidad* de la procreación para sobrevivir, el individuo tiene *necesidad* de comer para subsistir; y no obstante, la satisfacción de ambas necesidades no le basta al hombre: necesita hacer salir a escena, por decirlo así, al *lujo* del deseo, amoroso o gastronómico: suplemento enigmático, inútil, la comida deseada —la que describe B.-S.— es una parte incondicional, una especie de ceremonia etnográfica a través de la cual el hombre celebra su poder, su libertad de quemar energías «en vano». En este sentido, el libro de B.-S. es de cabo a rabo un libro de lo «propiamente humano», pues el deseo es (en cuan-

to que se habla de él) lo que distingue al hombre. Este fondo
antropológico le da un toque paradójico a la *Physiologie du goût*:
pues lo que se expresa por medio de las finuras de estilo, del
tono mundano de las anécdotas y de la graciosa futilidad de las
descripciones, es la gran aventura del deseo. Sin embargo, sigue
intocada la pregunta respecto a por qué el individuo social (al
menos en nuestras sociedades) ha de asumir la perversión sexual
en un estilo negro, feroz, maldito, como la más dura de las trans-
gresiones, mientras que la perversión gastronómica, descrita por
B.-S. (y en su conjunto no vemos cómo podría describirse de otro
modo), implica siempre una especie de confesión amable y elegantemente complaciente que jamás se sale del *buen tono*.

El cuerpo del gastrónomo

La comida provoca un placer *interno*: interior al cuerpo, encerrada en él, no únicamente bajo la piel, sino en esa zona profunda, central, más originaria en la medida en que es blanda,
enrevesada, permeable, y que llamamos, en sentido general, las
entrañas; aunque el gusto sea uno de los cinco sentidos reconoci-
dos, clasificados, del hombre, y aunque este sentido esté localiza-
do (en la lengua, y, como describe muy bien B.-S., en toda la
boca), el goce gustativo es difuso, se extiende por todo el secreto
tapiz de las mucosas; tiene que ver con lo que podríamos considerar nuestro sexto sentido —si B.-S., precisamente, no reserva-
ra este lugar para el placer genésico—, que es la *cenestesia*, la
sensación global del interior de nuestro cuerpo. Es verdad que
B.-S., como todo el mundo, reconoce esta disposición difusa del
placer de la comida: es el *bienestar* que sucede a una buena comida; pero, de manera curiosa, no analiza esta sensación interna,
no la detalla, no la «poetiza»; cuando quiere captar los efectos
voluptuosos de la comida va a buscarlos en el cuerpo ajeno; esos
efectos son en cierto modo signos de una interlocución: se descifra el placer del otro; incluso a veces, si se trata de una mujer,
se la espía, se la *sorprende* como si se tratara de un rapto erótico; la convivialidad, el placer de comer bien en compañía es, por
lo tanto, un valor menos inocente de lo que parece; en la puesta
en escena de una buena comida hay algo más que el ejercicio
de un código mundano, por antiguo que sea su origen histórico;

alrededor de la mesa merodea una vaga pulsión escópica: se miran (¿se acechan?) los efectos del alimento sobre los otros, se capta cómo el cuerpo trabaja en su interior; como esos sádicos que disfrutan de la aparición de una emoción en el rostro de su pareja, se observan los cambios del cuerpo que se alimenta bien. El índice de ese placer que aumenta es, para B.-S., una cualidad temática muy precisa: el *lustre*; la fisonomía se expande, el color se intensifica, los ojos brillan, mientras que el cerebro se refresca y un suave calor penetra todo el cuerpo. El lustre es evidentemente un atributo erótico: remite al estado de una materia a la vez incendiada y mojada, con el deseo haciendo resplandecer el cuerpo, el éxtasis comunicándole su irradiación (la palabra es de B.-S.) y el placer su lubrificación. El cuerpo del glotón se ve así como una pintura suavemente radiante, iluminada *desde el interior*. Esta sublimidad conlleva no obstante una pizca sutil de trivialidad; se percibe muy bien este suplemento inesperado en el cuadro de la bella glotona («una bonita glotona en pie de guerra», dice B.-S.): tiene los ojos brillantes, los labios relucientes, y está mordiendo un ala de perdiz; bajo el amable hedonismo, que es el género obligado de las descripciones de convivialidad, en su lustre hay que leer entonces otro indicio: el de la agresión carnicera, de la que la mujer, paradójicamente, es portadora en este caso; la mujer no está devorando la comida, la está mordiendo, y esta mordedura irradia; quizás en este brillo bastante brutal hay que percibir un pensamiento antropológico: por momentos, el deseo vuelve a su origen y se convierte en necesidad, la glotonería en apetito (transportada al orden amoroso, esta inversión llevaría a la humanidad a la simple práctica del apareamiento). Lo extraño es que en el cuadro excesivamente civilizado que B.-S. da continuamente de los usos gastronómicos, la nota estridente de la Naturaleza —de nuestro *fondo* natural— está dada por la mujer. Es sabido que dentro de la inmensa mitología que los hombres han elaborado en torno al ideal femenino, la comida se olvida sistemáticamente; a la mujer se la ve normalmente en estado de amor o de inocencia; nunca se la ve comer: es un cuerpo glorioso, purificado de toda necesidad. Mitológicamente, la comida es un asunto de hombres; la mujer no toma parte en ello sino a título de cocinera o de sirvienta; ella es la que prepara o sirve, pero no come. Con una ligera nota, B.-S. subvierte dos tabúes: el de una mujer pura de toda actividad di-

gestiva, y el de una gastronomía que no sería más que una pura
repleción: introduce la comida en la Mujer y mete en la Mujer el
apetito (los apetitos).

La antidroga

Baudelaire no le perdonaba a B.-S. por no haber hablado bien
del vino. Para Baudelaire el vino es el recuerdo y el olvido, la
alegría y la melancolía; es lo que le permite al individuo trans-
portarse fuera de sí mismo, hacer ceder la consistencia de su yo
en provecho de estados descolocados, extranjeros y extraños; es
una vía de desviación; en resumen, es una droga.

Ahora bien, para B.-S. el vino no es en absoluto un conductor
de éxtasis. Y la razón para ello es clara: el vino forma parte de
la comida, y la comida, para B.-S., es esencialmente convivial; el
vino no puede así responder a un protocolo solitario: se bebe
mientras se come, y se come siempre entre otros; una estricta
socialidad vigila los placeres de la comida; es verdad que los fu-
madores de H pueden reunirse en grupos, como los convidados
en una buena comida; pero es, en principio, para que cada uno
pueda «viajar» a su sueño singular; ahora bien, esta separación
le está prohibida al copartícipe gastrónomo, porque, al comer, se
somete a una práctica rigurosamente comunitaria: la conversación. La conversación (entre varios) es, en cierto modo, la ley que
protege al placer culinario de todo riesgo psicótico y mantiene al
glotón en su «sana» racionalidad: hablando —platicando— mientras come, el convidado confirma su yo y se protege de toda huida
subjetiva, gracias al imaginario del discurso. El vino, para B.-S.,
no tiene ningún privilegio particular: como la comida y con ella,
amplifica ligeramente el cuerpo (lo vuelve «brillante»), pero no lo
muda. Es una antidroga.

Cosmogonías

Sin embargo, bajo sustancias transformables, la práctica culinaria conduce naturalmente al escritor que habla de ella a tratar
de una temática general de la materia. Al igual que los antiguos
filósofos daban mucha importancia a los estados fundamentales

de la materia (el agua, el fuego, el aire, la tierra) y sacaban de
esos estados clases de atributos genéricos (lo aéreo, lo líquido, lo
ardiente, etc.) que podían pasar a todas las formas del discurso,
comenzando por el discurso poético, del mismo modo, la comida,
por el tratamiento de las sustancias, toma una dimensión cosmogónica. El *verdadero* estado de la comida, el que determina el
porvenir *humano* del alimento, para B.-S., es el estado líquido:
el gusto resulta de una operación química que se hace siempre
por vía húmeda, y «no hay nada sápido que ya no esté disuelto o
sea próximamente soluble». La comida, es lo lógico, se remonta
así al gran tema maternal y thalasal: el agua es nutricia; fundamentalmente, el alimento es un baño interior, y ese baño —precisión en la que B.-S. insiste— no sólo es vital, sino también
dichoso, paradisíaco; pues es de él de lo que depende el gusto,
es decir, la dicha de comer.

Lo líquido es el estado anterior o posterior del alimento, su
historia total, y por tanto su verdad. Pero en su estado sólido,
seco, la materia alimentaria conoce diferencias de valor. Tomemos los granos naturales del café: los podemos majar o moler.
B.-S. prefiere con mucho el primer método de reducción, con lo
que honra a los turcos (¿no se compran carísimos el mortero y
la mano que han servido mucho tiempo para triturar los granos?). B.-S., jugando a hacerse el sabio, da pruebas experimentales y teóricas de la superioridad de una manipulación sobre otra.
Pero no es difícil adivinar la «poética» de esta diferencia: lo molido depende de una mecánica; la mano se aplica al molinillo como una fuerza, no como un arte (la prueba es que el molinillo
manual se ha convertido en molinillo eléctrico); lo que el molinillo produce de este modo —en cierta manera abstractamente—
es una arenilla de café, una sustancia seca y despersonalizada;
por el contrario, lo majado proviene de una serie de gestos cor-
porales (apretar, remover de diversas maneras), y esos gestos se
transmiten directamente por medio de la más noble, la más humana de las materias, la madera; lo que sale del mortero no es ya
una simple arenilla, sino un polvo, sustancia cuya vocación alquí-
mica está atestiguada por toda una mitología, sustancia que se
alía al agua para producir brebajes mágicos: el polvo de café es,
por decirlo así, irrigable, más próximo por tanto al principal estado de la materia alimentaria, que es el líquido. En ese pequeño
conflicto que opone lo majado a lo molido hay que leer un refle-

jo del gran mito que hoy día, más que nunca, preocupa a la humanidad técnica: la excelencia de lo artesanal sobre lo industrial, en una palabra, la nostalgia de lo Natural.

La busca de la esencia

Científicamente, el mecanismo de la digestión quedó casi elucidado a finales del siglo XVIII: así pues, se llega a saber cómo la lista más variada y más heteróclita de alimentos que podamos imaginar (todos los que la humanidad ha podido descubrir e ingerir desde el origen de la vida) produce una misma sustancia vital, gracias a la que sobrevive el hombre. Con un ligero desfase histórico, a partir de 1825, la química descubre los cuerpos simples. Toda la ideología culinaria de B.-S. está armada de una noción que es a la vez médica, química y metafísica: la de una esencia simple, que es el *jugo nutritivo* (o gustativo, ya que de hecho, para B.-S., no hay alimento que no haya sido *gustado*). El estado acabado del alimento es, pues, el zumo, esencia líquida y enrarecida de un pedazo de comida. La reducción a la esencia, o quintaesencia, viejo sueño alquimista, impresiona mucho a B.-S.: goza de ello como de un espectáculo sorprendente; el cocinero del príncipe de Soubise, como un mago de *Las mil y una noches*, ¿no concibió, acaso, la idea de encerrar cincuenta jamones en un frasco de cristal no más grueso que el dedo pulgar? Ecuaciones milagrosas: el ser del jamón está en su zumo, y este zumo es reductible a un jugo, a una esencia (de la que sólo el cristal es digno). La esencia alimentaria, así proyectada, toma un *aura* divina; la prueba de ello es que, como el fuego de Prometeo, al margen de las leyes humanas, puede ser robada: una vez que unos ingleses se estaban haciendo cocer una pata de cordero en una hostería, B.-S. robó el jugo (para hacerse huevos al jugo); hizo una incisión en la carne que iba girando y sacó de ella su esencia por efracción (además, es un rasgo de anglofobia).

Etica

Ha sido posible desvelar la física del placer amoroso (tensión/ distensión), pero el placer gustativo, en cambio, se escapa a toda reducción, y en consecuencia a toda ciencia (como prueba tenemos la naturaleza heteróclita de los grustos y aversiones a través de la historia de la tierra). B.-S. habla como un sabio y su libro es una fisiología; pero su ciencia (¿a sabiendas?) no es más que una ironía de la ciencia. Todo el goce gustativo se apoya en la oposición de dos valores: lo *agradable* y lo *desagradable*, y estos valores son sencillamente tautológicos: *agradable* es lo que agrada y *desagradable* lo que desagrada. B.-S. no puede ir más lejos: el gusto proviene de una «capacidad apreciadora» del mismo modo que para Molière el sueño proviene de una virtud dormitiva. La ciencia del gusto se vuelve, así, una ética (ése es el destino habitual de la ciencia). B.-S. asocia inmediatamente a su fisiología (¿qué otra cosa iba a hacer, si pretendía continuar discurriendo?) determinadas cualidades morales. Dos son las principales. La primera es legal, castradora: la *exactitud* («de todas las cualidades del cocinero, la más indispensable es la exactitud»); encontramos ahí la regla clásica: no hay arte sin normas, no hay placer sin orden; la segunda es una cualidad bien conocida por las morales de la Culpa: el *discernimiento*, que permite separar con delicadeza el Bien del Mal; hay una casuística del gusto: el gusto debe estar siempre alerta, ejercitarse en la sutileza, en la minucia; B.-S. cita con respeto a los glotones de Roma, que sabían distinguir por el sabor los peces pescados entre los puentes de la ciudad y los cogidos más abajo, o a esos cazadores que llegan a percibir el sabor particular del muslo en el que se apoya la perdiz para dormir.

La lengua

Cadmo, el que introdujo la escritura en Grecia, había sido cocinero del rey de Sidón. Este rasgo mitológico debe servir de apólogo de la relación que une al lenguaje y la gastronomía. ¿No tienen el mismo órgano ambas potencias? Y, de manera más amplia, ¿no tienen el mismo aparato, productor o apreciador: las mejillas, el paladar, las fosas nasales, cuyo papel gustativo recuerda B.-S. y que influyen en el *bel canto*? Comer, hablar, cantar (¿añadimos besar?) son operaciones que tienen por origen el mismo lugar del cuerpo: si se corta la lengua se acabó el gusto y se acabó el habla.

Ya Platón había relacionado (si bien en el mal sentido) la retórica con la cocina: B.-S. no se aprovecha de manera explícita de este precedente: no hay en él una filosofía del lenguaje. Como la simbólica no es su fuerte, el interés de este gastrónomo por el lenguaje o, más exactamente, por las lenguas hay que buscarlo en observaciones empíricas. Y es un gran interés el suyo. B.-S., como bien nos lo recuerda, conoce cinco lenguas; posee también un inmenso repertorio de palabras de todo linaje que toma de diferentes compartimientos de su cerebro, para su uso, sin ningún empacho. En esto, B.-S. es muy moderno: está persuadido de que la lengua francesa es pobre, y de que es lícito tomar prestadas o robar palabras de otras lenguas; por lo mismo, aprecia el encanto de las lenguas marginales, como la lengua popular; transcribe y cita con placer el «patois» de su tierra, el Bugey. Por último, siempre que tiene ocasión, por alejado que quede del discurso gastrosófico que es el suyo, anota alguna curiosidad lingüística: «faire les bras» quiere decir: tocar el piano levantando los codos como si a uno lo sofocara el sentimiento; «faire les yeux» quiere decir: elevarlos al cielo como si uno fuera a desmayarse; «faire des brioches» (metáfora que debía de gustarle mucho) quiere decir: fallar un trazo, una entonación. Su atención al lenguaje, por tanto, es minuciosa, como debe serlo el arte del cocinero.

Sin embargo hay que ir más allá de estas pruebas contingentes de interés. B.-S. está ciertamente ligado a la lengua —como a los alimentos— por una relación amorosa: desea a las palabras, en su propia materialidad. ¿No es suya acaso esa asombrosa invención de clasificar los movimientos de la lengua, cuando participan en la manducación, con ayuda de palabras extrañamente sabias? Entre otras está la *spication* (cuando la lengua toma forma de espiga) y la *verrition* (cuando barre). ¿Doble placer? B.-S. se hace lingüista, trata la comida como un fonetista trataría (y lo harán, más adelante) el vocalismo, y lleva a cabo este discurso sabio en un estilo radicalmente —¿podríamos decir descaradamente?— neológico. El neologismo (o la palabra muy rara) abunda en B.-S.; usa de ellos sin freno, y cada una de esas inesperadas palabras (*irrorrateur, garrulité, esculent, gulturation, soporeux, comessation,* etc.) es la huella de un profundo placer, que remite al deseo de la lengua: B.-S. desea la palabra como desea las trufas, una tortilla de atún, un pescado a la marinera; como todo neólogo, tiene una relación fetichista con la palabra aislada, recortada por su propia singularidad. Y, como estas palabras fetichistas siguen insertas en una sintaxis muy pura, que restituye al placer neológico el marco de un arte clásico, hecho de normas, de protocolos, podría decirse que la lengua de B.-S. es literalmente glotona de las palabras que maneja y de los manjares a los que se refiere; fusión o ambigüedad que el propio B.-S. hace constar cuando evoca con simpatía a esos glotones cuya pasión o cuya competencia se reconocen simplemente en la manera —glotona— en que pronuncian la palabra «bueno».

Es conocida la insistencia que la modernidad ha empleado en desvelar la sexualidad sumergida en el ejercicio del lenguaje: hablar, bajo ciertas censuras o ciertas excusas (una de ellas es la pura «comunicación») es un acto erótico; un concepto nuevo ha permitido esta extensión de lo sexual a lo verbal: el concepto de *oralidad*. B.-S. proporciona en su obra lo que su cuñado Fourier hubiera llamado una *transición*: la del gusto, oral como el lenguaje, libidinal como Eros.

Muerte

¿Y la Muerte? ¿Cómo aparece la muerte en el discurso de un autor cuyo tema y cuyo estilo lo designan como el mismísimo modelo del «bon vivant»? Nos lo temíamos, aparece de una manera absolutamente fútil. Partiendo del hecho doméstico de que el azúcar preserva los alimentos y permite guardarlos en conserva, B.-S. se pregunta por qué no nos servimos del azúcar en el arte del embalsamamiento: ¡cadáver exquisito, confitado, en cande, en confitura! (imaginación descabellada que recuerda un tanto a Fourier).

(Mientras que el goce del amor se asocia sin cesar —¡en tantas mitologías!— a la muerte, nada semejante ocurre con el goce de la comida; metafísica —o antropológicamente— es un goce opaco.)

La obesidad

Esta semana, una revista aguijonea a sus lectores: un médico acaba de descubrir el secreto de adelgazar, por arriba o por abajo, a voluntad. Este anuncio le habría interesado a B.-S., que se describe a sí mismo humorísticamente como afectado de una obesidad troncal, «que se limita al vientre», y que no se da en las mujeres; es lo que B.-S. llama la «gastroforia»; los que la padecen son gastróforos (efectivamente, parece que llevan su propio vientre por delante): «Yo pertenezco a ese grupo», dice B.-S.», «pero, aunque acarreo un vientre bastante prominente, tengo aún flaca la parte baja de la pierna, y con los nervios salientes como un caballo árabe.»

Es cosa conocida la inmensa fortuna que este tema tiene en nuestra cultura de masas: no pasa semana sin que venga un artículo en la prensa sobre la necesidad o los sistemas de adelgazamiento. Esta fiebre del adelgazamiento se remonta, sin duda, a finales del siglo XVIII; bajo la influencia de Rousseau y de los médicos suizos Tronchin y Tissot, aparece una nueva idea de la higiene: su principio es la *reducción* (y no ya la repleción); la abstinencia reemplaza a la universal sangría; la alimentación ideal consiste en leche, fruta y agua fresca. Cuando B.-S. consagra un capítulo de su libro a la obesidad y a los medios para combatirla se acomoda al sentido de esa historia mitológica cuya importancia empezamos a conocer ahora. Sin embargo, en cuanto gastrónomo, B.-S. no puede hacer hincapié sobre el aspecto naturalista del mito: ¿cómo podría defender al mismo tiempo lo natural rural (leche y fruta) y el arte culinario que produce las codornices trufadas al tuétano y las pirámides de merengue a la vainilla y la rosa? La excusa filosófica —de origen rousseauniano— se esfuma en beneficio de una razón puramente estética: es verdad que aún no se ha llegado al momento histórico (el nuestro) en el que «por supuesto» estar delgado es más bonito que estar gordo (proposición cuya relatividad atestiguan la historia y la etnología); la estética del cuerpo evocada por B.-S. no es directamente erótica, es pictórica: el principal perjuicio de la obesidad consiste en «rellenar las cavidades que la naturaleza había destinado a producir sombra» y «convertir poco a poco en insignificantes a fisonomías que eran atractivas»; el modelo del cuerpo es, en definitiva, el dibujo de género y la dietética una especie de arte plástico.

¿Cuál es la idea que tiene B.-S. de un régimen de adelgazamiento? La nuestra, más o menos. Conoce muy bien, en lo esencial, las diferencias de poder calórico entre los alimentos; sabe que los pescados, y sobre todo, los moluscos, las ostras, son poco calóricas, y que las féculas, las harinas, lo son mucho; desaconseja la sopa, la repostería azucarada, la cerveza; recomienda las verduras verdes, la ternera, la volatería (pero, ¡la verdad es que también el chocolate!); aconseja pesarse regularmente, comer poco, dormir poco, hacer mucho ejercicio, y, de paso, desmiente algún que otro prejuicio (como el que condujo a una muchacha a la muerte por creer que bebiendo mucho vinagre adelgazaría); a todo esto añadamos un cinturón antiobésico y quinina.

La participación de B.-S. en el mito del adelgazamiento, hoy tan potente, no es indiferente; ha esbozado una síntesis muy moderna de la dietética y la gastronomía, defendiendo que la cocina podía seguir teniendo el prestigio de un arte complicado, aún pensándola de una manera más funcional; síntesis un poco especiosa, pues el régimen de adelgazamiento sigue siendo una verdadera ascesis (y tiene éxito gracias a este precio *psicológico*); al menos, se ha fundado con él una literatura: la de los libros de cocina elaborados de acuerdo con una cierta *razón* del cuerpo.

El osmazoma

Sabemos que en la Edad Media la técnica culinaria obligaba a hervir siempre las carnes antes de freírlas (porque eran de mala calidad). Esta técnica hubiera repugnado a B.-S.; primero, porque él tiene, por así decirlo, una elevada idea de la fritura, cuyo secreto —y por lo tanto su sentido temático— consiste en *sorprender* (con un calor muy fuerte) al alimento que a ella se somete: lo que nos gusta en lo crujiente de una fritura (el «*crispy*» de los americanos) es, en cierto modo, el rapto del que la sustancia ha sido objeto; y además y sobre todo, porque B.-S. condena el hervido (aunque de ninguna manera el caldo): la carne hervida pierde, efectivamente (de acuerdo con la visión de la química de la época), una sustancia preciosa (por su sapidez). Esa sustancia es el *osmazoma*.

Fiel a la filosofía de la esencia, B.-S. atribuye al osmazoma una especie de poder espiritual; éste (la palabra es masculina) es el absoluto mismo del gusto: una especie de alcohol de la carne, en cierto modo; semejante a un principio universal (¿demoníaco?), toma apariencias variadas y seductoras; él es el que da su tono rojizo a las carnes, el que dora los asados, el que da su aroma a la caza; es, sobre todo, el que produce el jugo y el caldo, formas directas de la quintaesencia (la etimología de la palabra remite a la idea conjunta de olor y caldo).

Desde el punto de vista químico, el osmazoma es un principio carnal; pero la simbólica no respeta la identidad química; por metonimia, el osmazoma presta su valor a todo lo dorado, lo caramelizado, lo tostado: al café, por ejemplo. La química de B.-S. (aunque pasada de moda) permite comprender la actual moda del asado a la brasa: en el uso del asado a la brasa, aparte de la excusa funcionalista (es un manjar de preparación rápida), reside una razón filosófica: la brasa reúne dos principios míticos, el del fuego y el de la crudeza, ambos trascendidos en la figura del *asado a la brasa*, forma sólida del jugo vital.

Placer

Veamos lo que B.-S. escribe acerca del placer: «No hace muchos meses que, mientras dormía, experimenté una sensación de placer absolutamente extraordinaria. Consistía en una especie de estremecimiento delicioso de todas las partículas que componen mi ser. Era una especie de hormigueo lleno de encanto que, partiendo de la epidermis, y de pies a cabeza, me agitaba hasta la médula de los huesos. Me parecía ver una llama violeta jugueteando en torno a mi frente.»

Esta lírica descripción da cuenta perfectamente de la ambigüedad de la noción de placer. El placer gastronómico aparece descrito generalmente por B.-S. como un bienestar refinado y razonable; ciertamente, proporciona un brillo (el *lustre*) al cuerpo, pero ese cuerpo no llega a despersonalizarse: ni la comida ni el vino tienen una capacidad drogadora. En cambio, en este texto se cita una especie de límite del placer; el placer está próximo a caer en el goce: modifica al cuerpo, que se siente en estado de dispersión eléctrica. De este exceso, indudablemente, se le echa la culpa al sueño; sin embargo, designa algo muy importante: el carácter inconmensurable del placer. A partir de ahí, basta con socializar lo *desconocido* del placer para producir una utopía (volvemos a topar con Fourier). B.-S. lo dice perfectamente: «Los límites del placer aún no han sido ni conocidos ni establecidos, y no sabemos hasta qué punto puede ser beatificado nuestro cuerpo.» Sorprendentes palabras en un autor antiguo, cuyo estilo de pensamiento, en general, es epicúreo: introduce en este pensamiento el sentimiento de una especie de ilimitación histórica de la sensación, de plasticidad inaudita del cuerpo humano, que no se encuentra más que en los filósofos muy marginales: lo que equivale a postular una especie de misticismo del placer.

Preguntas

Se llama referente al objeto hacia el que apunta el signo. Siempre que hablo de la comida emito signos (lingüísticos) que se refieren a un alimento o a una cualidad alimentaria. Esta trivial situación tiene implicaciones mal conocidas cuando el objeto apuntado por mi enunciación es un objeto deseable. Este es evidentemente el caso de la *Physiologie du goût*. B.-S. habla y yo deseo aquello de lo que habla (sobre todo si tengo apetito). El enunciado gastronómico, como moviliza un deseo que aparentemente es simple, presenta el poder del lenguaje en toda su ambigüedad: el signo clama las delicias de su referente en el mismo instante en que traza su ausencia (cosa que sabemos que todas las palabras hacen, desde que Mallarmé llamó a la flor la «ausente de todo ramillete».) El lenguaje suscita y excluye. Desde ese momento, el estilo gastronómico nos plantea toda una serie de preguntas: ¿qué es representar, figurar, proyectar, llamar? ¿Qué es desear? ¿Qué es desear y hablar al mismo tiempo?

La primera hora

Como todo individuo hedonista, B.-S. parece tener una experiencia muy viva del aburrimiento. Y, como siempre, el aburrimiento, ligado a lo que la filosofía y el psicoanálisis han denotado con el nombre de *repetición*, implica, por el camino opuesto

(el de la oposición del sentido) la excelencia de la novedad. Todo
lo que responde a una temporalidad primera está tocado por una
especie de encantamiento mágico; el primer momento, la primera vez, las primicias de un manjar, de un rito, en resumen, el
comienzo, remiten a una especie de estado puro del placer: ahí
donde se mezclan todas las determinaciones de una dicha. Lo
mismo pasa con el placer de la mesa: «La mesa», dice B.-S., «es el
único lugar en el que uno no se aburre durante la primera hora.»
Esta primera hora está marcada por la aparición de nuevos manjares, el descubrimiento de su originalidad, la animación de las
conversaciones, en resumen, usando una palabra que B.-S. aplica
a las buenas frituras: por la *sorpresa*.

El sueño

El apetito recuerda al sueño en que es a la vez memoria y
alucinación, razón por la cual, por otra parte, quizá sería mejor
decir que se emparenta con el fantasma. Cuando me apetece una
comida, ¿acaso no me imagino a mí mismo comiéndomela? Y, en
esa imaginación predictiva, ¿no está todo el recuerdo de nuestros
anteriores placeres? Soy exactamente el sujeto constituido de
una escena venidera cuyo único actor soy yo.

Así que B.-S. ha reflexionado sobre el sueño, «vida aparte, una
especie de novela prolongada». Ha captado perfectamente la paradoja del sueño, que puede ser placer intenso, exento, sin embargo, de sensualidad real: en el sueño no hay ni olor ni gusto.
Los sueños son recuerdos o combinaciones de recuerdos: «Los
sueños no son más que la memoria de los sentidos.» Semejante
a una lengua que se elaborara tan sólo a partir de ciertos signos
escogidos, de restos aislados de otra lengua, el sueño es un relato
desmoronado, hecho de las ruinas de la memoria. B.-S. lo com-
para a una reminiscencia de melodía, de la que sólo se tocaran
algunas notas, sin añadir la armonía. La discontinuidad de lo
soñado se opone al baño del sueño, y esta oposición se refleja en
la misma organización de los alimentos; algunos son somníferos:
la leche, la volatería, la lechuga, la flor de azahar, la manzana
reineta (comida antes de acostarse); otras despiertan los sueños:
las carnes negras, la liebre, los espárragos, el apio, las trufas, la
vainilla; son alimentos fuertes, perfumados o afrodisíacos. B.-S.

convierte al sueño en un estado marcado, incluso podría decirse
que viril.

Ciencia

«La sed», dice B.-S., «es el sentimiento interior de la necesidad
de beber.» Ya nos lo imaginábamos, y el interés de semejantes
frases ciertamente no reside en la información que proporcionan
(francamente nula, en este caso). Por medio de estas tautologías,
B.-S., con toda evidencia, ensaya la ciencia o, al menos, el discurso científico; produce enunciados sin sorpresa, que no tienen
otro *valor* que el de presentar una imagen pura de la proposición científica (definición, postulado, axioma, ecuación): ¿hay
una ciencia más rigurosa que la que define una cosa a través de la
misma cosa? No hay así riesgo de error; B.-S. está al abrigo de
ese poder maligno que arruina a la ciencia: la paradoja. Su audacia es una audacia de estilo: usar un tono docto para hablar de
un sentido considerado fútil (por su carácter llanamente sensual), el gusto.

La ciencia es el gran superyó de *La Physiologie*. El libro, según se dice, se redactó bajo la garantía de un biólogo oficial, y
B.-S. siembra su discurso de solemnidades científicas. Imagina
que así está sometiendo el deseo de la comida a medidas experimentales: «Siempre que se sirva un manjar de sabor distinguido
y bien conocido se observará atentamente a los convidados, y se
considerarán indignos todos aquellos cuya fisonomía no indique
el arrobamiento.» En sus «probetas gastronómicas», B.-S., por
absurda que parezca la idea, tiene en cuenta dos factores muy
serios y muy modernos: la socialidad y el lenguaje; los manjares
que presenta para la experiencia a sus sujetos varían según la
clase social (la renta) de los sujetos en cuestión: una tajada de
ternera o huevos a punto de nieve si se es pobre, un filete de
buey o un turbó al natural si se es acomodado, codornices trufadas al tuétano, merengues a la rosa si se es rico, etc. Lo que deja
entender que el gusto se moldea gracias a la cultura, es decir, la
clase social; y además, método sorprendente, para *leer* el placer
gustativo (ya que tal es el objetivo de la experiencia), B.-S. sugiere, no que se interrogue a la mímica (probablemente universal), sino al *lenguaje*, objeto socializado si los hay: la expresión

del asentimiento cambia según la clase social del locutor: ante
sus huevos a punto de nieve el pobre dirá: «¡Diablo!», mientras
que los hortelanos a la provenzal le arrancarán al rico la frase:
Monseñor, ¡qué hombre tan admirable es vuestro cocinero!»

Estas gracias, entremezcladas con diversas intuiciones, mues-
tran perfectamente cómo se tomaba B.-S. la ciencia: de una manera seria y a la vez irónica; su proyecto de fundar una ciencia
del gusto, de arrancarle al placer culinario sus marcas habituales de futilidad, se lo toma ciertamente en serio; pero lo ejecuta
con énfasis, es decir, con ironía; es como un escritor que entreco-
millara las verdades que enuncia, no por prudencia científica,
sino por miedo a dar una imagen de ingenuidad (en ello podemos
ver que la ironía siempre es tímida).

Sexo

Dicen que hay cinco sentidos. Desde el comienzo de su libro,
B.-S. postula un sexto sentido: el *genésico*, o amor físico. Este
sentido no puede reducirse al tacto; implica un complejo aparato
de sensaciones. «Concedámosle», dice B.-S., «al genésico el lugar
sensual que no podemos rehusarle, y dejemos para nuestros sobrinos la preocupación de asignarle su rango» (como se sabe, los
sobrinos, que somos nosotros, no hemos descuidado nuestra
tarea). El propósito de B.-S. es, evidentemente, sugerir una especie de cambio metonímico entre la primera de las voluptuosi-
dades (aún censurada) y el sentido cuya defensa e ilustración él
emprende, a saber, el gusto; desde el punto de vista de la sensualidad darle como compañero de lista el placer amoroso es
enaltecer al gusto. B.-S. insiste, en cuanto tiene ocasión, sobre la
virtud afrodisíaca de ciertos alimentos: las trufas, por ejemplo, o
el pescado, del que le causa gran sorpresa (leve ironía anticleri-
cal) que sea el alimento de la cuaresma para los monjes, que han
hecho voto de castidad. Sin embargo, por más que se empeñe,
hay muy poca analogía entre la lujuria y la gastronomía; entre
los dos placeres hay una diferencia capital: el orgasmo, es decir,
el propio ritmo de la excitación y su distensión. El placer de la
mesa no conlleva ni arrobamientos ni transportes ni éxtasis (ni
agresiones); en él el goce, si lo hay, no es paroxístico: un punto
de aumento del placer, un punto de culminación, un punto de

éxtasis; no hay nada más que una duración; se diría que el único elemento crítico de la alegría gastronómica es su espera; en cuanto empieza la satisfacción el cuerpo entra en la insignificancia de la repleción (incluso aunque tome un aspecto de gravedad glotona).

Socialidad

No le costaría gran trabajo a la etnología general mostrar que la ingestión de alimentos es un acto social en todo tiempo y lugar. Se come en compañía, tal es la ley universal. Esta socialidad alimentaria puede tomar muchas formas, muchas excusas, muchos matices, según las sociedades y las épocas. Para B.-S. la colectividad gastronómica es esencialmente mundana, y su figura ritual es la conversación. La mesa, de alguna manera, es el lugar geométrico de todos los temas de conversación; es como si el placer alimentario los vivificara, los hiciera renacer; la celebración de un alimento se laiciza bajo la forma de un nuevo modo de reunión (y de participación): el conviviazgo. Añadido a la buena comida, el conviviazgo produce lo que Fourier (al que siempre encontramos cerca de B.-S.) llamaba un placer *compuesto*. El hedonismo vigilante de ambos cuñados les ha inspirado este pensamiento, que el placer debe estar *sobredeterminado*, que debe tener varias causas simultáneas, entre las que no tiene sentido distinguir cuál conlleva el goce; pues el placer compuesto no depende de una simple contabilidad de las excitaciones: figura un espacio complejo en el que el individuo ya no sabe de dónde viene ni lo que quiere, excepto gozar. El conviviazgo —tan importante en la ética de B.-S.— no es tan sólo un hecho sociológico; invita a considerar (cosa que las ciencias humanas no han hecho mucho hasta ahora) la comunicación como un goce, y no como una función.

Clases sociales

Ya hemos visto que en el juego (o la experiencia) de las probetas gastronómicas B.-S. relacionaba las diferencias de gustos con las diferencias de rentas. La originalidad no reside en reco-

nocer clases por el dinero (mediocridad, acomodo, riqueza), sino
en concebir incluso que el gusto está socializado: si hay afinidad
entre los huevos a punto de nieve y una modesta renta, no es
sólo porque el manjar es poco dispendioso, sino también, parece
ser, en razón de una formación social del gusto cuyos valores se
establecen, no en el absoluto, sino en un determinado campo.
Por tanto, siempre es gracias a la mediación de la cultura —y no
de las necesidades— como B.-S. socializa la comida. Además,
cuando pasa de las rentas a las clases profesionales (a lo que se
llamaba «estados» o «condiciones»), estableciendo que los grandes glotones de una sociedad son principalmente los financieros,
los médicos, la gente de letras y los devotos, lo que está considerando es un determinado perfil de costumbres, en resumen, una
psicología social: el gusto gastronómico parece, a sus ojos, algo
ligado por privilegio, bien a un positivismo de la profesión (financieros, médicos), bien a una aptitud particular a desplazar,
sublimar o intimizar los goces (gente de letras, devotos).

En esta sociología culinaria, por púdica que sea, sin embargo
está presente lo social puro: precisamente en la medida en que
no aparece en el discurso. En lo que no dice (en lo que oculta)
es en lo que B.-S. apunta con mayor seguridad a la condición social, en toda su desnudez: y lo que, despiadadamente, se rechaza
es la comida popular. ¿En qué consistía, principalmente, esa comida? En pan, y, en el campo, en gachas, para las que la cocinera
usaba un gramo que ella misma majaba en el mortero, lo que la
ayudaba a no someterse al monopolio de los molinos y los hor-
nos comunales; nada de azúcar, sino miel. La comida esencial del
pobre eran las patatas; se vendían cocidas en la calle (como aún
se ve en Marruecos), de la misma manera que las castañas; des-
preciada durante mucho tiempo por la gente «de cierto orden»,
que remitían su uso «a los animales y a la gente muy pobre», la
patata no debe nada de su ascenso social a Parmentier, farma-
céutico militar, que sobre todo pretendía que se sustituyera en el
pan la harina por fécula. En la época de B.-S., la patata, aunque
había empezado su redención, seguía marcada por el descrédito
que socialmente iba unido a todas las «gachas». Observad los
menús de la época: no hay más que manjares divididos, nítidos:
lo *trabado* no aparece más que en las salsas.

Tópico

B.-S. comprendió perfectamente que la comida, como tema del discurso, era una especie de pauta (de *tópico*, hubiera dicho la antigua retórica) a través de la cual se podían recorrer con éxito todas las ciencias que hoy llamamos humanas o sociales. Su libro tiene una tendencia a la enciclopedia, aunque se limite a esbozar el gesto. Dicho en otras palabras, el discurso tiene derecho a atacar la comida desde muchas pertinencias; es, en definitiva, un hecho social total, alrededor del cual pueden convocarse los metalenguajes más diversos: los de la fisiología, la química, la geografía, la historia, la economía, la sociología y la política (hoy día añadiríamos la simbólica). Este enciclopedismo —este «humanismo»— es lo que para B.-S. está bajo el nombre de *gastronomía*: «La gastronomía es el conocimiento de todo lo que tiene relación con el hombre, en cuanto que éste se alimenta.» Este comienzo científico se corresponde perfectamente con lo que fue B.-S. en su propia vida; fue esencialmente un individuo polimorfo: jurista, diplomático, músico, hombre de mundo, que conocía bien el extranjero y las provincias, para él la comida no fue una manía, sino más bien una especie de operador universal del discurso.

Quizá, para acabar, deberíamos meditar un poco sobre las fechas. B.-S. vivió de 1755 a 1826. Fue exactamente (por ejemplo) un contemporáneo de Goethe (1749-1832). Goethe y Brillat-Savarin; esos dos nombres juntos resultan enigmáticos. Es verdad que Werther no desdeñaba mandar que le cocinaran unos guisantes en mantequilla en su retiro de Wahlheim; pero, ¿le interesan las virtudes afrodisíacas de la trufa y los destellos de deseo que atraviesan el rostro de las bellas glotonas? Lo que pasa es que el siglo XIX comienza su doble viaje, positivista y romántico (y quizás este último a causa de aquél). Alrededor de 1825, año en que aparece la *Physiologie du goût*, se cuaja una doble postulación de la Historia, o al menos de la ideología, de la que no es seguro que hayamos salido aún: por una parte, una especie de rehabilitación de las alegrías terrenales, un sensualismo ligado al sentido progresista de la Historia, y por otra parte, una gigantesca explosión del dolor de estar vivo, relacionado, por su parte, con toda una nueva cultura del símbolo. La humanidad occidental establece así un doble repertorio de sus conquistas, de sus valores: por un lado, los descubrimientos químicos (fiadores de un desarrollo de la industria y una transformación social), y por otra una gran aventura simbólica: 1825, el año de B.-S., ¿no es también el año en que Schubert compone su cuarteto de *La joven y la muerte*? B.-S., que nos enseña la concomitancia de los placeres sensuales, representa también, indirectamente, como le corresponde a un buen testigo, la importancia, aún infravalorada, de las culturas y las historias *compuestas*.

En *Physiologie du goût,*
de Brillat-Savarin. © C. Hermann,
Éd. des Sciences et des Arts, 1975.

Un tema de investigación

En el pequeño tren de Balbec una dama solitaria va leyendo la *Revue des deux mondes*; es fea y vulgar; el Narrador la toma por una patrona de casa de mala fama; pero en el siguiente viaje, el pequeño clan invade el tren y le explica al Narrador que esa dama es la princesa Sherbatoff, mujer de alta cuna, la joya del salón de los Verdurin.

Esta figura que conjuga en un mismo objeto dos estados absolutamente antipáticos e invierte radicalmente una apariencia al convertirla en su contrario es frecuente en *En busca del tiempo perdido*. Citaré algunos ejemplos, entresacados a lo largo de una lectura de los primeros volúmenes: 1) de los dos primos Guermantes, el más jovial es, en realidad, el más despectivo (el duque), el más frío es el más sencillo (el príncipe); 2) Odette Swann, mujer extraordinaria para el juicio de los de su medio, pasa por una imbécil en casa de los Verdurin; 3) Norpois, que pontifica hasta el punto de convencer a los padres del Narrador de que su hijo no tiene ningún talento, se desmorona con una sola palabra de Bergotte («pero si es un viejo memo»); 4) el mismo Norpois, aristócrata monárquico, tiene encargos de misiones diplomáticas extraordinarias por parte de los gabinetes radicales, encargos «que un simple burgués reaccionario se hubiera negado a hacer y para los cuales el pasado de M. de Norpois, sus relaciones y sus opiniones deberían haberlo hecho sospechoso»; 5) Swann y Odette están a partir un piñón con el Narrador; no obstante, hubo momentos en que Swann ni siquiera se dignó contestar a la carta «tan persuasiva y tan completa» que aquél le había escrito; la portera de la casa de los Swann se convierte desde entonces en una acogedora Euménide; 6) Monsieur Verdurin habla de Cottard de dos maneras: cuando supone que su interlocutor conoce poco al profesor, lo magnifica, pero usa el procedimiento inverso y afecta un aire simplón para hablar del genio médico de Cottard cuando este genio es reconocido; 7) cuando acaba de leer en el libro de un gran sabio que la transpiración es nociva para los riñones, el Narrador se encuentra con el doctor E., que declara: «La ventaja de este tiempo caluroso, en que la transpiración es abundante, es que el riñón recibe con ello un gran alivio.» Y así sucesivamente.

Este tipo de observación es tan frecuente, se aplica a individuos, objetos, situaciones, lenguajes, tan distintos y con tal constancia, que tenemos derecho a ver en él una forma de discurso cuya propia obsesión resulta enigmática. Vamos a llamar a esta forma, aunque sea provisionalmente, la *inversión*, y vamos a prever (aunque no podamos ahora llevarlo a cabo) la posibilidad de hacer un inventario de sus apariciones, de analizar sus modos de enunciación, los resortes que la construyen, y de situar las considerables extensiones que parece que toma, a distintos niveles, en la obra de Proust. Así habremos establecido «un tema de investigación», sin dejarnos llevar, no obstante, por la más mínima ambición positivista: *En busca del tiempo perdido* es una de las grandes cosmogonías que el siglo XIX ha producido (Balzac, Wagner, Dickens, Zola), cuyo carácter, a la vez estatutario e histórico, consiste precisamente en que son espacios (galaxias) *infinitamente explorables*; lo cual traslada el trabajo crítico, que pierde toda ilusión de «resultado» hacia la simple producción de una escritura suplementaria, cuyo texto tutor (la novela proustiana), si llegáramos a escribir nuestra investigación, no sería más que un pre-texto.

*

Tenemos ahí, así pues, dos identidades de un mismo cuerpo: por un lado, la encargada de burdel, por otro, la princesa Sherbatoff, dama de honor de la gran duquesa Eudoxia. En esta configuración uno puede sentirse tentado a ver un juego trivial entre apariencia y verdad: la princesa rusa, florón del salón de los Verdurin, *no es más que* una mujer de la más baja vulgaridad. Esta interpretación sería propiamente *moralista* (la forma sintáctica *no ... más que* es constante en La Rochefoucauld, por ejemplo); así, reconoceríamos en la obra proustiana (cosa que ya ha sido hecha, en diversos lugares) un proyecto alético, una energía descifradora, una búsqueda de esencia, cuya primera tarea sería desembarazar la verdad humana de las apariencias contrarias que sobreimprimen en ella la vanidad, la mundanidad, el esnobismo. No obstante, al convertir la inversión proustiana en una simple reducción, estamos sacrificando las eflorescencias de la forma y corremos el riesgo de perdernos el texto. Estas eflorescencias (verdad del discurso y no verdad del proyecto) son las siguientes: la *temporalidad*, o, dicho con más exactitud, un efecto temporal; los dos términos de la contradicción están separados por un tiempo, una aventura: no es, literalmente, el mismo narrador el que lee encargada de burdel y gran dama rusa: están separados por dos trenes. El *colmo*: la inversión responde a una figura exacta, como si un dios —un *fatum*— presidiera maliciosamente el trayecto que lleva a la gran dama rusa a coincidir con su contrario total, geométricamente determinado; se diría que se trata de una de esas adivinanzas a las que era tan aficionado Proust, por otra parte: ¿cuál es el colmo de una encargada de burdel? Ser la dama de compañía de la gran duquesa Eudoxia (o viceversa). La *sorpresa*: la inversión de las apariencias —no digamos más, la apariencia de la verdad— proporciona siempre al Narrador un delicioso asombro: esencia de la sorpresa —volveremos sobre ello— y no esencia de la verdad, auténtico júbilo, tan completo, tan puro, tan triunfante, como lo prueba el logro de la enunciación, que semejante modo de inversión no puede provenir sino de una erótica (del discurso), como si el trazado de la inversión fuera el mismo momento en que Proust disfruta escribiendo: plantado aquí y allá a lo largo del gran *continuum* de la búsqueda, es el *extra disfrutable* del relato, del lenguaje.

*

Una vez hallado el placer, el individuo no para de repetirlo. La inversión —como forma— invade toda la estructura de *En busca del tiempo perdido*. Incluso inaugura el relato: la primera escena, de la que surgirá por medio de Swann toda la novela, se articula sobre la inversión de una desesperación (la de tener que irse a dormir sin el beso materno); incluso aquí están inscritos los caracteres de la inversión proustiana: no sólo la madre, al final *(temporalidad)* irá a besar al hijo contra toda previsión *(sorpresa)*, sino que, además *(colmo)*, de la desesperación más sombría surgirá la más resplandeciente alegría, al transformarse el Padre severo en el Padre que concede gracias («... dile a Françoise que te prepare la cama grande, y esta noche dormirás a su lado»). La inversión no se limita a las mil observaciones de detalle de las que he dado ejemplo; estructura el propio devenir de los principales personajes, que están sometidos a elevaciones y caídas «exactas»: desde el colmo de la grandeza aristocrática, Charlus, en el salón de los Verdurin, desciende al rango del pequeñoburgués; Swann, comensal de los más altos príncipes, para las tías abuelas del Narrador es un personaje insignificante y sin clase; Odette pasa de «cocotte» a Madame de Swann; Madame Verdurin acaba siendo princesa de Guermantes, etc. Una permutación incesante anima, trastueca el juego social (la obra de Proust es mucho más sociológica de lo que se suele decir: describe con exactitud la gramática de la promoción, de la movilidad de las clases), hasta el punto de que la mundanidad puede definirse por una forma: la inversión (de situaciones, opiniones, valores, sentimientos, lenguajes).

A este respecto la inversión sexual resulta ejemplar (pero no es forzosamente la base), puesto que permite leer en un mismo cuerpo la sobreimpresión de dos contrarios absolutos, el Hombre y la Mujer (contrarios, como se sabe, definidos por Proust biológicamente, y no simbólicamente): rasgo de la época, indudablemente, ya que, para rehabilitar la homosexualidad, Gide propone historias de pichones y de perros; la escena del abejorro, a lo largo de la cual el Narrador descubre a la Mujer bajo el barón de Charlus, vale teóricamente para toda lectura del juego de los contrarios; a partir de ahí, en toda la obra, la homosexualidad desarrolla lo que se podría llamar su enantiología (o discurso de la inversión); por una parte, da lugar en el mundo a mil situaciones paradójicas, contrasentidos, equivocaciones, sorpresas, colmos y malicias, que la *Busca* anota escrupulosamente; y, por otra parte, en cuanto inversión ejemplar, está animada por un movimiento de irresistible expansión; a través de una amplia curva que ocupa toda la obra, curva paciente pero infalible, la población de la *Busca,* heterosexual al comienzo, se encuentra al final en la posición exactamente inversa, es decir, homosexual (así Saint-Loup, el duque de Guermantes, etc): hay una pandemia de la inversión, del trastrueque.

El trastrueque es una ley. Todo rasgo está obligado a darse vuelta, con un movimiento de rotación implacable: provisto de un lenguaje aristocrático, en un determinado momento, Swann no puede sino invertirlo en lenguaje burgués. Esta norma es tan legal que vuelve inútil, dice Proust, la observación de las costumbres; se pueden *deducir* perfectamente de la ley de la inversión. La lectura del trastrueque vale, así pues, como saber. Sin embargo, atención: es un saber que no pone los contenidos al desnudo, o al menos no se detiene ahí: lo notable (legal) no es que la gran dama rusa sea vulgar o que Monsieur Verdurin adapte su presentación de Cottard al interlocutor, lo notable es la forma de esa lectura, la lógica de inversión que estructura el mundo, es decir, la mundanidad; esta misma inversión no tiene sentido, no puede detenerse, uno cualquiera de los términos permutados no es más «verdadero» que el otro: Cottard no es ni «grande» ni «pequeño»: su verdad, si es que hay alguna, es una verdad de discurso, que se extiende a toda la oscilación que la palabra del otro (en este caso, M. Verdurin) le hace sufrir. Proust sustituye la sintaxis clásica, que nos diría que la princesa Sherbatoff *no es más que* una encargada de casa pública, por una sintaxis concomitante: la princesa es también una «madame» de burdel; sintaxis nueva, que habría que llamar metafórica, ya que la metáfora, al contrario de lo que la retórica ha pensado siempre, es un trabajo sobre el lenguaje privado de toda vectorización: no va de un término al otro sino de una manera circular e infinita. Comprendemos entonces por qué el *ethos* de la inversión proustiana es la sorpresa; es la admiración ante una *vuelta,* una *reunión,* un *reencuentro* (y una reducción): enunciar los contrarios es, finalmente, reunirlos en la unidad misma del texto, del viaje de la escritura. No tiene por qué asombrarnos, entonces, que la gran oposición que al principio parece ritmar los paseos de Combray y las divisiones de la novela *(Por el camino de Swann / El mundo de Guermantes)* sea, si no falaz (no nos movemos en el orden de la verdad), al menos revocable: como sabemos, el Narrador descubre un día con estupefacción (la misma que experimenta cuan-

do constata que el barón de Charlus es una mujer, la princesa
Sherbatoff una encargada de burdel, etc.) que los dos caminos
que divergen desde la casa familiar se juntan, y que el mundo de
Swann y el mundo de Guermantes, a través de mil anastomosis,
acaban por coincidir en la persona de Gilberte, hija de Swann y
esposa de Saint-Loup.

En la *Busca* hay sin embargo un momento en que la forma invertidora ya no funciona. ¿Qué es lo que la bloquea? Nada menos
que la Muerte. Sabemos que todos los personajes de Proust se
reencuentran en el último volumen de la obra *(El tiempo recobrado)*; pero, ¿en qué estado? En absoluto invertidos (como bien
habría permitido el largo lapso de tiempo al cabo del cual se
encuentran reunidos en la matinal de la princesa de Guermantes),
sino, por el contrario, *prolongados, paralizados* (aún más que envejecidos), *preservados*, y, nos gustaría poder decirlo, «*perseverados*». En la vida prorrogada la inversión no prende: el relato no
puede hacer más que terminar (el libro no puede hacer más que
empezar).

1971, *Paragone.*

«Mucho tiempo he estado acostándome temprano»

Algunas personas habrán reconocido la frase con la que he titulado esta conferencia: «Mucho tiempo he estado acostándome temprano. A veces, apenas había apagado la bujía, cerrábanse mis ojos tan presto, que ni tiempo tenía para decirme: "Ya me duermo". Y media hora después despertábame la idea de que ya era hora de ir a buscar el sueño...»: es el comienzo de *En busca del tiempo perdido*. ¿O sea que les estoy proponiendo una conferencia «sobre» Proust? Sí y no. Si les parece, algo así como: Proust y yo. ¡Qué pretensiones las mías! Nietzsche ironizaba sobre el empleo de la conjunción «y»: «Schopenhauer y Hartmann», decía burlándose. «Proust y yo» aún es más fuerte. Me gustaría sugerir que, paradójicamente, las pretensiones se rebajan desde el momento en que soy yo quien habla, y no un testigo cualquiera: puesto que al colocar a Proust y a mí sobre un mismo renglón no quiero decir en absoluto que me esté comparando al gran escritor, sino que, de manera totalmente distinta, *me estoy identificando con él*: confusión práctica y no de valores. Me explicaré: en la literatura figurativa, en la novela, por ejemplo, me parece que uno se identifica más o menos (o sea, a ratos) con uno de los personajes representados; esta proyección me parece a mí que es el mismo motor de la literatura; pero, en ciertos casos marginales, en la medida en que el lector es un individuo que, a su vez, quiere escribir una obra, ya no se identifica tan sólo con tal o cual personaje ficticio, sino también y sobre todo, con el propio autor del libro leído, en cuanto que ha querido escribir ese libro y lo ha conseguido; ahora bien, Proust es el punto privilegiado para esta particular identificación, en la medida en que la *Busca* es el relato de un deseo de escribir: yo no me identifico con el prestigioso autor de una obra monumental, sino con el obrero, ora atormentado, ora exaltado, siempre modesto, que ha querido emprender una tarea a la que, desde el origen de su proyecto, ha conferido un valor absoluto.

1

Así que, lo primero de todo, Proust.

En busca del tiempo perdido ha sido precedida por numerosos escritos: un libro, traducciones, artículos. Parece ser que la gran obra no se puso en marcha verdaderamente hasta el verano de 1909; desde entonces sabemos que una carrera obstinada contra la muerte amenaza con dejar inacabado el libro. Según parece, durante ese año de 1909 (a pesar de que es una empresa vana querer fechar con precisión el punto de partida de una obra) hubo un período crucial de dudas. Efectivamente, Proust se encontró en la encrucijada entre dos vías, dos géneros, dos «caminos», que aún no sabe que pueden llegar a unirse, como tampoco sabe el Narrador durante mucho tiempo, hasta que se casan Gilberte y Saint-Loup, que el camino que va a casa de Swann está tocando al camino de Guermantes: el camino del Ensayo (de la Crítica) y el camino de la Novela. Cuando muere su madre, en 1905, Proust pasa por un período de anonadamiento, pero también de agitación estéril; tiene ganas de escribir, de hacer una obra, pero ¿cuál? o, más bien, ¿con qué forma? En diciembre de 1908, Proust escribe a Madame de Noailles: «A pesar de lo enfermo que estoy, querría escribir sobre Sainte-Beuve [encarnación de los valores estéticos que él aborrece]. El asunto está tomando forma en mi espíritu de dos maneras diferentes, y tengo que escoger entre ellas. Ahora bien, me encuentro sin voluntad y sin clarividencia.»

Quiero señalar que la duda de Proust, a la que, como es normal, da una forma psicológica, se corresponde con una alternancia estructural: los dos «caminos» entre los que duda son los dos términos de una oposición sacada a la luz por Jakobson: la de la

Metáfora y la Metonimia. La metáfora está bajo todo discurso
que se plantee la pregunta: «¿Qué es tal cosa? ¿Qué quiere decir?»; la pregunta propia de todo Ensayo. La metonimia, por el
contrario, plantea otra pregunta: «¿Qué puede venir después de
lo que estoy enunciando? ¿Qué puede engendrar el episodio que
estoy contando?»; ésta es la pregunta de la Novela. Jakobson re-
cordaba la experiencia llevada a cabo con los niños de una clase,
a los que se pedía que reaccionaran ante la palabra «choza»; unos
respondían que la choza era una cabaña pequeña (metáfora),
otros que se había quemado (metonimia); Proust es un individuo tan dividido como la pequeña clase de la que habla Jakobson; sabe que cada incidente de la vida puede dar lugar a un comentario (una interpretación) o a una fabulación que proporcio-
ne su *antes* o su *después* narrativo: interpretar es entrar en la
vía de la Crítica, discutir su teoría, tomando partido contra Sainte-Beuve; enlazar los incidentes, las impresiones, desarrollarlos,
es, por el contrario, tejer paulatinamente un relato, por laxo
que sea.

La indecisión de Proust es muy profunda, en la medida en
que Proust no es un novicio (en 1909 tiene treinta y ocho años);
ya ha escrito, y lo que ha escrito (especialmente en lo que se refiere a algunos fragmentos) responde a menudo a una forma
mixta, incierta, dubitante, novelesca a la par que intelectual; por
ejemplo, para exponer sus ideas sobre Sainte-Beuve (dominio
del Ensayo, de la Metáfora), Proust escribe un diálogo ficticio
entre su madre y él mismo (dominio del Relato, de la Metonimia). Esta indecisión no sólo es profunda, sino que quizás es voluntaria: a Proust le han gustado, y los ha admirado, escritores
de los que constata que han practicado, también, una cierta indecisión de géneros: Nerval y Baudelaire.

Hay que restituirle su patetismo a esta lucha. Proust busca
una forma que recoja el sufrimiento (que acaba de conocer, de
manera absoluta, con la muerte de su madre) y lo trascienda;
ahora bien, la «inteligencia» (palabra «proustiana»), cuyo proceso
ha llevado a cabo Proust al comienzo de *Contre Sainte-Beauve*,
si seguimos la tradición romántica, es una capacidad que daña o
reseca el afecto; el propio Novalis presentaba la poesía como «la
que cura las heridas del entendimiento»; también la Novela puede hacerlo, pero no una novela cualquiera: una novela que no
esté hecha de acuerdo con las ideas de Sainte-Beuve.

Ignoramos qué determinación sacó a Proust de tal duda y por qué (si es que pudiera haber una causa circunstancial), después de haber renunciado a *Contre Sainte-Beuve* (que, por otra parte, *Le Figaro* había rechazado en agosto de 1909), se mete a fondo a escribir la *Busca*; pero sí conocemos la forma que escogió: la misma que tiene *En busca del tiempo perdido*: ¿novela?, ¿ensayo? Ninguna de las dos cosas o las dos cosas a la vez: algo que yo llamaría *una tercera forma*. Vamos a interrogar, por unos momentos, a este tercer género.

Si he encabezado estas reflexiones con la primera frase de la *Busca* es porque da entrada a un episodio de una cincuentena de páginas que, como el *mandala* tibetano, recoge bajo su visión a toda la obra proustiana. ¿De qué habla ese episodio? Del sueño. El sueño proustiano tiene un valor fundador: organiza la originalidad (lo «típico») de la *Busca* (pero esta organización, como vamos a ver, es, de hecho, una desorganización).

Naturalmente, hay un sueño bueno y un sueño malo. El sueño bueno es el que se abre, se inaugura, se permite y consagra con el beso vespertino de la madre; es el sueño recto, conforme a la naturaleza (dormir de noche, actuar de día). El sueño malo es el sueño lejos de la madre: el hijo duerme durante el día, mientras la madre vela; no se ven más que en el breve momento en que se cruzan el tiempo recto y el tiempo invertido: el despertarse de la una, y el acostarse del otro; en cuanto a este sueño malo (con veronal), no bastará con toda la obra para justificarlo, para purgarlo, ya que la *Busca* se va a escribir, noche tras noche, al precio doloroso de esta inversión.

¿En qué consiste este sueño bueno (de la infancia)? En un «duermevela». («He intentado envolver mi primer capítulo en las impresiones del duermevela.») Aunque Proust hable, en cierto momento, de las «profundidades de nuestro inconsciente», ese sueño no tiene nada de freudiano; no es onírico (hay pocos sueños auténticos en la obra de Proust); más bien está constituido por las profundidades del consciente, *en cuanto desorden*. Hay una paradoja que lo define muy bien: es un sueño que puede escribirse, porque es una conciencia de sueño; todo el episodio (y por lo tanto, creo yo, toda la obra que de él surge) se sostiene suspendido de una especie de escándalo gramatical: en efecto, decir: «estoy dormido», literalmente, es tan imposible como decir «estoy muerto»; la escritura es precisamente esa actividad que trabaja sobre la lengua —sobre las imposibilidades de la lengua— en beneficio del discurso.

¿Para qué sirve este sueño (o este duermevela)? Da entrada a una «falsa conciencia», o, más bien, para evitar el estereotipo, a una conciencia falsa: una conciencia sin reglas, vacilante, interminente; se ataca el caparazón lógico del Tiempo; ya no hay crono-logía (separando las dos partes de la palabra): «Cuando un hombre está durmiendo [entendamos: con este sueño proustiano, que es un duermevela] tiene en torno suyo, como un aro, el hilo de las horas, el orden de los años y de los mundos... pero estas ordenaciones pueden *confundirse* y *quebrarse* [lo subrayo].» El sueño funda otra lógica, una lógica de la Vacilación, de la Descompartimentación, y esta nueva lógica es la que descubre Proust en el episodio de la magdalena, o más bien del bizcocho, tal como se explica en *Contre Sainte-Beuve* (es decir, antes de la *Busca*): «Me quedé inmóvil... y de repente cedieron los tabiques derrumbados de mi memoria.» Naturalmente, semejante revolución lógica no puede por menos de suscitar reacciones estúpidas: Humblot, lector de las ediciones Ollendorf, declara al recibir el manuscrito de *Por el camino de Swann*: «No sé si es que soy muy duro de mollera, pero no comprendo qué interés puede haber en leer treinta páginas *(precisamente nuestro mandala)* sobre la manera en que un señor da vueltas en la cama antes de dormirse.» Sin embargo, el interés es básico; abre las compuertas del *Tiempo*: una vez derrumbada la crono-logía, fragmentos, intelectuales o narrativos, formarán una secuencia que se sustrae a la ley ancestral del Relato o del Razonamiento, y esta secuencia producirá sin esfuerzo la *tercera forma*, que no es ni Ensayo ni Novela. La estructura de esta obra será *rapsódica*, hablando con propiedad, es decir, *cosida* (etimológicamente); por otra parte, se trata de una metáfora proustiana: se confecciona la obra como un vestido; el texto rapsódico implica un arte original, como lo es el de la costurera: piezas y pedazos se someten a entrecruzamientos, arreglos, concordancias: un vestido no es un *patchwork*, de la misma manera que tampoco la *Busca* lo es.

Surgida del sueño, la obra (la *tercera forma*) se apoya en un principio provocativo: la desorganización del Tiempo (de la cronología). Ahora bien, se trata de un principio muy moderno. Bachelard llama *ritmo* a esa forma que tiene como objetivo «desembarazar al alma de las falsas permanencias de las dura-

ciones mal hechas», y esta definición puede aplicarse perfectamente a la *Busca*, que dedica todo su esfuerzo, suntuoso, a sus-
traer el tiempo rememorado de la falsa permanencia de la biografía. De manera más lapidaria, Nietzsche dice que «hay que hacer añicos el universo, perderle el respeto al todo», y John Cage,
profetizando sobre la obra musical, anuncia: «De todas maneras, el conjunto construirá una desorganización». Esta vacilación no es una anarquía aleatoria de asociaciones de ideas: «Veo»,
dice Proust con cierta ironía, «a los lectores imaginándose que
estoy escribiendo, fiándome de arbitrarias y fortuitas asociaciones de ideas, la historia de mi vida.» De hecho, si volvemos a la
frase de Bachelard, se trata de un *ritmo*, y enormemente complejo: «sistemas de instantes» (otra vez Bachelard) se suceden,
pero también se responden unos a otros. Pues lo que el principio de vacilación está desorganizando no es la inteligibilidad del
Tiempo, sino la lógica ilusoria de la biografía, en tanto que sigue
tradicionalmente el orden puramente matemático de los años.

Esta desorganización de la biografía no es su destrucción. Son
numerosos los elementos de la vida personal que se conservan,
de forma localizable, en la obra, pero esos elementos están, en
cierto modo, *deportados*. Voy a señalar dos de esas deportacio-
nes, en la medida en que no se refieren a detalles (las biografías
de Proust están llenas de ellos) sino a grandes opciones crea-
tivas.

La primera deportación es la de la persona enunciadora (en
el sentido gramatical de la palabra «persona»). La obra proustiana pone en escena —o en escritura— un «yo» (el Narrador);
pero este «yo», por decirlo así, ya no es completamente un «mí-
mismo» (sujeto y objeto de la autobiografía tradicional): «yo» no
es el que se acuerda, se confía, se confiesa, sino el que enuncia;
lo que ese «yo» pone en escena es un «mí-mismo de escritura»
cuyas relaciones con el «yo» civil son inciertas, desplazadas. El
mismo Proust lo ha explicado perfectamente: el método de Sainte-Beuve desconoce que «un libro es el producto de un "yo" distinto al que manifestamos en nuestras costumbres, en la sociedad, en nuestros vicios». El resultado de esta dialéctica es que es
inútil preguntarse si el Narrador de la *Busca* es Proust (en el
sentido civil del patronímico): es simplemente *otro* Proust, a
menudo desconocido para él mismo.

La segunda deportación es más flagrante (más fácil de definir):

en la *Busca* hay mucho de «relato» (no se trata de un ensayo), pero no es el relato de una vida que el Narrador toma desde el nacimiento y sigue año tras año hasta el momento en que toma la pluma para narrarla. Lo que cuenta Proust, lo que pone en forma de relato (insistimos) no es su vida, sino *su deseo de escribir*: el Tiempo pesa sobre ese deseo, lo mantiene dentro de una cronología; este deseo (los campanarios de Martinville, la frase de Bergotte) encuentra pruebas, factores de desánimo (el veredicto de Monsieur de Norpois, el prestigio inigualable del *Diario* de los Goncourt), para acabar triunfando, cuando el Narrador, al llegar a la matinal de los Guermantes, descubre *lo que debe escribir*: el Tiempo recobrado, y a la vez obtiene la seguridad de que va a escribir la *Busca* (que sin embargo ya está escrita).

Como vemos, lo que sucede en la obra sí que es la vida del autor, pero una vida *desorientada*. Painter, el biógrafo de Proust, ha visto perfectamente que la *Busca* está constituida por lo que ha llamado una «biografía simbólica», o, mejor, «una historia simbólica de la vida de Proust»: Proust ha entendido (y ahí reside su genio) que no tenía que «contar» su vida, sino que su vida tenía la significación de una obra de arte: «La vida de un hombre de cierto valor es una continua alegoría», ha dicho Keats, según la cita de Painter. La posteridad cada vez le da más la razón a Proust: su obra no se lee tan sólo como un monumento de la literatura universal, sino como la expresión apasionante de un tema absolutamente personal que reaparece sin cesar en su propia vida, no como en un *curriculum vitae*, sino como en una constelación de circunstancias y figuras. Nos encontramos cada vez más enamorados, no de «Proust» (nombre civil de un autor fichado en las Historias de la literatura), sino de «Marcel», un ser singular, niño y adulto a la vez, *puer senilis*, apasionado y sensato, presa de manías excéntricas y espacio de una reflexión soberana sobre el mundo, el amor, el arte, el tiempo, la muerte. Yo he propuesto que a este especialísimo interés que los lectores adquieren por la vida de Marcel Proust (el álbum de fotos de su vida, de la colección de la Pléiade, se agotó hace mucho) se le llame «marcelismo», para distinguirlo del «proustismo», que no sería más que la afición a una obra o una manía literaria.

Si de la obra-vida de Proust he entresacado el tema de una novela lógica que permite —o en todo caso a Proust se lo ha

permitido— abolir la contradicción entre la Novela y el Ensayo,
es porque es un tema que me concierne personalmente. ¿Por qué?
Eso es lo que quiero explicar ahora. Así que voy a hablar de «mí».
Hay que entender este «mí» en todo su peso: no es el sustituto
aséptico de un lector general (toda sustitución es una asepsia);
no es nadie más que aquel que no puede, ni para bien ni para
mal, ser sustituido. Es el *íntimo* que quiere hablar en mí, hacer
oír su grito, frente a la generalidad, a la ciencia.

2

Dante (otro comienzo célebre, otra referencia aplastante) empieza así su obra: «*Nel mezzo del camin di nostra vita...*» En
1300, Dante tenía treinta y cinco años (murió veintiún años después). Yo tengo muchos más, y lo que me queda por vivir nunca
será la mitad de lo que ya he vivido. Pues «la mitad de nuestra
vida» no es, evidentemente, un punto aritmético: ¿cómo podría,
en el momento en que estoy hablando, conocer la duración total
de mi existencia, hasta el punto de poderla dividir en dos partes
iguales? Es un punto semántico, el instante, quizá tardío, en que
en mi vida aparece la llamada de un sentido nuevo, el deseo de
una mutación: cambiar de vida, romper e inaugurar, someterme
a una iniciación, como Dante al sumirse en la *selva oscura*, guiado por un gran iniciador, Virgilio (y para mí, al menos durante
esta conferencia, el iniciador es Proust). La edad, tengo que recordarlo —realmente hay que recordarlo, hasta tal punto vivimos
con indiferencia la edad del otro—, la edad no es sino en parte
un dato cronológico, un rosario de años; hay clases, *casos* de
edad: recorremos la vida de esclusa en esclusa; en determinados
puntos del recorrido hay umbrales, desniveles, sacudidas; la edad
no es progresiva, sino mutativa: contemplar la propia edad,
cuando esta edad es una cierta edad, no es una coquetería ni debe arrancar protestas benévolas; es más bien una tarea activa:
¿cuáles son las fuerzas reales que mi edad implica y quiere mo-
vilizar? Esta es la cuestión, recientemente surgida, que, según me
parece, ha convertido el momento presente en «la mitad del camino de mi vida».
    ¿Y por qué hoy?
    Llega un momento (es un problema de conciencia) en que

«los días están contados»: se comienza una cuenta atrás borrosa
y sin embargo irreversible. *Sabíamos* que eramos mortales (todo
el mundo nos lo ha dicho, desde que tenemos orejas para oírlo);
de repente, *nos sentimos* mortales (no es un sentimiento natural;
lo natural es creerse inmortal; de ahí tantos accidentes por im-
prudencia). Esta evidencia, una vez que se ha vivido, arrastra una
alteración del paisaje: imperiosamente necesito situar mi trabajo en una casilla de contornos indecisos, pero que yo sé (conciencia nueva) que están *acabados*: es la última casilla. O, más
bien, como la casilla está terminada, como no hay un «fuera» de
la casilla, el trabajo que voy a situar en ella adquiere una especie
de solemnidad. Como Proust enfermo, amenazado por la muerte
(o creyéndolo así), topamos con las palabras de San Juan citadas,
de manera aproximada en *Contre Sainte-Beuve*: «Trabajad mientras aún tenéis luz.»

Y también llega un día, un momento (el mismo), en el que lo
que se ha hecho, trabajado, escrito, aparece como abocado a la
repetición: ¡Cómo! ¡Voy a estar, siempre, hasta mi muerte, escribiendo artículos, dando cursos, conferencias, sobre «temas»
que serán la única variación, pequeñísima! (Lo que más me molesta es el «sobre».) Es un sentimiento cruel; pues me remite a la
cancelación de todo lo Nuevo, o incluso de la Aventura (lo que
me «adviene»); veo mi porvenir, hasta la muerte, como un
«tren»: cuando haya acabado este texto, esta conferencia, ¿ya no
tendré nada más que hacer sino empezar otro, otra? No, Sísifo
no es feliz: está alienado, no por el esfuerzo de su trabajo, ni
siquiera por su inutilidad, sino por su repetición.

Al fin puede sobrevenir un acontecimiento (y no tan sólo una
conciencia) que marque, incida, articule ese ensamblaje progre-
sivo del trabajo y determine esta mutación, este profundo cambio que he llamado «mitad de la vida». Rancé, caballero sedicio-
so, dandy mundano, al volver de un viaje descubre el cadáver de
su amante, decapitada accidentalmente: se retira del mundo y
funda la Trapa. Para Proust el «camino de su vida» fue ciertamente la muerte de su madre (1905), incluso aunque la mutación
de existencia, la inauguración de la nueva obra, no tuviera lugar
hasta unos años más tarde. Un luto cruel, un luto único y como
irreductible, podría constituir para mí esa «cima de lo particular» de la que hablaba Proust; aunque tardío, el luto será para
mí la mitad de mi vida, pues «la mitad de la vida» nunca puede

ser otra cosa que ese momento en que se descubre que la muerte es real, y no sólo temible.

Andando este camino, de repente se produce esta evidencia: por una parte, no tengo tiempo para intentar varias vidas: tengo que elegir mi última vida, mi vida nueva, «*Vita Nova*» decía Michelet cuando se casó a los cincuenta y un años con una joven de veinte, y se dispuso a escribir nuevos libros de historia natural; y, por otra parte, debo salir de este estado tenebroso (la teología medieval lo llamaba *acedia*) al que el desgaste del trabajo repetitivo y el luto me llevan. Ahora bien, para el que escribe, para el que ha elegido escribir, me parece que no puede haber otra «vida nueva» que el descubrimiento de una nueva práctica de la escritura. Cambiar de doctrina, de teoría, de filosofía, de método, de creencia, aunque parezca espectacular, es muy trivial, de hecho: es tan fácil como respirar; uno se implica, se desimplica, se reimplica: las conversiones intelectuales son la propia pulsión de la inteligencia, desde el momento en que ésta está atenta a las sorpresas del mundo; pero la investigación, el descubrimiento, la práctica de una forma nueva es algo que sí creo que está a la altura de esta *Vita Nova* cuyas determinaciones ya he explicado.

Y es aquí, en esta mitad de mi camino, en esta cima de mi particularidad, donde he topado con estas dos lecturas (a decir verdad, repetidas tan a menudo que no puedo fecharlas). La primera es la de una gran novela, de las que ¡ay! ya no se escriben: *Guerra y Paz* de Tolstoi. No estoy hablando de una obra sino de un trastorno; para mí ese trastorno alcanza su cima con la muerte del anciano príncipe Bolkonski, con las últimas palabras que dirige a su hija María, con la explosión de ternura que, bajo la instancia de la muerte, desgarra a esos dos seres que se amaban sin haber jamás sostenido el discurso (la palabrería) del amor. La segunda lectura es la de un episodio de la *Busca* (aquí esta obra interviene a muy diverso título que al comienzo de mi conferencia: ahora estoy identificándome con el Narrador, no con el escritor), que es la muerte de la abuela; es un relato de una absoluta pureza; quiero decir que el dolor es puro en él, en la medida en que no está comentado (al contrario de otros episodios de la *Busca*) y en el que la atrocidad de la muerte que se acerca, y que va a separarlos para siempre, tan sólo se expresa por medio de objetos e incidentes indirectos: la parada en el pabellón de los Campos Elíseos, la pobre cabeza que se balancea bajo el peine de Françoise.

De ambas lecturas, de la emoción que siempre reavivan en mí, saqué dos lecciones. En primer lugar, constaté que recibía (no encuentro otra expresión) estos episodios como «momentos de verdad»: de repente la literatura (pues de eso se trata) coincidía absolutamente con un desgarramiento emotivo, un «grito»; en el propio cuerpo del lector que vive, como recuerdo o como previsión, la separación del ser amado, se instala una trascendencia: ¿qué Lucifer ha creado *al mismo tiempo* el amor y la muerte? El «momento de verdad» no tiene nada que ver con el «realismo» (por otra parte está ausente de todas las teorías de la novela). El «momento de verdad», suponiendo que aceptemos convertirlo en una noción analítica, implicaría un reconocimiento del *pathos*, en el sentido simple, no peyorativo, del término, y a la ciencia literaria, cosa extraña, le cuesta reconocer el *pathos* como fuerza de lectura; sin duda, Nietzsche podría ayudarnos a fundar esa noción, pero aún estamos lejos de una teoría o una historia patética de la Novela; pues haría falta, para esbozarla, que aceptáramos desmenuzar la «totalidad» del universo novelesco, que no colocáramos ya la esencia del libro en su estructura sino, por el contrario, reconociéramos que la obra emociona, vive, germina, gracias a una especie de «desmoronamiento» que no deja en pie más que ciertos momentos, que son, hablando con propiedad, las cimas, la lectura viva, interesada, que, en cierto modo, no sigue sino la línea de una cresta: los momentos de verdad son como los puntos de *plusvalía* de la anécdota.

La segunda lección, o, debería decir, el segundo ánimo que saqué de este ardiente contacto con la Novela, es que hay que aceptar que la obra por hacer (ya que me estoy definiendo como «el que quiere escribir») representa activamente, *sin decirlo*, un sentimiento del que estaba seguro, pero al que me costaba mucho trabajo dar un nombre, pues no era capaz de salir de un círculo de palabras gastadas, dudosas a fuerza de haber sido empleadas sin rigor. Lo que puedo decir, lo que no puedo dejar de decir, es que este sentimiento que debe animar la obra pertenece al lado del amor: ¿qué es? ¿bondad? ¿generosidad? ¿caridad? Quizá simplemente porque Rousseau le ha dado la dignidad de un «filosofema» lo llamaré la piedad (o la compasión).

Me gustaría algún día desarrollar esa capacidad de la Novela

—poder amante o amoroso (ciertos místicos no disociaban el *Agapé* del *Eros*)— ya sea a lo largo de un ensayo (puesto que he hablado de una Historia patética de la Literatura), ya sea a lo largo de una Novela, entendiendo que llamo así, por comodidad, a cualquier Forma que sea nueva en relación a mi práctica anterior, a mi discurso anterior. No puedo someter de antemano esta forma a las reglas estructurales de la Novela. Tan sólo puedo pedirle que cumpla, ante mis ojos, tres misiones. La primera sería permitirme expresar a los que amo (Sade, sí, Sade decía que la novela consiste en pintar lo que se ama), y sin decirles que los amo (lo cual sería un proyecto exactamente lírico); espero de la novela una especie de trascendencia del egotismo, en la medida en que expresar a los que amo es testimoniar que no han vivido (y a menudo sufrido) «en balde»: dichas por medio de la escritura soberana, la enfermedad de la madre de Proust, la muerte del anciano príncipe Bolkonski, el dolor de su hija María (personas de la misma familia de Tolstoi), la desgracia de Madeleine Gide (en *Et nunc manet in te*) no pueden hundirse en la nada de la Historia: esas vidas, esos sufrimientos quedan recogidos, justificados (así hay que entender el tema de la Resurrección en la Historia de Michelet). La segunda misión que confiaría a esa novela (fantasmeada, y probablemente imposible) sería que me permitiera la representación de un orden afectivo, plena pero indirectamente. Estoy leyendo por todos lados que «ocultar la ternura» (bajo los juegos de la escritura) denota una sensibilidad muy «moderna»; pero, ¿por qué ¿Será más «auténtica», tendrá más valor porque se afecta ocultarla? Hoy día hay toda una moral que desprecia y condena la expresión del *pathos* (en ese sentido simple que he dicho), ya sea en beneficio de lo racional político, ya sea en ese beneficio de lo pulsional, de lo sexual; la Novela, tal como yo la leo o la deseo, es esa Forma precisamente que, al delegar en personajes los discursos del afecto, permite decir abiertamente este afecto: lo patético en ella es enunciable, porque la Novela, al ser representación y no expresión nunca puede ser para el que la escribe un discurso de la mala fe. Por último, y quizá sobre todo, la Novela (sigo entendiendo por Novela esa forma incierta, poco canónica en la medida en que no la concibo, sino tan sólo la rememoro o la deseo), como su escritura es mediata (no presenta las ideas, los sentimientos, más que a través de intermediarios), la Novela, pues, no ejerce presión so-

bre el otro (el lector); su instancia es la verdad de los afectos, no
la de las ideas: nunca es, por lo tanto, arrogante, terrorista: de
acuerdo con la tipología nietzscheana, está del lado del Arte, no
del Sacerdocio.

¿Es que todo esto quiere decir que voy a escribir una novela?
No lo sé. No sé si será posible llamar «novela» a la obra que
deseo y de la que espero que rompa con la naturaleza uniforme-
mente intelectual de mis anteriores escritos (aunque son muchos los elementos novelescos que alteran su rigor). Me conviene hacer *como si* tuviera que escribir esa Novela utópica. Y por
fin, aquí, estoy encontrando el método. Me pongo, efectivamente,
en la posición del que *hace* una cosa, y no del que habla *sobre*
una cosa: no estudio un producto, endoso una producción; anulo
el discurso sobre el discurso; el mundo ya no se me acerca bajo
la forma de un objeto, sino bajo la de una escritura, es decir,
una práctica: paso a otro tipo de saber (el del Aficionado) y en
eso es en lo que estoy siendo metódico. «Como si»: ¿no es acaso
esta fórmula la propia expresión de un discurrir científico, como
se ve en matemáticas? Hago una hipótesis y exploro, descubro
la riqueza de lo que de ella se de⁀iva; postulo una novela por
hacer, y así, de esa manera, puedo esperar aprender más sobre
la novela que considerándola solamente como un objeto ya hecho por los otros. Quizás es finalmente en el corazón de esta
«cima de mi particularidad» donde soy científico sin saberlo, con-
fusamente inclinado hacia esa *Scienza Nuova* de la que hablaba
Vico: ¿no debería ésta expresar el brillo y a la vez el sufrimiento
del mundo, lo que en él me seduce y me indigna?

Conferencia en el Collège de France,
1978. Este texto se ha publicado en una
edición no comercial en la serie «Iné-
dits du Collège de France», núm. 3,
1982.

Prefacio para Tricks de Renaud Camus

—¿Por qué ha aceptado usted prologar este libro de Renaud Camus?

—Porque Renaud Camus es un escritor, su texto es literatura y, como no puede decirlo él mismo, alguien ha de decirlo en su lugar.

—Pero si es un texto literario eso debería verse sin ayuda de nadie.

—Se ve, o se oye, en el primer giro de la primera frase, en la manera inmediata de decir «yo», de llevar adelante el relato. Pero como es un libro que parece hablar, y crudamente, de sexo y de homosexualidad, es posible que algunos se olviden de que es literatura.

—Parece como si usted pensara que, al afirmar la naturaleza literaria de un texto, eso le pagara los derechos de aduana, lo sublimara, lo purificara, le concediera una especie de dignidad que, por lo que se ve, el sexo no tiene a sus ojos.

—En absoluto: la literatura está en el texto para añadir un suplemento de goce, no de decencia.

—Muy bien, adelante; pero sea breve.

La homosexualidad ya sorprende menos, pero sigue interesando; todavía se encuentra en ese estadio de excitación en el que provoca lo que podrían llamarse proezas del discurso. Hablar de ella permite a «los que no lo son» (expresión que ya apuntaba

Proust) mostrarse abiertos, liberales, modernos; y a «los que lo
son», dar testimonio, reivindicar, militar. En diferente sentido,
pero cada cual pone su empeño en darle importancia.

No obstante, proclamarse lo que sea es, siempre, hablar bajo
la instancia de un Otro vengador, entrar en su discurso, discutir
con él, pedirle una parcela de identidad: «*Usted es... Sí, yo soy...*»
En el fondo, el atributo es lo de menos; lo que la sociedad no toleraría es que uno no sea... nada, o, para ser más precisos, que
el *algo* que uno es se considere abiertamente como pasajero, revocable, insignificante, inesencial, en una palabra: impertinente.
Con sólo decir «*Yo soy*» uno está socialmente salvado.

El rechazo de la conminación social se puede hacer por medio de esa forma del silencio que consiste en decir las cosas *con
sencillez*. Decir *con sencillez* denota un arte superior: la escritura. Fijémonos en las producciones espontáneas, los testimonios
hablados, y después transcritos, de los que la prensa y las edito-
riales hacen cada vez mayor uso. Aparte del interés «humano»
que puedan tener, hay algo en ellos que suena a falso (al menos
para mis oídos): quizá, paradójicamente, un exceso de estilo
(resultar «espontáneo», resultar «vivo», como «hablado»). Se
produce entonces un entrecruzamiento: el escrito verídico parece fabulador; para que parezca auténtico tiene que convertirse
en texto, pasar por los artificios culturales de la escritura. El
testimonio se arrebata, toma como testigos a la naturaleza, los
hombres, la justicia; el texto camina lenta, silenciosa, obstinadamente... y llega antes. La realidad es ficción, la escritura es verdad: tales son las añagazas del lenguaje.

Los *Tricks* de Renaud Camus son *sencillos*. Lo cual quiere
decir que, hablando de la homosexualidad, nunca están tratando
sobre ella: no la invocan en ningún momento (en esto residiría
la sencillez: no invocar nunca, no permitir que en el lenguaje
afloren los Nombres, fuente de disputas, arrogancias y morali-
dades).

Nuestra épica tiende a interpretar, pero los relatos de Renaud
Camus son neutros, no entran en el juego de la Interpretación.
Son como una especie de planos, sin sombra y como sin *segundas
intenciones*. Y, lo diremos una vez más, tan sólo la escritura permite esa pureza, ese amanecer de la enunciación, desconocido de
la palabra, que siempre es una retorcida trenza de intenciones
ocultas. Si no fuera por su tamaño y su tema, estos *Tricks* harían

pensar en los jaikus: pues el jaiku une el ascetismo de la forma (que corta en seco las ganas de interpretar) y un hedonismo tan tranquilo que del placer lo único que se puede decir es que *está ahí* (lo cual también es lo contrario de la interpretación).

Las prácticas sexuales son triviales, pobres, abocadas a la repetición, y esa pobreza es desproporcionada respecto al asombro por el placer que proporcionan. Ahora bien, como este asombro no puede decirse (por pertenecer al orden del goce), el lenguaje lo único que puede hacer es figurar, o, mejor dicho, cifrar, con el menor gasto posible, una serie de operaciones que, a pesar de ello, se le escapan. Las escenas eróticas deben describirse con economía. La economía en este caso está en la frase. El buen escritor es el que trabaja la sintaxis de modo que encadena varias acciones en el espacio más corto de lenguaje posible (en Sade se da un auténtico arte de la subordinación); la frase tiene como función, en cierta manera, desengrasar la operación carnal de sus larguras y de sus esfuerzos, de sus ruidos y sus pensamientos adventicios. A este respecto, las escenas finales de *Tricks* siguen estando por completo en poder de la escritura.

Pero lo que prefiero, en *Tricks*, son los «preparativos»: deambular, el estado de alerta, los manejos, el acercamiento, la conversación, el dirigirse a la habitación, el orden (o el desorden) doméstico del sitio. El realismo se desplaza: lo realista no es la escena amorosa (o al menos su realismo no es pertinente), sino la escena social. Dos muchachos que no se conocen pero saben que van a convertirse en compañeros de juego aventuran entre sí esa porción de lenguaje al que los obliga el trayecto que han de hacer juntos para alcanzar el terreno de juego. El *trick* abandona entonces la pornografía (antes de entrar en ella) para alcanzar la novela. El suspense (pues creo que los *Tricks* se leen con ansiedad) no reside en las prácticas, esperables (es lo menos que se puede decir de ellas), sino en los personajes: ¿quiénes son?, ¿en qué se diferencian unos de otros? Lo que me encanta en *Tricks* es el entrecruzamiento: las escenas, con toda seguridad, están lejos de ser púdicas, pero las palabras lo son: están diciendo bajo mano que el verdadero objeto del pudor no es la Cosa («La Cosa, siempre la Cosa», decía Charcot, citado por Freud), sino la persona. Este *paso* del sexo al discurso es lo que yo encuentro más logrado en *Tricks*.

Reside ahí toda una manera de sutileza completamente desconocida, que pone en juego deseos, y no fantasmas. Pues lo que excita al fantasma no es sólo el sexo, es el sexo más el «alma». Sería imposible explicar los flechazos, grandes o pequeños, simples atracciones o arrobamientos wertherianos, sin admitir que lo que se busca en el otro es esa cosa que, a falta de una palabra mejor y a riesgo de una gran ambigüedad, llamaremos la persona. Ligado a la persona hay una especie de *quid* que actúa a la manera de un guía automático y que hace que una determinada imagen, entre millares, venga a mi encuentro y me capture. Los cuerpos pueden ordenarse en un número finito de tipo («Es exactamente mi tipo»), pero la persona es absolutamente individual. Los *Tricks* de Renaud Camus empiezan siempre por el encuentro con el tipo buscado (perfectamente codificado: podría figurar en un catálogo o una página de anuncios por palabras); pero, en cuanto aparece el lenguaje, el tipo se transforma en persona y la relación se vuelve imitable, aun a pesar de la trivialidad de las primeras frases. La persona se desvela poco a poco, ligeramente, sin recurso a lo psicológico, en el vestir, el discurso, el acento, la decoración de la habitación, lo que podríamos llamar «la parte doméstica» del individuo, lo que excede su anatomía y, sin embargo, aún está bajo su gestión. Todo ello irá, paulatinamente, enriqueciendo o ralentizando al deseo. El *trick* es, pues, homogéneo al movimiento amoroso: es un amor virtual, paralizado voluntariamente por ambas partes, bajo contrato, sumisión al código cultural que asimila el ligue al donjuanismo.

Los *Tricks* se repiten: el individuo hace «sur-place». La repetición es una forma ambigua; a veces denota el fracaso, la impotencia; a veces puede leerse como una aspiración, el movimiento obstinado de una búsqueda que no se desanima: se podría entender perfectamente el relato de ligue como la metáfora de una experiencia mística (quizás incluso ya ha sido hecho: en la literatura todo existe: el problema reside en saber *dónde*). Ni una ni otra de estas interpretaciones parece convenir a *Tricks*: no hay ni alienación ni sublimación; sino, en todo caso, la conquista metódica de una felicidad (bien dibujada, bien contorneada: discontinua). La carne no es triste (pero hacerlo entender es todo un arte).

Los *Tricks* de Renaud Camus tienen un tono inimitable. Procede de que en ellos la escritura conlleva una ética del diálogo. Esta ética es la de la Benevolencia, que es seguramente la virtud

más opuesta a la caza amorosa, y así pues la más rara. Mientras
que por lo general son una especie de Arpías las que presiden el
contrato erótico, dejando a cada cual en el interior de una helada
soledad, en este caso es la diosa Eunoia, la Euménide, la Bene-
volente, la que acompaña a ambos partícipes: la verdad es que,
hablando literariamente, debe ser muy agradable ser «trickado»
por Renaud Camus, aunque sus compañeros no siempre parecen
ser conscientes de tal privilegio (pero nosotros, los lectores, somos la tercera oreja de esos diálogos: gracias a nosotros, esa
porción de Benevolencia no se entrega en vano). Por otra parte,
esa diosa lleva su cortejo: la Cortesía, la Complacencia, el Humor, el Impulso de generosidad, como el que se apodera del narrador (durante un *trick* americano) y le hace delirar amable-
mente sobre el autor de este prefacio.

Trick es el encuentro que no se da más que una sola vez; más
que un ligue, menos que un amor: una intensidad que pasa, y sin
nostalgia. A partir de ahí *Trick*, para mí, se convierte en la metáfora de muchas aventuras, que no son sólo sexuales: encuentro
de una mirada, de una idea, de una imagen, compañerismo efí-
mero y fuerte, que acepta desanudarse con suavidad, bondad
infiel; una manera de no enviscarse en el deseo, sin esquivarlo,
sin embargo: una sabiduría, en suma.

No se consigue nunca hablar de lo que se ama

Hace algunas semanas hice un breve viaje a Italia. Por la tarde, en la estación de Milán hacía un frío brumoso, mugriento. Estaba a punto de salir un tren; en todos los vagones había un cartel amarillo con las palabras «*Milano-Lecce*». Entonces se me ocurrió soñar con tomar ese tren, viajar toda la noche y encontrarme, de mañana, con la luz, la suavidad, la calma de una ciudad extrema. Eso es al menos lo que imaginé, y no importa mucho cómo pueda ser, en la realidad, Lecce, que no conozco. Hubiera podido gritar, parodiando a Stendhal:[54] «¡Así que voy a ver esta bella Italia! A mi edad, ¡qué loco estoy todavía!» Pues la bella Italia siempre está más lejos, en otra parte.

RNF 11

La Italia de Stendhal, en efecto, es un fantasma, incluso aunque en parte se haya realizado. (¿Lo realizó, realmente? Para acabar, diré cómo fue.) La imagen fantasmática hizo irrupción en su vida bruscamente, como un flechazo. Este flechazo tomó la forma de una actriz que estaba cantando, en Ivrea, *El matrimonio secreto* de

HB 428

---

54. Las referencias al margen remiten a *Rome, Naples, Florence* (paginación de la edición J.-J. Pauvert, 1955, o, cuando la mención Pl viene detrás, éd. de la «Pléiade», Gallimard, 1973), *Henri Brulard* (paginación de la edición «Folio», Gallimard, 1973), *La Chartreuse de Parme* y *De l'amour* (éd. du Livre de Poche, 1969).

Cimarosa; esa actriz tenía un diente delantero roto, pero, a decir verdad, eso le importó poco al flechazo: Werther se enamoró de Charlotte al verla en el umbral de una puerta cortando rebanadas de pan para sus hermanitos, y esta primera visión, por trivial que sea, es la que acabó por llevarlo a la más fuerte de las pasiones y al suicidio. Es sabido que Italia, para Stendhal, ha sido el objeto de un auténtico *transfert*, y también es sabido que lo que caracteriza al *transfert* es su gratuidad: se instaura sin un motivo aparente. La música, para Stendhal, es el *síntoma* del acto misterioso con el cual inaugura su *transfert*: el síntoma, es decir, lo que libera y a la vez enmascara la irracionalidad de la pasión. Pues, una vez que se ha fijado la escena que es el punto de partida, Stendhal la reproduce sin cesar, como un enamorado que quisiera volver a encontrar esa cosa básica que regula tantas de nuestras RNF 12   acciones: el primer placer. «Llego a las siete de la tarde, agobiado por la fatiga; voy a la Scala corriendo. Ha valido la pena mi viaje, etc.»: se diría que se trata de un maníaco que desembarca en una ciudad provechosa para su pasión y que se precipita la misma noche a los lugares del placer que ya tiene localizados.

Los signos de una auténtica pasión son siempre un tanto incongruentes, hasta tal punto son tenues, fútiles, inesperados, los objetos en que se conforma el *transfert* principal. Conocí una vez a alguien que amaba el Japón como Stendhal amaba a Italia; y yo reconocí en él que se trataba de la misma pasión en que, entre otras cosas, estaba enamorado de las bocas de incendios pintadas de rojo de la calle Tokyo, como Stendhal estaba loco por los HB 430   tallos de maíz de la campiña milanesa (que decreta «lu-RNF 64   juriante»), del sonido de las ocho campanas del Duomo, HB 431   perfectamente *intonate*, o de las costillas empanadas que le recordaban a Milán. En esta promoción amorosa de lo que ordinariamente tomamos por un detalle insignificante reconocemos un elemento constitutivo del *transfert* (o de la pasión): la parcialidad. En el amor a un país extranjero hay una especie de racismo al revés: uno se queda encantado por la diferencia, se aburre de lo Mismo, exalta lo Otro; la pasión es maniquea: para Stendhal, en el lado

malo está Francia, es decir, la *patria* —porque es el lugar
del Padre— y en el lado bueno está Italia, es decir, la
matria, el espacio en que se reúnen «las Mujeres» (sin
olvidar que fue la tía Elisabeth, la hermana del abuelo
materno, la que señaló con un dedo al niño un país más
hermoso que la Provenza, del que el lado bueno de la familia, el de los Gagnon, era, según ella, originario). Esta
oposición es, por así decirlo, física: Italia es el hábitat

HB 11   *natural*, el lugar en el que se puede hallar la Naturaleza,
inducida por las Mujeres «que escuchan el genio natural
del país» al contrario de los hombres, que están «echa-
dos a perder por los pedantes»; Francia, por el contrario,

431   es el lugar que repugna «hasta el asco físico». Nosotros,
los que conocemos esa pasión de Stendhal por un país
extranjero (también a mí me ha ocurrido con Italia, que
descubrí tardíamente, con Milán, de donde bajé del Simplón, a finales de los cincuenta, y más tarde con el Japón),
conocemos muy bien el insoportable desagrado que produce encontrarse por casualidad a un compatriota en el

RNF 32 país adorado: «Confesaré, aunque me tenga que repudiar
el honor nacional, que un francés en Italia encuentra el
secreto para aniquilar mi dicha en un instante»; Stendhal
es claramente un especialista en tales inversiones: nada
más pasar el Bidasoa, le parecen encantadores los soldados y los aduaneros españoles; Stendhal tiene esa rara
pasión, la pasión por lo otro, o, para decirlo con más sutileza: la pasión por el otro que está en él mismo.

        Así pues, Stendhal está enamorado de Italia: no se

RNF   debe tomar esta frase como una metáfora. Eso es lo que
Pl 98   quiero demostrar. «Es como el amor», dice, «y no obstante
no estoy enamorado de nadie». Esta pasión no es confusa,
ni siquiera difusa; se inscribe, ya lo he dicho, en detalles
preciosos; pero sigue siendo *plural*. Lo amado, y, si me
atrevo a usar el barbarismo, lo *gozado*,* son colecciones,
concomitancias: al revés que en el proyecto romántico
del Amor loco, no es *la* Mujer lo adorable en Italia, sino
las Mujeres; no es un *placer* lo que Italia ofrece, sino una

---

* «*Jouir*» lleva obligatoriamente la preposición *de* en la estructura del
predicado. En español, «gozar» admite con mayor facilidad una construcción con complemento directo, y ya no resulta un barbarismo. [T.]

simultaneidad, una sobredeterminación de los placeres: la
Scala, el auténtico espacio eidético de las alegrías italia-
nas, no es un teatro, en el sentido chatamente funcional
de la palabra (es decir, en lo que representa); es una poli-
fonía de placeres: la ópera misma, el ballet, la conversación, la información, el amor y los helados (*gelati*, *crepe'*
y *pezzi duri*). Esta pluralidad amorosa, análoga en suma a
la que practica hoy día el «ligón», es evidentemente un
principio stendhaliano: conlleva una teoría implícita de
la *discontinuidad irregular*, de la que puede decirse que es
estética a la vez que psicológica y metafísica; la pasión
plural obliga, en efecto —una vez que se ha admitido su
excelencia—, a saltar de un objeto a otro, a medida que
los presenta el azar, sin experimentar el menor sentimiento de culpabilidad respecto al desorden que esa pasión
plural conlleva. Esta conducta es tan consciente en Stendhal que llega a encontrar en la música italiana —a la
que adora— un principio de irregularidad completamente
homólogo al del amor disperso: al tocar, los italianos no
observan el *tempo*; el *tempo* es cosa de los alemanes; por
un lado está el ruido alemán, el estruendo de la música
alemana, ritmada por una medida implacable («los primeros tempistas del mundo»); por otro lado, la ópera italiana, suma de placeres discontinuos y como insubordina-
dos: es lo *natural*, garantizado por una civilización de
mujeres.

RNF 24-25

RNF Pl 229-232

En el sistema italiano de Stendhal, la música tiene un
lugar privilegiado, ya que puede ocupar el lugar de todo
lo demás: es el grado cero de ese sistema: de acuerdo con
las necesidades de entusiasmo, reemplaza y significa a los
viajes, a las Mujeres, a las otras artes, y, de una manera
general, a cualquier otra sensación. Su estatuto significante, precioso entre todos los otros, consiste en producir
efectos sin que haya que preguntarse sobre las causas, ya
que esas causas son inaccesibles. La música constituye
una especie de *primitivismo* del placer: produce un placer
que se sigue intentando siempre encontrar de nuevo, pero
nunca se intenta explicar; es, pues, el espacio del efecto
puro, noción central de la estética stendhaliana. Ahora
bien, ¿qué es un efecto puro? Es un efecto desconectado

y como purificado de toda razón explicativa, es decir, en
definitiva, de toda razón *responsable*. Italia es el país en
que Stendhal, al no ser por completo un viajero (turista)
ni completamente indígena, se encuentra voluptuosamen-
te retirado de la responsabilidad del *ciudadano;* si Sten-
RNF 16 dhal fuera ciudadano italiano, moriría «envenenado por la
melancolía»: mientras que, al ser milanés de corazón,
pero no de estado civil, no tiene otra cosa que hacer que
recolectar los brillantes efectos de una civilización de la
que no es responsable. Yo mismo he experimentado la
comodidad de esta retorcida dialéctica: he amado mucho
a Marruecos. Había ido allá a menudo como turista, y
había pasado incluso largas estancias ociosas; entonces
tuve la idea de pasar un año como profesor: desapareció
el hechizo; enfrentado a los problemas administrativos y
profesionales, sumido en el ingrato mundo de las causas,
de las determinaciones, había abandonado la Fiesta para
toparme con el Deber (eso es sin duda lo que le ocurrió a
Stendhal como cónsul: Civita-Vecchia ya no era Italia).
Creo que en el sentimiento italiano de Stendhal hay que
incluir este frágil estatuto de inocencia: la Italia milanesa
(y su Santo de los Santos, la Scala) es un Paraíso literalmente, un lugar sin Mal, o incluso —diciéndolo del de-
RNF 109 recho— el Bien Soberano: «Cuando estoy con los milane-
ses y hablo en milanés me olvido de que los hombres son
malos, e, instantáneamente, se adormece la parte mala de
mi alma.»

Sin embargo, hay que reconocer que ese Soberano Bien
debe enfrentarse con un poder que no es en absoluto inocente, el lenguaje. Es necesario, primero, porque el Bien
tiene una forma de expansión natural, incesantemente estalla en expresión, quiere comunicarse a toda costa, com-
partirse; seguidamente, porque Stendhal es escritor y
para él no existe plenitud de la que esté ausente la palabra
(y, en este aspecto, su alegría italiana nada tiene de mística). Ahora bien, por paradójico que parezca, Stendhal no
sabe expresar bien a Italia: o más bien, la dice, la canta,
pero no la *representa*; su amor, no deja de proclamarlo,
pero no puede conformarlo, o, como se dice ahora (metá-

fora de la conducción de automóviles),* no puede dibujarlo. Cosa que sabe, por la que sufre y que lamenta; RNF constata sin cesar que no puede «expresar su pensamiento» y que explicar la diferencia que su pasión interpone PI 98 entre Milán y París «es el colmo de la dificultad». El fraXXXIX caso acecha también el deseo lírico. Todas las relaciones del viaje a Italia están también tejidas de declaraciones de amor y fracasos de expresión. El fracaso de estilo tiene un nombre: la vulgaridad; Stendhal no tiene a su disRNF posición más que una palabra vacía, «bello», «bella»: «En PI 37 mi vida había visto una reunión de mujeres tan bellas; PI 77 su belleza obligaba a bajar la vista»; «los ojos más hermosos que he encontrado en mi vida los acabo de ver esta noche; esos ojos son igual de bellos y tienen una expresión más celestial que los de Madame Tealdi...»; y para vivificar esta letanía, no dispone más que de la más hueca RNF 38 de las figuras, el superlativo: «Las cabezas de las mujeres, por el contrario, presentan a menudo la más apasionada exquisitez, unida a la belleza más rara», etc. Este «etcétera» que añado, pero que surge de la lectura, es importante, porque en él está el secreto de esa impotencia o quizás, a pesar de Stendhal, de esa indiferencia a la variación: la monotonía del viaje italiano es sencillamente algebraica; la palabra, la sintaxis, con su vulgaridad, remiten de manera expeditiva a otro orden de significantes; una vez que se ha sugerido esa remisión, se pasa a otra RNF 15 cosa, es decir, se repite la operación: «Esto es tan hermo- 38 so como las sinfonías más vivaces de Haydn»; «las caras de los hombres del baile de esta noche habrían proporcionado magníficos modelos a un escultor como Danneken de Chantrey, que esculpe bustos». Stendhal no describe las cosas, ni siquiera describe su efecto; dice sencillamente: ahí hay un efecto; me siento embriagado, transportado, emocionado, deslumbrado, etc. Dicho de otra manera, la palabra vulgar es una cifra, remite a un sistema de sensaciones; hay que leer el discurso italiano de Stendhal como cifrado. El mismo procedimiento emplea Sade: describe muy mal la belleza, de una manera vulgar y enfáti-

* La metáfora es intraducible: en francés el autor usa *négocier* (en el sentido de «*négocier un virage*», conduciendo. [T.]

ca; es porque ésta no es sino un elemento de un algoritmo
cuya finalidad es crear un sistema de prácticas.

    Lo que Stendhal, por su parte, quiere edificar es, por
decirlo así, un conjunto no sistemático, un fluir perpetuo
Pl de sensaciones: esa Italia, dice «que no es, a decir verdad,
xxxviii más que una ocasión para las sensaciones». Así pues,
RNF 92 desde el punto de vista del discurso, hay una primera evaporación de la cosa: «No pretendo decir lo que *son* las
cosas, cuento la *sensación* que me produjeron.» ¿La cuenta, realmente? Ni siquiera eso; la dice, señala y la aseve-
ra sin describirla. Pues precisamente ahí, en la sensación,
es donde comienza la dificultad del lenguaje; no es fácil
expresar una sensación: recordad esa célebre escena de
Knock en la que la vieja campesina, abrumada por el médico implacable para que diga lo que siente, duda y se
embrolla entre «Me hace cosquillas» y «Me hace rasqui-
llas.» Toda sensación, si uno quiere respetar su vivacidad
y su acuidad induce a la afasia. Ahora bien, Stendhal tiene que ir aprisa, ésa es la exigencia de su sistema; porque
RNF 114 lo que quiere anotar es la «sensación del momento»; y los
117 momentos, como ya hemos visto a propósito del *tempo*,
sobrevienen con irregularidad, rebeldes a toda medida.
Es por una fidelidad a su sistema, por fidelidad a la propia naturaleza de su Italia, «país de sensaciones», por lo
que Stendhal desea una escritura rápida: para correr más,
la sensación se somete a una estenografía elemental, a una
especie de gramática expeditiva del discurso en la que se
combinan incansablemente dos estereotipos: lo bello y su
superlativo; pues nada es más rápido que el estereotipo,
por la simple razón de que se confunde, y siempre por
desgracia, con lo espontáneo. Hay que ir más lejos en la
economía del discurso italiano de Stendhal: si la sensación stendhaliana se presta tan bien a un tratamiento al-
gebraico, si el discurso que alimenta es continuamente
inflamado y continuamente vulgar es porque esa sensación, curiosamente, no es sensual; Stendhal, cuya filosofía
es sensualista, es quizás el menos sensual de nuestros
autores y ésa es la razón por la que, sin duda, resulta tan
difícil aplicarle una crítica temática. Por ejemplo, Nietzsche —estoy tomando adrede el extremo contrario— ha-

blando de Italia es mucho más sensual que Stendhal: sabe describir temáticamente la comida del Piamonte, la única del mundo que apreciaba.

Si yo insisto en la dificultad para hablar de Italia, a pesar de la cantidad de páginas que cuentan los paseos de Stendhal, es porque veo en ello una especie de suspicacia acerca del propio lenguaje. Los dos amores de Stendhal, la Música e Italia, son, por así decirlo, espacios al margen del lenguaje; la música lo es por estatuto, ya que escapa a toda descripción, y no se deja expresar, como ya se ha visto, más que a través de su efecto; e Italia alcanza el estatuto del arte con el cual se confunde; no tan sólo por-

p. 171   que la lengua italiana, como dice Stendhal en *De l'amour*, «hecha mucho más para ser cantada que para ser hablada, sólo se sostendrá contra la claridad francesa que la invade gracias a la música»; sino también por dos razones más extrañas: la primera es que, para el oído de Stendhal, la conversación italiana tiende sin cesar hacia ese límite del lenguaje articulado que es la exclamación:

RNF 28   «En una velada milanesa», anota con admiración Stendhal, «la conversación sólo consistía en exclamaciones. Durante tres cuartos de hora, de reloj, no hubo una sola frase acabada»; la frase, la armadura acabada del lenguaje, es la enemiga (basta con recordar la antipatía de Stendhal hacia el autor de las más bellas frases del francés, Chateaubriand). La segunda razón, que aparta preciosamente a Italia del lenguaje, de lo que yo llamaría el lenguaje militante de la cultura, es precisamente su incultura: Italia no lee, no habla, sino que exclama, canta. Ahí reside su genio, su «naturalidad», y es por esa misma razón por lo que es adorable. Esta especie de suspensión deliciosa del lenguaje articulado, civilizado, Stendhal la encuentra en

p. 149   todo lo que Italia hace por él: en «el ocio profundo bajo un cielo admirable [estoy citando a *De l'amour*...;] la falta de lectura de novelas y casi de toda lectura, que deja más terreno aún a la inspiración del momento; la pasión de la música que excita en el alma un movimiento tan semejante al del amor».

Así pues, una determinada sospecha acerca del lenguaje alcanza esa especie de afasia que nace del exceso de

amor: ante Italia y las Mujeres, y la Música, Stendhal se
queda literalmente *desconcertado*,* es decir, interrumpido
incesantemente en su locución. Esta interrupción de hecho
es una intermitencia: Stendhal habla de Italia con una intermitencia casi cotidiana, pero duradera. Lo explica perfectamente él mismo (como siempre): «¿Qué partido se
puede tomar? ¿Cómo pintar la dicha enloquecida...? A fe
mía, no puedo continuar, el tema sobrepasa al que lo
trata. Mi mano ya no puede escribir más, lo dejo para mañana. Soy como un pintor al que ya no le alcanza el
valor para pintar una esquina de su cuadro. Para no echar
a perder el resto, esboza *alla meglio* lo que no puede pintar...» Esta pintura de Italia *alla meglio* que ocupa todos
los relatos del viaje italiano de Stendhal es como un ga-
rabato, un monigote, quizá, que a la vez nos cuenta del
amor y de su impotencia para expresarlo, porque es un
amor cuya vivacidad lo sofoca. Esta dialéctica del amor
extremo y de la pasión difícil es algo así como la que conoce el niño pequeño —aún *infans*, privado del lenguaje
adulto— cuando juega con lo que Winnicott llama un objeto transicional; el espacio que separa y a la vez une a
la madre y a su bebé es el espacio mismo del juego del
niño y del contra-juego de la madre; es el espacio todavía
informe de la fantasía, de la imaginación, de la creación.
Tal es, según mi parecer, la Italia de Stendhal: una especie de objeto transicional cuyo manejo, lúdico, produce
esos *squiggles* notados por Winnicott y que son en este
caso diarios de viaje.

Si seguimos con los Diarios, que explican el amor a
Italia, pero no lo comunican (al menos ése es el juicio de
mi propia lectura), nos quedaríamos reducidos a repetir
melancólicamente (o trágicamente) que no se consigue
nunca hablar de lo que se ama. No obstante, veinte años
más tarde, gracias a una especie de a destiempo que forma parte de la retorcida lógica del amor, Stendhal escribe
páginas triunfales sobre Italia, páginas que, esta vez,
inflaman al lector que soy (pero que no es el único) de ese
júbilo, de esa irradiación que el diario íntimo decía pero

---

* *Interloqué*, en francés, permite el juego de palabras. [T.]

no comunicaba. Esas admirables páginas son las que forman el comienzo de *La Cartuja de Parma*. Hay una especie de milagrosa concordancia entre «la masa de felicidad y placer que hizo irrupción» en Milán con la llegada de los franceses y nuestra propia dicha como lectores: el efecto contado coincide al fin con el efecto producido. ¿A qué se debe ese cambio? A que Stendhal, al pasar del Diario a la Novela, del Album al Libro (haciendo uso de una distinción de Mallarmé), ha abandonado la sensación, parcela viva pero inconstruible, para abordar esa gran forma mediadora que es el Relato, o, mejor dicho, el Mito. ¿Qué es lo que se necesita para hacer un Mito? Hace falta la acción de dos fuerzas: primero un héroe, una gran figura liberadora: Bonaparte entrando en Milán, penetrando en Italia como lo hizo Stendhal, más humildemente, al descender del San Bernardo; a continuación, una oposición, una antítesis, un paradigma, en suma, que pone en escena el combate del Bien y del Mal y produce así lo que falta en el Album y pertenece al Libro, a saber, un sentido: por un lado, en esas primeras páginas de *La Cartuja*, el aburrimiento, la riqueza, la avaricia, Austria, la Policía, Ascanio, Grianta; por el otro lado la embriaguez, el heroísmo, la pobreza, la República, Fabricio, Milán; y, sobre todo, a un lado el Padre, al otro las Mujeres. Al abandonarse al Mito, al confiarse al libro, Stendhal alcanza gloriosamente lo que había en cierto modo fallado en sus álbumes: la expresión de un efecto. Este efecto —el efecto italiano— tiene por fin un nombre que ya no es aquél, tan vulgar, de la belleza: es la fiesta. Italia es una fiesta, esto es lo que comunica al fin el preámbulo milanés de *La Cartuja*, que Stendhal hizo bien en mantener contra las reticencias de Balzac: la fiesta, es decir, la trascendencia misma del egotismo.

En suma, lo que ha pasado* —lo que ha atravesado— entre el Diario de viaje y *La Cartuja* es la escritura. ¿Y eso qué es? Un poder, probable fruto de una larga iniciación, que descompone la estéril inmovilidad del imaginario amo-

* En francés: *ce qui c'est passé/ce qui a passé* utiliza la polisemia de *passer*. [T.]

roso y que da a su aventura una generalidad simbólica.
RNF 64 Cuando era joven, en la época de *Rome, Naples, Florence,*
Stendhal podía escribir: «... cuando miento, me pasa como a M. de Goury, que me aburro»; él aún no sabía que
existía una mentira, la mentira novelesca, que sería —oh
milagro— la desviación de la verdad, y, a la vez, la expresión por fin triunfante de su pasión italiana.[55]

1980, *Tel Quel.*

55. Este texto, destinado al Colloque Stendhal de Milán es, según todas las apariencias, el último texto escrito por Roland Barthes. La primera
página estaba mecanografiada. El día 25 de febrero de 1980, la segunda página estaba puesta en la máquina de escribir. ¿Se puede considerar como
un enunciado acabado? Sí, en la medida en que el manuscrito está completo del todo. No, en la medida en que, cuando transcribía a máquina,
Barthes siempre aportaba ligeras modificaciones a su texto; eso es lo que
en este caso había hecho ya con la primera página. (Nota del editor francés.)